∷ 中華文化促進會主持編纂

∷ 國家"十一五"重點圖書出版規劃項目

∷ 中國社會科學院哲學社會科學創新工程學術出版資助項目

出品人　王石　段先念

今注本二十四史

南史

七

傳〔四〕

唐 李延壽 撰

趙凱 汪福寶 周群 主持校注

中国社会科学出版社

南史　卷二七

列傳第十七

孔靖 孔琇之[1] 琇之曾孫奂　孔琳之 孫覬
殷景仁 從祖弟淳

[1]孔：大德本、汲古閣本、殿本作"孫"。按，此底本誤，應據諸本改。

孔靖字季恭，會稽山陰人也，[1]名與宋武帝祖諱同，[2]故以字稱。祖愉，[3]晋車騎將軍。[4]父誾，[5]散騎常侍。[6]

[1]會稽：郡名。治山陰縣，在今浙江紹興市。　山陰：縣名。治所在今浙江紹興市。

[2]宋武帝：劉裕。字德輿，小字寄奴。本書卷一、《宋書》卷一至卷三有紀。

[3]愉：孔愉。字敬康。《晋書》卷七八有傳。

[4]車騎將軍：官名。位次驃騎將軍，在諸名號大將軍上，又作爲軍府名號加授重臣及州郡長官。晋二品。

[5]誾（yín）：孔誾。孔愉長子。襲父爵餘不亭侯，官至建安

太守。事見《晋書·孔愉傳》。

[6]散騎常侍：官名。東晋時參掌機密，選望甚重，職任比於侍中。南朝以後隸屬集書省，掌管圖書文翰。地位驟降，用人漸輕。晋三品。

季恭始察孝廉，[1]累遷司徒左西掾，[2]未拜，遭母憂。隆安五年，[3]被起爲山陰令，[4]不就。

[1]孝廉：選拔官吏科目。東晋以來，大郡歲各舉二人，郡國仍舉一人。

[2]司徒左西掾：官名。司徒府僚屬，掌左西曹。多以文史之士充任。

[3]隆安：東晋安帝司馬德宗年號（397—401）。

[4]被：大德本、殿本同，汲古閣本作“彼”。按，此底本不誤。

宋武帝東征孫恩，[1]屢至會稽，過季恭宅，季恭正晝卧，有神人衣服非常，謂曰：“起！天子在門。”既而失之，遽出，適見帝，延入結交，執手曰：“卿後當大貴，願以身爲託。”於是曲意禮接，贍給甚厚。

[1]孫恩：字靈秀，琅邪（今山東臨沂市）人。世奉五斗米道，於東晋末年發動民衆起兵反晋，擁衆數十萬。遭東晋政府鎮壓，戰敗投水自殺。《晋書》卷一〇〇有傳。

帝後討孫恩，時桓玄篡形已著，[1]帝欲於山陰建義。季恭以山陰路遠，[2]且玄未居極位，不如待其篡後，於京口圖之，[3]帝亦以爲然。時虞嘯父爲會稽内史，[4]季恭求爲府司馬不得，乃出詣都。及帝定桓玄，以季恭爲會稽内史，使齎封板拜授，[5]正與季恭遇。季恭便回舟夜還，至即叩扉入郡。嘯父本爲桓玄所授，聞玄敗，開門請罪。季恭慰勉，使且安所住，明日乃移。季恭到任，釐整浮華，剪罰遊惰，由是境内肅清。

[1]桓玄：字敬道，譙國龍亢（今安徽懷遠縣）人，桓温子。晋安帝元興元年（402）以討司馬元顯爲名，攻占建康，次年稱帝，國號楚。三年，爲劉裕等討伐，西逃益州，被殺。《晋書》卷九九有傳。

[2]季恭以山陰路遠：《宋書》卷五四《孔季恭傳》作“季恭以爲山陰去京邑路遠”，語意更明。

[3]京口：地名。在今江蘇鎮江市。

[4]虞嘯父：會稽餘姚（今浙江餘姚市）人。虞潭之孫。仕晋官至尚書，桓玄任爲會稽内史，晋安帝義熙初去職。《晋書》卷七六有附傳。

[5]齎：大德本、殿本同，汲古閣本作“齊”，《宋書·孔季恭傳》作“齎”。

累遷吴興太守，[1]加冠軍。[2]先是吴興頻喪太守，言項羽神爲卞山王，居郡聽事，二千石常避之。季恭居聽事，竟無害也。遷尚書左僕射，[3]固讓。義熙八年，[4]復爲會稽内史，脩飾學校，督課誦習。十年，復爲右僕射，又讓不拜。除領軍，[5]加散騎常侍。

[1]吴興：郡名。治烏程縣，在今浙江湖州市。

［2］加冠軍：錢大昕《廿二史考異》卷三六："'冠軍'下當有'將軍'二字。"馬宗霍《南史校證》云："此亦仍《宋書》本傳之舊。"（湖南教育出版社 2008 年版，第 480 頁）冠軍，官名。即冠軍將軍。雜號將軍名。晋三品。

［3］尚書左僕射：官名。尚書省次官，與尚書令同居宰相之任。左僕射居右僕射上。輔助尚書令執行政務，參議大政，諫諍得失，監察糾彈百官，可封還詔旨，常受命主管官吏選舉。晋三品。按，《宋書》卷五四《孔季恭傳》"左"作"右"，下文云"復爲右僕射"，則上文亦當是"右"字，疑本書誤。

［4］義熙：東晋安帝司馬德宗年號（405—418）。

［5］領軍：官名。領軍將軍省稱。爲禁衛軍最高統帥，權勢極重。資深者稱領軍將軍，資淺者爲中領軍。晋三品。

十二年致仕，拜金紫光禄大夫。[1]是歲，武帝北伐，季恭請從，[2]以爲太尉軍諮祭酒。從平關、洛。[3]

［1］金紫光禄大夫：官名。作爲在朝顯職的加官，無具體職掌。加金印紫綬者，稱金紫光禄大夫。晋二品。

［2］請：大德本、汲古閣本、殿本作"求"，《宋書》卷五四《孔季恭傳》作"求"。

［3］從平關、洛：關中、洛陽，當時爲姚泓後秦政權控制區。

宋臺初建，[1]以爲尚書令，[2]又讓，乃拜侍中、特進、左光禄大夫。[3]辭事東歸，帝餞之戲馬臺，[4]百僚咸賦詩以述其美。及受命，加開府儀同三司，[5]讓累年不受，薨以爲贈。[6]

[1]宋臺初建：指劉裕受封宋公，建臺治事。據《宋書》卷二《武帝紀中》，時在晋安帝義熙十二年（416）。

[2]尚書令：官名。尚書省長官，綜理全國政務，參議大政。晋三品。

[3]特進：官名。原爲對大臣的一種優待，後成爲正式加官名號，用以安置閑退大臣及用作卒後贈官。《通典》卷三四："漢制，諸侯功德優盛，朝廷所敬異者，賜位特進，位在三公下。"晋、宋二品。　左光禄大夫：官名。作爲在朝顯職的加官，以示優崇。或授予年老有病者爲致仕之官，亦常用爲卒後贈官，無職掌。其禮遇與特進同。以爲加官者，唯授章綬、禄賜、班位而已，不别給車服、吏卒。晋、宋二品。大德本、殿本同，汲古閣本作"光禄大夫"，《宋書》卷五四《孔季恭傳》作"左光禄大夫"。

[4]帝餞之戲馬臺：大德本、殿本同，汲古閣本作"帝親餞之戲馬臺"。

[5]開府儀同三司：官名。爲大臣加號，指禮制、待遇與三公相同，許開設府署，自辟僚屬。係給非三公官員以三公待遇。

[6]薨以爲贈：《宋書·孔季恭傳》載"永初三年，薨，時年七十六。追贈侍中、左光禄大夫、開府儀同三司"。

子靈符，位丹楊尹，[1]會稽太守，尋加豫章王子尚撫軍長史。[2]靈符家本豐富，産業甚廣，又於永興立墅，[3]周回三十三里，水陸地二百六十五頃，含帶二山，又有果園九處。爲有司所糾，詔原之。而靈符答對不實，坐免。尋又復官。靈符愨實有堪幹，[4]不存華飾，每所莅官，政績脩理。廢帝景和中，[5]犯忤近臣，爲所讒構，遣使鞭殺之。二子湛之、深之於都賜死。[6]明帝即位，[7]追贈靈符金紫光禄大夫。

［1］丹楊尹：官名。京畿行政長官，屬於既機要又顯貴之職。宋三品。

［2］豫章王子尚：劉子尚。字孝師，宋孝武帝第二子。初封西陽王，後改封豫章王。孝武帝大明三年（459），分浙江西立王畿，以浙江東爲揚州，以子尚爲刺史，加都督。本書卷一四、《宋書》卷八〇有傳。豫章，郡名。治南昌縣，在今江西南昌市。

［3］永興：縣名。治所在今浙江杭州市蕭山區。　墅：南朝時大地主田莊稱墅，亦稱别墅或别業。

［4］堪：大德本、汲古閣本同，殿本作"材"，《宋書》卷五四《孔季恭傳》作"材"。按，此底本誤，應據殿本改。

［5］廢帝：南朝宋前廢帝劉子業。繼孝武即帝位，性凶殘。本書卷二、《宋書》卷七有紀。　景和：南朝宋前廢帝劉子業年號（465）。

［6］深之：《宋書·孔季恭傳》作"淵之"，本書避唐高祖李淵諱改。

［7］明帝：南朝宋明帝劉彧。字休炳，小字榮期，宋文帝第十一子。初封淮陽王，後改封湘東王。前廢帝死後，自立爲帝。本書卷三、《宋書》卷八有紀。

深之大明中爲尚書比部郎。[1]時安陸應城縣人張江陵與妻吴共駡母黄令死，[2]黄忿恨自經死，已值赦。案律，子賊殺傷毆父母梟首，[3]駡詈棄市，謀殺夫之父母亦棄市。會赦，免刑補冶。[4]江陵駡母，母以自裁，重於傷毆。若同殺科則疑重，用傷毆及詈科則疑輕。制唯有打母遇赦猶梟首，無詈母致死會赦之科。深之議曰："夫題里逆心而仁者不入，名且惡之，况乃人事？故毆傷呪詛，法所不原，詈之致盡，則理可無宥。[5]罰有從輕，蓋疑失善，求之文旨，非此之謂。江陵雖遇赦恩，故合梟首。婦本以義，愛非天屬，黄之所恨，情不在吴，原死補治，有允正法。”詔如深之議，吴可棄市。[6]

[1]大明：南朝宋孝武帝劉駿年號（457—464）。　尚書比部郎：官名。尚書省比部曹長官。掌管法制。宋六品。

[2]安陸：郡名。治安陸縣，在今湖北安陸市。　應城：縣名。治所在今湖北應城市。

[3]歐：大德本、汲古閣本、殿本作“毆”，下文亦作“毆”，“毆”是，應據諸本改。

[4]補治：六朝刑罰之一。罰作礦山冶煉鑄造的刑徒。治，汲古閣本同，大德本、殿本作“冶”。按，底本不誤。本卷下同，不另注。

[5]理可無宥：大德本、汲古閣本、殿本作“理無可宥”，《宋書》卷五四《孔淵之傳》亦作“理無可宥”。

[6]吴可棄市：《宋書·孔淵之傳》“可”作“免”，馬宗霍《南史校證》言作“免”是（第481頁）。

靈符弟靈運位著作郎。[1]靈運子琇之。

[1]著作郎：官名。掌國史及起居注的修撰。東晋、南朝時爲清要之官。宋六品。

琇之有吏能，仕齊爲吴令。[1]有小兒年十歲，偷刈鄰家稻一束，琇之付獄案罪。或諫之，琇之曰：“十歲便能爲盗，長大何所不爲。”縣中皆震肅。遷尚書左丞，[2]又以職事知名。後遷左户尚書，[3]廷尉卿。[4]出爲臨海太守，[5]在任清約。罷郡還，獻乾薑二千斤，[6]齊武帝嫌其少，[7]及知琇之清，乃歎息。出監吴興郡，尋拜太守，政稱清嚴。

[1]吴：縣名。治所在今江蘇蘇州市。

[2]尚書左丞：官名。尚書省佐官，居尚書右丞上。輔助令、僕射總理臺事，並職掌糾察彈劾。宋六品。

[3]還：大德本、汲古閣本、殿本作"兼"，《南齊書》卷五三《孔琇之傳》作"兼"。按，此底本誤，應據諸本改。　左户尚書：官名。即左民尚書。五曹尚書之一。掌户籍和工官之事。宋三品。唐人避唐太宗李世民諱，故改爲左户尚書。

[4]廷尉卿：官名。掌刑獄。當時修訂法律及刑獄之政令仰承尚書省，廷尉職權較漢爲輕。南朝梁、陳定名"廷尉卿"。宋三品。大德本、汲古閣本同，殿本作"廷尉"。

[5]臨海：郡名。治章安縣，在今浙江台州市椒江區章安街道。

[6]二千斤：《南齊書·孔琇之傳》作"二十斤"。

[7]齊武帝：蕭賾。字宣遠。廟號世祖。本書卷四、《南齊書》卷三有紀。

明帝輔政，防備諸蕃，[1]致密旨於上佐，使便宜從事。隆昌元年，[2]遷琇之晋熙王冠軍長史、江夏内史，[3]行郢州事，[4]欲令殺晋熙。琇之辭，不許，欲自引決，友人陸閑諫之，琇之不從，遂不食而死。

[1]蕃：大德本、殿本同，汲古閣本作"藩"。

[2]隆昌：南朝齊鬱林王蕭昭業年號（494）。

[3]晋熙王：蕭銶。字宣攸，齊高帝第十八子。本書卷四三、

《南齊書》卷三五有傳。　江夏：郡名。治夏口城，在今湖北武漢市武昌區。

[4]行郢州事：即行事。由於當時多以年幼皇子爲將軍、刺史出鎮諸州，以其長史爲行事，實際負責軍府和州府的軍政事務，權力很大。郢州，州名。治夏口城，在今湖北武漢市武昌區。

子臻，[1]至太子舍人，[2]尚書三公郎。[3]臻子幼孫，[4]梁寧遠枝江公主簿、無錫令。[5]幼孫子奂。

[1]臻：《陳書》卷二一《孔奂傳》作“琇”。

[2]太子舍人：官名。東宫屬官。掌文章書記。宋七品。齊官品不詳。梁三班。

[3]尚書三公郎：官名。尚書省三公曹長官。南朝隸吏部尚書，與比部曹同掌擬定、解釋法制律令。宋六品。齊官品不詳。梁侍郎六班，郎中五班。

[4]幼孫：《陳書·孔奂傳》作“稚孫”。

[5]無錫：縣名。治所在今江蘇無錫市。

奂字休文，數歲而孤，爲叔父虔孫所養，好學善屬文。沛國劉顯以博學稱，[1]每深相歎美，執其手曰：“昔伯喈墳素悉與仲宣，[2]吾當希彼蔡君，足下無愧王氏。所保書籍，尋以相付。”

[1]沛國：治相縣，在今安徽濉溪縣西北。　劉顯：字嗣芳，沛國相（今安徽濉溪縣）人。幼而聰敏，當世號曰神童。官至戎昭將軍。本書卷五〇有附傳，《梁書》卷四〇有傳。

[2]伯喈（jiē）墳素悉與仲宣：指蔡邕將藏書悉數交給王粲一

事。伯喈，東漢末學者蔡邕字。仲宣，東漢末名士王粲字。事見《三國志》卷二一《魏書·王粲傳》。

仕梁爲尚書儀曹侍郎。[1]時左户郎沈炯爲飛書所謗，[2]將陷重辟，連官臺閣，[3]人懷憂懼，奂廷議理之，竟得明白。

[1]儀曹侍郎：官名。尚書省儀曹長官。掌車服羽儀朝覲郊廟饗宴等禮儀。梁五班。

[2]左户郎：官名。即左民郎。尚書省左民曹長官通稱，亦稱郎中。梁侍郎六班，郎中五班。陳四品，秩六百石。　沈炯：字初明（《陳書》作"禮明"），吴興武康（今浙江德清縣）人。本書卷六九、《陳書》卷一九有傳。　飛書：匿名信。

[3]臺閣：尚書臺。亦泛指中央政府機構。

侯景陷建鄴，[1]朝士並被拘縶，或薦奂於賊率侯子鑒，乃脱桎梏，厚遇之，令掌書記。時子鑒景之腹心，朝士莫不卑屈，奂獨無所下。或諫奂曰："不宜高抗。"奂曰："吾性命有在，豈可取媚凶醜，[2]以求全乎。"時賊徒剥掠子女，拘逼士庶，奂保持得全者甚衆。

[1]侯景：字萬景。爲東魏河南道大行臺，於梁武帝太清初降梁。太清二年（548），舉兵反，攻陷建康，困死梁武帝。又廢簡文帝，自立爲帝，改國號爲漢。史稱侯景之亂。動亂歷時四年，梁從此衰敗。陳寅恪《〈魏書·司馬叡傳〉江東民族條釋證及推論》云："侯景之亂，不僅於南朝政治上爲鉅變，並在江東社會上，亦爲一劃分時期之大事。"（載《金明館叢稿初編》，生活·讀書·新

知三聯書店 2001 年版，第 113 頁）本書卷八〇、《梁書》卷五六有傳。　建鄴：東晋、南朝都城，又稱建業、建康，在今江蘇南京市。東漢獻帝建安十六年（211），孫權徙治丹陽郡秣陵縣，次年改名建業。吴大帝黄龍元年（229），正式定都於建業。西晋滅吴，恢復秣陵舊名。太康三年（282），以秦淮水爲界兩分秣陵縣境，以南爲秣陵，以北爲建業，並改名建鄴。建興元年（313）因避愍帝司馬鄴諱，改名建康。其後宋、齊、梁、陳沿用爲都城，故稱六朝古都。《太平寰宇記》卷九〇《江南東道二·昇州》引《金陵記》云："梁都之時，城中二十八萬餘户。西至石頭城，東至倪塘，南至石子岡，北過蔣山，東西南北各四十里。"城市西界至石頭城，位於今江蘇南京市水西門以北至清凉山；東界爲倪塘，在今江蘇南京市江寧區上坊街道泥塘社區附近；南界石子岡，是包含今雨花臺在内的城南東西走向的一系列岡阜；北界逾過蔣山，也就是鍾山，今稱紫金山（參見張學鋒《南朝建康的都城空間與葬地》，《中華文史論叢》2019 年第 3 期）。

[2]可：大德本、汲古閣本、殿本作"有"。《陳書》卷二一《孔奐傳》作"可"。

尋遭母憂。時天下喪亂，皆不能終三年喪，唯奂及吴國張種在寇亂中，守法度，並以孝聞。

及景平，司徒王僧辯先下辟書，[1]引爲左西掾。[2]梁元帝於荆州即位，[3]徵奂及沈炯，僧辯累表請留之。帝手敕報曰："孔、沈二士，今且借公。"其爲朝廷所重如此。

[1]王僧辯：字君才，太原祁（今山西祁縣）人。初爲北魏將領，梁時隨父南渡，任湘東王蕭繹府中司馬等職。後與陳霸先收復建業。蕭繹即位後，爲太尉。侯景之亂時，被蕭繹任爲大都督，討

破侯景。梁元帝死後，在北齊壓力下，納貞陽侯蕭淵明爲帝。後爲陳霸先襲殺。本書卷六三有附傳，《梁書》卷四五有傳。　辟書：公府辟除的文書。辟除爲當時機構負責人自主選用本機構掾史的選吏制度。

[2]左西掾：官名。此爲司徒左西掾。主司徒府吏署用之事。

[3]梁元帝：蕭繹。字世誠，梁武帝第七子。時爲鎮西將軍、荆州刺史。本書卷八、《梁書》卷五有紀。　荆州：州名。治江陵縣，在今湖北荆州市荆州區。

僧辯爲楊州刺史，[1]又補中從事史。[2]時侯景新平，每事草創，憲章故事，無復存者。奂博物强識，[3]甄明故實，[4]問無不知，儀注體式，[5]牋書表翰，皆出於奂。

[1]楊州刺史：官名。即揚州刺史。東晋、南朝時，揚州刺史往往由宰相兼領，其職權甚至重於尚書令和尚書僕射。

[2]中從事史：官名。即治中從事史，避唐高宗李治諱省"治"字。簡稱治中。州刺史的佐官。掌文書案卷等。梁揚州治中九班。

[3]博物强識（zhì）：博聞强識。見聞廣博，記憶力强。

[4]甄明：辨明，明察。　故實：有參考或借鑒意義的舊事。

[5]儀注體式：禮儀制度的模本、樣式。

陳武帝作相，[1]除司徒左長，[2]遷給事黄門侍郎。[3]齊遣東方老、蕭軌來寇，[4]四方壅隔，糧運不繼，三軍取給，唯在都下，乃除奂建康令。[5]武帝尅日決戰，乃令奂多營麥飯，以荷葉裹之，一宿之間，得數萬裹。軍人旦食訖，盡棄其餘，因而決戰，大破賊。

[1]陳武帝：陳霸先。梁敬帝太平二年（557）十月辛未，梁敬帝禪位於陳霸先。本書卷九，《陳書》卷一、卷二有紀。

[2]司徒左長：大德本、殿本作“司徒左長史”，汲古閣本作“司徒長史左”，《陳書》卷二一《孔奐傳》作“司徒右長史”。按，此底本缺“史”字，孔奐此時爲“左長史”還是“右長史”，存疑。

[3]給事黄門侍郎：官名。門下省次官，與侍中俱掌門下衆事，位頗重要。梁十二班。

[4]東方老：安德鬲（今山東德州市陵城區）人。封陽平縣伯，位南兗州刺史。後與蕭軌等渡江攻建業，兵敗被殺。《北齊書》卷二一、《北史》卷三一有附傳。　蕭軌：本南朝梁宗室，爵番禺侯。梁末降齊，齊文宣帝天保七年（556）與梁師戰於鍾山之西，遇雨失利，與都督李希光等陣亡。

[5]建康：縣名。治所在今江蘇南京市。

武帝受禪，遷太子中庶子。[1]永定二年，[2]除晋陵太守。[3]晋陵自宋、齊以來爲大郡，雖經寇擾，猶爲全實，前後二千石多行侵暴，奐清白自守，妻子並不之官，唯以單船臨郡。所得秩俸，隨即分贍孤寡，郡中號曰神君。曲阿富人殷綺見奐居處儉素，乃餉以衣氊一具。奐曰：“太守身居美禄，何爲不能辦此？但百姓未周，不容獨享温飽。勞卿厚意，幸勿爲煩。”

[1]太子中庶子：官名。東宫屬官，掌侍從、奏事、諫議等。陳四品，秩二千石。

[2]永定二年：大德本、汲古閣本、殿本作“永定三年”，《陳書》卷二一《孔奐傳》作“永定二年”。永定，南朝陳武帝陳霸先

年號（557—559）。

［3］晉陵：郡名。治晉陵縣，在今江蘇常州市。

陳文帝即位，[1]徵爲御史中丞。[2]奂性剛直，多所糾劾，朝廷甚敬憚之。又達於政體，每所奏，未嘗不稱善，百司滯事，皆付奂決。[3]

［1］陳文帝：陳蒨。陳武帝侄。廟號世祖。本書卷九、《陳書》卷三有紀。

［2］御史中丞：官名。職掌監察、執法。南朝亦稱南司，其職雖重，世族名士多不樂爲之。陳三品，秩二千石。

［3］奂：大德本、汲古閣本、殿本作"咨"。

遷散騎常侍，領步兵校尉、中書舍人。[1]重除御史中丞，尋爲五兵尚書。[2]時文帝不豫，臺閣衆事，[3]並令僕射到仲舉共決。[4]及帝疾篤，奂與宣帝及到仲舉并吏部尚書袁樞、中書舍人劉師知等入侍醫藥。[5]文帝嘗謂奂等曰："今三方鼎峙，宜須長君，朕欲近則晉成，遠隆殷法，卿等須遵此意。"奂乃流涕歔欷跪而進曰：[6]"陛下御膳違和，痊復非久，皇太子春秋鼎盛，聖德日躋，廢立之事，臣不敢聞。"帝曰："古之遺直，復見之卿。"乃用奂爲太子詹事。[7]

［1］中書舍人：官名。中書省屬官。入直禁中，專掌草擬、發布詔令，受理文書章奏。因在政務中樞，地位顯要，權力很大。梁四班。陳八品。

［2］五兵尚書：官名。主管全國軍事行政。陳三品，秩中二千

石。隋以後改置“兵部尚書”。

[3]臺閣衆事：大德本、汲古閣本、殿本“衆”作“事”，《陳書》卷二一《孔奂傳》作“衆”。按，此底本不誤。

[4]到仲舉：字德言，彭城武原（今江蘇邳州市）人。本書卷二五有附傳，《陳書》卷二〇有傳。

[5]宣帝：南朝陳宣帝陳頊。字紹世，小字師利，陳武帝兄始興昭烈王陳道談第二子。本書卷一〇、《陳書》卷五有紀。 吏部尚書：官名。尚書省吏部曹長官。掌官吏銓選、任免等事宜。東晋、南朝尚書中以吏部爲最貴。陳三品，秩中二千石。《資治通鑑》卷一一九《宋紀一》少帝景平元年胡三省注：“自晋以來，謂吏部尚書爲大尚書，以其在諸曹之右，且其權任要重也。” 袁樞：字踐言，陳郡陽夏（今河南太康縣）人。本書卷二六、《陳書》卷一七有附傳。 劉師知：沛國相（今安徽濉溪縣）人。本書卷六八、《陳書》卷一六有傳。

[6]進：大德本、汲古閣本、殿本作“對”，《陳書·孔奂傳》作“對”。按，此底本誤。

[7]太子詹事：官名。總領東宫官屬、庶務，爲太子官屬之長。兩晋南北朝東宫位重，置官擬於朝廷，時號宫朝。常設重兵，故權任甚重，或參預朝政。陳三品，秩中二千石。

廢帝即位，[1]除散騎常侍、國子祭酒。[2]出爲南中郎康樂侯長史、尋陽太守，[3]行江州事。宣帝即位，爲始興王長史。奂在職清儉，多所規正，宣帝嘉之，賜米五百斛，并累降敕書，殷勤勞問。

[1]廢帝：南朝陳廢帝陳伯宗。字奉業，小字藥王。陳文帝嫡長子。性仁弱，文帝死後即位，光大二年（568）被廢爲臨海郡王。本書卷九、《陳書》卷四有紀。

[2]國子祭酒：官名。晉武帝始立國子學，置國子祭酒等，以教生徒。南朝齊國學祭酒，位比諸曹尚書。陳三品，秩中二千石。

[3]尋陽：郡名。治柴桑縣，在今江西九江市西南。

太建六年，[1]爲吏部尚書。八年，加侍中。[2]時有事北邊，剋復淮、泗，[3]封賞叙用，紛紜重疊，奐應接引進，門無停賓。加識鑒人物，[4]詳練百氏，[5]凡所甄拔，衣冠搢紳莫不悦服。

[1]太建：南朝陳宣帝陳頊年號（569—582）。

[2]加：官制術語。原職之外，增授其他職銜。　侍中：官名。門下省長官。參預機密政務，掌規諫及賓贊威儀，乃至封駁、平省尚書奏事等。陳三品，秩中二千石。

[3]淮、泗：淮水、泗水流域。

[4]加識鑒人物：大德本、汲古閣本作“加以鑒人物”，殿本作“加以識鑒人物”，《陳書》卷二一《孔奐傳》作“加以鑒識人物”。

[5]詳練：精詳熟習。　百氏：百家譜牒。

性耿介，絶諸請託，雖儲副之尊，公侯之重，溺情相及，終不爲屈。始興王叔陵之在湘州，[1]累諷有司，固求台鉉。[2]奐曰：“衮章本以德舉，[3]未必皇枝。”因抗言於宣帝。帝曰：“始興那忽望公，且朕兒爲公，須在鄱陽王後。”[4]奐曰：“臣之所見，亦如聖旨。”後主時在東宫，[5]欲以江總爲太子詹事，[6]令管記陸瑜言之奐。[7]奐曰：“江有潘、陸之華，而無園、綺之實，[8]輔弼儲貳，竊謂非材。”後主深以爲恨，乃自言於宣帝。宣帝將許之，奂乃奏曰："江總文華之人，今皇太子文華不少，無藉於總。如臣愚見，願選敦重之才，以居輔導。"帝曰："誰可？"奂曰："都官尚書王廓，代有懿德，識性敦敏，可以居之。"後主時亦在側，乃曰："廓王泰之子，不可居太子詹事。"[9]奂乃曰：[10]"宋朝范曄即范泰之子，[11]亦爲太子詹事。"後主固争之，帝以總爲詹事，由是忤旨。

[1]始興王叔陵：陳叔陵。字子嵩，陳宣帝第二子。宣帝太建元年（569）封爲始興王。宣帝駕崩時，趁亂行刺陳後主，逃出後聚兵謀反，兵敗被殺。本書卷六五、《陳書》卷三六有傳。　湘州：州名。治臨湘縣，在今湖南長沙市。

[2]台鉉（xuàn）：猶臺鼎。鉉，鼎耳，以代鼎。鼎三足，有三公之象，故以喻宰輔重臣。

[3]衮章：衮衣上的紋樣。借指三公。

[4]鄱陽王：陳伯山。字静之，陳文帝第三子，陳宣帝之侄。本書卷六五、《陳書》卷二八有傳。

[5]後主：陳後主陳叔寶。字元秀，小字黄奴，陳宣帝嫡長子。本書卷一〇、《陳書》卷六有紀。

[6]江總：字總持，濟陽考城（今河南民權縣）人。本書卷三六有附傳，《陳書》卷二七有傳。

[7]陸瑜：字幹玉，吴郡吴（今江蘇蘇州市）人，陸瓊從弟。少篤學，美詞藻。本書卷四八、《陳書》卷三四有附傳。

[8]江有潘、陸之華，而無園、綺之實：潘、陸指潘安、陸機。園、綺指東園公、綺里季，漢代著名隱士，與夏黄公、角里同爲"商山四皓"。漢高祖欲廢太子劉盈，吕后用張良計，請四皓輔佐太子，高祖事遂不成。

[9]廓王泰之子，不可居太子詹事：以太子詹事有"太"字，

王廓任此職則觸犯父王泰名諱。下范曄、范泰事同。王泰，字仲通。本書卷二二有附傳，《梁書》卷二一有傳。

[10]奂乃曰：大德本、汲古閣本、殿本作“奂又曰”，《陳書》卷二一《孔奂傳》作“奂又奏曰”。

[11]范曄：字蔚宗，順陽（今河南淅川縣）人，范泰子。因參與孔熙先謀立劉義康事而被殺。本書卷三三有附傳，《宋書》卷六九有傳。

初，後主欲官其私寵，微諷於奂，奂不從。及左僕射陸繕遷職，[1]宣帝欲用奂代繕，已草詔訖，後主抑遂不行。

[1]左僕射：《陳書》卷二一《孔奂傳》作“右僕射”。馬宗霍《南史校證》云：“據《通鑑》卷一七二，陸繕正由右僕射爲左僕射，則此處當從《陳書》作‘右’爲是。”（第483頁）　陸繕：字士繻，吴郡吴（今江蘇蘇州市）人。本書卷四八有附傳，《陳書》卷二三有傳。

十四年，爲散騎常侍、金紫光禄大夫，領前軍將軍。[1]未行，改領弘範宫衛尉。[2]至德元年卒，[3]年七十餘。[4]有集十五卷，彈文四卷。[5]

[1]前軍將軍：官名。與左軍、右軍、後軍合稱四軍將軍，掌宫廷宿衛。陳五品，秩千石。

[2]弘範宫衛尉：官名。太后三卿之一。掌太后宫禁。皆冠太后宫名爲官號，位略同於九卿。弘範宫，陳宣帝柳皇后所居宫名。參本書卷一二《后妃傳》。

[3]至德：南朝陳後主陳叔寶年號（583—586）。

[4]年七十餘：《陳書》卷二一《孔奐傳》作“時年七十”。

[5]彈文：文體名。彈劾官員過錯的奏疏。

子紹安、紹薪、紹忠。紹忠字孝揚，亦有才學，位太子洗馬、鄱陽王東曹掾。[1]

[1]太子洗馬：官名。東宫屬官。掌文翰。梁六班。陳六品，秩六百石。《梁書》卷四九《庾於陵傳》云：“舊事，東宫官屬，通爲清選，洗馬掌文翰，尤其清者。近世用人，皆取甲族有才望。”

孔琳之字彦琳，會稽山陰人也。曾祖群，[1]晋御史中丞。祖沈，[2]丞相掾。[3]父廞，[4]光禄大夫。[5]

[1]群：孔群。字敬林。《晋書》卷七八有附傳。

[2]沈：孔沈。字德度。與魏顗、虞球、虞存、謝奉並爲四族之俊。《晋書》卷七八有附傳。

[3]丞相掾：官名。丞相府屬吏。分曹治事，每曹有掾一人。

[4]廞：孔廞。官至吴興太守、廷尉。事見《晋書》卷七八《孔沈傳》。

[5]光禄大夫：官名。三公及重臣告老後可拜此官，也作爲在朝顯職的加官，亦作卒後贈官。晋三品。

琳之强正有志力，少好文義，解音律，能彈棋，妙善草隸。桓玄輔政爲太尉，以爲西閤祭酒。[1]玄時議欲廢錢用穀帛，琳之議曰：

[1]西閣祭酒：官名。晉初凡位從公以上，其府各置西閣、東閣祭酒。當是分主東西閣内衆事之官。

《洪範》八政，[1]以貨次食，豈不以交易之所資，爲用之至要者乎。故聖王制無用之貨，以通有用之財，既無毁敗之費，又省難運之苦，此錢所以嗣功龜貝，歷代不廢者也。穀帛爲寶，本充衣食，今分以爲貨，[2]則致損甚多，又勞毁於商販之手，[3]耗棄於割截之用，此之爲弊，著於自曩。故鍾繇曰：[4]"巧僞之人，競濕穀以要利，制薄絹以充資。"魏世制以嚴刑，弗能禁也。是以司馬芝以爲"用錢非圖豐國，亦所以省刑"。[5]今既用而廢之，則百姓頓亡其財，[6]是有錢無糧之人，皆坐而飢困，此斷之之弊也。魏明帝時，[7]錢廢穀用四十年矣，[8]以不便於人，乃舉朝大議，精才達政之士，莫不以宜復用錢。[9]彼尚舍穀帛而用錢，足以明穀帛之弊著於已試也。

[1]《洪範》：《尚書》篇名。相傳爲商末箕子所作，以此向周武王陳述天地之大法。

[2]今：殿本作同，大德本、汲古閣本作"令"，《宋書》卷五六《孔琳之傳》作"今"。

[3]毁：大德本、汲古閣本、殿本作"煩"，《宋書·孔琳之傳》作"毁"。

[4]鍾繇：字元常，潁川長社（今河南長葛市）人。仕魏官至太傅，封東武亭侯。《三國志》卷一三有傳。

[5]司馬芝：字子華，河内温（今河南温縣）人。仕魏官至大

理、河南尹。《三國志》卷一二有傳。圖：大德本、汲古閣本、殿本作“徒”，《宋書·孔琳之傳》作“徒”。按，此底本誤，應據諸本改。

[6]財：《宋書·孔琳之傳》同，《通典·食貨典》、《册府元龜》卷四九九作“利”。

[7]魏明帝：曹叡。字元仲。《三國志》卷三有紀。

[8]四十年：《宋書·孔琳之傳》作“三十年”。

[9]莫不以宜復用錢：中華本《南史》及《宋書·孔琳之傳》據《通典·食貨典》補“爲”字，作“莫不以爲宜復用錢”。

玄又議復肉刑，琳之以爲：

唐虞象刑，夏禹立辟，蓋淳薄既異，致化不同。《書》曰“世輕世重”，言隨時也。夫三代風純而事簡，故罕蹈刑辟，季末俗巧而務殷，故動陷憲網。若三千行於叔世，[1]必有踊貴之尤，[2]此五帝不相循法，肉刑不可悉復者也。漢文發仁惻之意，[3]傷自新之路莫由，革古創制，號稱刑厝；然名輕而實重，反更傷人。故孝景嗣位，輕之以緩，緩而人慢，又不禁邪。期于刑罰之中，所以見美於昔，歷代議論而未獲厥中者也。[4]兵荒已後，罹法更多，棄市之刑，本斬右趾，漢文一謬，承而弗革，所以前賢恨恨，[5]議之而未辯。鍾繇、陳群之意雖小有不同，[6]欲以右趾代棄市。若從其言，則所活者衆矣。降死之生，誠爲輕法，可以全其性命，蕃其産育，仁既濟物，功亦益衆。又今之所患，逋逃爲先，屢叛不革，宜令逃身靡所，亦以肅戒未犯，永絶惡原。至於餘條，宜且依舊。

［1］三千：《尚書·吕刑》云："墨罰之屬千，劓罰之屬千，剕罰之屬五百，宫罰之屬三百，大辟之罰其屬二百。五刑之屬三千。"後因以"三千"指古代所有的刑罰。

［2］踊貴：謂受刖刑的人所穿的特製鞋子價錢上漲。

［3］漢文發仁惻之意：漢文帝除肉刑。參見《資治通鑑》卷一五《漢紀七》文帝十三年。

［4］議：大德本、汲古閣本、殿本作"詳"，《宋書》卷五六《孔琳之傳》作"詳"。

［5］恨恨：大德本、汲古閣本、殿本作"悵恨"。

［6］鍾繇、陳群之意：指鍾繇、陳群主張恢復肉刑的意見。事見《三國志》卷一三《魏書·鍾繇傳》、卷二二《魏書·陳群傳》。

玄好人附悦，而琳之不能順旨，是以不見知。累遷尚書左丞，楊州中從事史，所居著績。

時責衆官獻便宜，議者以爲宜脩庠序，[1]卹典刑，審官方，明黜陟，舉逸拔才，務農簡調。琳之於衆議之外，別建言曰：

［1］庠序：學校。多指地方所設的學校。

夫璽印者，所以辯章官爵，立契符信。官莫大於皇帝，爵莫尊於公侯，而傳國之璽，歷代遞用，襲封之印，奕世相傳。貴在仍舊，無取改作。今世唯尉一職獨用一印，至於内外群官，每遷悉改，討尋其義，私所未達。若謂官各異姓，與傳襲不同，則未若異代之爲殊也；若論其名器，雖有公卿之貴，未若帝王之重；若以或有誅夷之臣，忌其凶穢，則漢用秦璽，延祚四百，未聞以子嬰身戮國亡而棄不佩。[1]帝王公侯之尊，不疑於傳璽，人臣衆僚之卑，何嫌於即印？載籍未聞其説，推別自乖其準，[2]而終年刻鑄，喪功消實，金銀銅炭之費，不可稱言，非所以因循舊貫，易簡之道。愚請衆官即用一印，無煩改作，若新置官，又官多印少，文或零失，然後乃鑄，則仰裨天府，非唯小益。

[1]子嬰：秦王子嬰。趙高殺秦二世，立子嬰，去帝號稱秦王。先投降劉邦，後爲項羽所殺。事見《史記》卷八《高祖本紀》。

[2]推別自乖其準：《宋書》卷五六《孔琳之傳》作“推例自乖其准”。

又曰：

凶門柏裝，[1]不出禮典，起自末代，積習生常，遂成舊俗，爰自天子達于庶人。誠行之有由，卒革必駭；然苟無關於情，而有愆禮度，存之未有所明，去之未有所失，固當式遵先典，釐革後謬，況復兼以游費，寔爲人患者乎。凡人士喪儀，多出閭里，每有此須，動十數萬，損人財力，而義無所取。至於寒庶，則人思自竭，雖復室如懸罄，莫不傾産單財，[2]所謂“葬之以禮”，其若此乎？謂宜一罷凶門之式。

[1]凶門：舊時辦喪事在門外用白絹或白布結扎成門形，稱“凶門”。　柏裝：即柏歷。魏晋以來又有凶門柏歷置於門外以表喪，略似後世的喪事牌樓。

[2]單：通“殫”。盡，竭盡。

遷尚書吏部郎。[1]義熙十一年，除宋武帝平北、征西長史，遷侍中。宋臺初建，除宋國侍中。永初二年，[2]爲御史中丞，明憲直法，無所屈撓，奏劾尚書令徐羡之虧違憲典。[3]時羡之領楊州刺史，琳之弟璩之爲中從事，羡之使璩之解釋琳之，使停寢其事。琳之不許，曰："我觸忤宰相，政當罪止一身。[4]汝必不應從坐，何須勤勤耶。”自是百僚震肅，莫敢犯禁。武帝甚嘉之，行經蘭臺，[5]親加臨幸。遷祠部尚書，[6]不事産業，家尤貧素。景平元年卒，[7]追贈太常。[8]

[1]尚書吏部郎：官名。尚書省吏部曹長官。主管官吏選任、銓叙、調動事務，對五品以下官吏之任免有建議權。歷朝皆重其選，職位高於尚書省諸曹郎。晋五品。

[2]永初：南朝宋武帝劉裕年號（420—422）。

[3]徐羡之：字宗文，東海郯（今山東郯城縣）人。與劉裕一起起兵，宋時官至司空。宋武帝卒後，與謝晦、傅亮等廢黜少帝，迎立文帝，後爲文帝所誅。本書卷一五、《宋書》卷四三有傳。

[4]政：同“正”。衹，僅僅。乃晋宋人常語。

[5]蘭臺：官署名。漢制蘭臺爲宮中收藏圖書檔案之處，歸御史中丞掌管。此處代指御史臺。

[6]祠部尚書：官名。東晋始置，掌宗廟禮儀。南朝宋領祠部、儀曹二曹。自東晋以後，祠部尚書與右僕射通職，不並置已成常

制。宋三品。隋改名禮部尚書。

[7]景平元年卒：按，據《宋書》卷五六《孔琳之傳》載，時年五十五。景平，南朝宋少帝劉義符年號（423—424）。

[8]太常：官名。南朝禮儀郊廟制度由尚書八座及儀曹裁定，太常位尊職閑。宋三品。

子邈，有父風，官至楊州從事。邈子覬。

覬字思遠，少骨鯁有風力，以是非爲己任。口吃，好讀書，早知名。歷位中書、黄門侍郎。[1]初，晋安帝時，[2]散騎常侍選望甚重，與侍中不異，其後職任閑散，用人漸輕。孝建三年，[3]孝武欲重其選，於是吏部尚書顔竣奏以覬及司徒左長史王景文應舉。[4]帝不欲威權在下，其後分吏部尚書置二人以輕其任。侍中蔡興宗謂人曰：[5]“選曹要重，常侍閑淡，改之以名而不以實，雖主意欲爲輕重，人心豈可變耶？”[6]既而常侍之選復卑，選部之貴不異。

[1]中書、黄門侍郎：此爲中書侍郎和黄門侍郎兩個官名的並稱。《宋書》卷八四《孔覬傳》云：“召爲通直郎，太子中舍人，建平王友，秘書丞，中書侍郎，隨王誕安東諮議參軍，領記室，黄門侍郎，建平王宏中軍長史。”本書有删節。

[2]晋安帝：司馬德宗。晋孝武帝長子。後被權臣劉裕派人縊死。《晋書》卷一〇有紀。

[3]孝建：南朝宋孝武帝劉駿年號（454—456）。

[4]顔竣：字士遜，琅邪臨沂（今山東臨沂市）人。顔延之長子。元凶弑立，孝武帝入討，竣爲檄書，任總内外，備受信用。孝武帝即位後，權重一時，奏無不可。後受竟陵王劉誕謀反事牽連，

下獄賜死。本書卷三四有附傳，《宋書》卷七五有傳。　王景文：名彧，因與宋明帝同名，以字行，琅邪臨沂（今山東臨沂市）人。其妹爲宋明帝皇后，明帝立，封江安縣侯。明帝病重，擔心其以帝舅之重而有異心，遂賜死。本書卷二三有附傳，《宋書》卷八五有傳。

[5]蔡興宗：濟陽考城（今河南民權縣）人，蔡廓子。本書卷二九、《宋書》卷五七有附傳。

[6]耶：大德本、汲古閣本、殿本作“邪”。

大明元年，徙太子中庶子，領翊軍校尉，[1]歷秘書監，[2]廷尉卿，爲御史中丞。鞭令史，[3]爲有司所糾，原不問。

[1]翊軍校尉：官名。東宫三校尉之一，亦稱太子翊軍校尉。

[2]秘書監：官名。爲秘書省長官。掌圖書經籍之事，領著作省。宋三品。

[3]鞭令史：《宋書》卷八四《孔覬傳》作“坐鞭令史”，馬宗霍《南史校證》云：“不當删，坐謂罪坐也，《漢書·文帝紀》‘除收帑相坐律令’，是其證。”（第485頁）

六年，除安陸王子綏後軍長史、江夏内史。[1]性使酒杖氣，[2]每醉輒彌日不醒，僚類間多所陵忽，尤不能曲意權幸，莫不畏而疾之。居常貧罄，無有豐約，未嘗關懷。爲府長史，典籤諮事，[3]不呼前不敢前，不令去不敢去。雖醉日居多，而明曉政事，醒時判決，未嘗有壅。衆咸云：“孔公一月二十九日醉，勝世人二十九日醒也。”孝武每欲引見，先遣人覘其醉醒。

[1]安陸王子綏：劉子綏。宋孝武帝第四子，過繼給安陸王劉叡。後改封江夏王，未受命，因故被明帝賜死。《宋書》卷六一有附傳。

[2]杖：大德本、汲古閣本、殿本作“仗”。

[3]典籤：官名。南北朝置，亦稱典籤帥或籤帥、主帥。本爲州、府掌管文書的佐吏，因南朝宋時多以年幼的皇子出鎮，皇帝委派親信擔任此職協助處理政事，故品階雖不高，但有實權。出任者多爲寒人，每州、府員數人，一歲中輪番還都，匯報當地情況，成爲皇帝升黜地方長官的主要依據。歷宋末以至齊，其權益重。齊時凡王府均置典籤，諸王出鎮州、郡，均置典籤。齊明帝之害諸王，均假典籤之手。梁中葉以後，典籤權勢逐漸衰微。

性真素，不尚矯飾，遇得寶玩，服用不疑，而他物轞敗，終不改易。時吴郡顧覬之亦尚儉素，[1]衣裘器服皆擇其陋者。宋世清約，[2]稱此二人。

[1]顧覬之：字偉仁，吴郡吴（今江蘇蘇州市）人。本書卷三五、《宋書》卷八一有傳。

[2]清約：大德本、汲古閣本、殿本作“清儉”，《宋書》卷八四《孔覬傳》作“清約”。按，此底本不誤。

顗弟道存、從弟徽，[1]頗營産業，二弟請假東還，覬出渚迎之，輜重十餘船，皆是綿絹紙席之屬。覬見之僞喜，謂曰：“我比乏，得此甚要。”因命置岸側，既而正色謂曰：“汝輩忝預士流，何至還東作賈客邪？”命燒盡乃去。

[1]顗：大德本、汲古閣本、殿本作“覬”。按，據上下文可知，作“覬”是，底本誤。

先是，庾徽之爲御史中丞，性豪麗，服玩甚華，覬代之，衣冠器用莫不麤率。蘭臺令史並三吴富人，咸有輕之之意。覬蓬首緩帶，風貌清嚴，皆重迹屏氣，莫敢欺犯。庾徽之字景猷，潁川鄢陵人也，[1]後卒於南東海太守。[2]

[1]潁川：郡名。治許昌縣，在今河南許昌市東。　鄢陵：縣名。治所在今河南鄢陵縣西北。

[2]南東海：郡名。治京口城，在今江蘇鎮江市。

覬後爲司徒左長史，道存代覬爲後軍長史、江夏内史。時東土大旱，都邑米貴，一斗將百錢。道存慮覬甚乏，遣吏載五百斛米餉之。覬呼吏謂之曰：“我在彼三載，去官之日，不辦有路糧。即至彼未幾，[1]那能便得此米邪？[2]可載米還彼。”吏曰：“自古以來無有載米上水者，都下米貴，乞於此貨之。”不聽，吏乃載米而去。

[1]即：大德本、汲古閣本、殿本作“郎”，《宋書》卷八四《孔覬傳》作“二郎”。按，此底本誤，馬宗霍《南史校證》云：“《宋書》本傳有‘二’字，不當省，二郎者兄弟排行之稱。”（第485頁）

[2]那能便得此米邪：大德本、汲古閣本、殿本無“便”字。

永光元年,[1]遷侍中，後爲尋陽王右軍長史、行會稽郡事。[2]明帝即位，召爲太子詹事，遣故佐平西司馬庾業爲右軍司馬,[3]代覬行會稽郡事。時上流反叛，上遣都水使者孔璪入東慰勞。[4]璪至，説覬以廢帝侈費，倉儲秏盡，都下罄匱，資用已竭；今南北並起，遠近離叛，若擁五郡之鋭,[5]招動三吴，事無不剋。覬然其言，遂發兵馳檄。覬子長公，璪二子淹、玄並在都，馳信密報，泰始二年正月,[6]並逃叛東歸。遣書要吴郡太守顧琛,[7]琛以母年篤老，又密邇建鄴，與長子寳素謀議未判。少子寳先時爲山陰令，馳書報琛，以南師已近，朝廷孤弱，不時順從，必有覆滅之禍。覬前鋒軍已度浙江,[8]琛遂據郡同反。吴興太守王曇生、義興太守劉延熙、晋陵太守袁標一時響應。[9]

[1]永光：南朝宋前廢帝劉子業年號（465）。

[2]尋陽王：劉子房。宋孝武帝第六子。本書卷一四、《宋書》卷八〇有傳。

[3]庾業：南陽新野（今河南新野縣）人。孔覬及吴郡太守顧琛據郡反，業與其謀，被殺。

[4]都水使者：官名。都水臺長官。管理全國河渠灌溉水運事務。　孔璪：宋明帝遣其入東慰勞，乃説孔覬謀反。兵敗被殺。

[5]五郡：《資治通鑑》卷一三一《宋紀十三》明帝泰始二年胡三省注云："東揚州所統五郡。"即會稽、東陽、新安、永嘉、臨海五郡。

[6]泰始：南朝宋明帝劉彧年號（465—471）。

[7]吴郡：郡名。治吴縣，在今江蘇蘇州市。　顧琛：字弘瑋，吴郡吴人。本書卷三五、《宋書》卷八一有傳。

[8]浙江：水名。即今浙江富春江、錢塘江。其上游即源自皖南之新安江。

[9]王曇生：琅邪臨沂（今山東臨沂市）人，王弘之之子。宋明帝時與四方藩鎮謀反，兵敗歸降被赦。本書卷二四、《宋書》卷九三有附傳。　義興：郡名。治陽羨縣，在今江蘇宜興市。　劉延熙：彭城吕（今江蘇徐州市銅山區）人，劉道産第二子。《宋書》卷六五有附傳。　袁標：陳郡陽夏（今河南太康縣）人，袁淑第四子。隨晋安王子勛反明帝，兵敗歸降。

庾業既東，明帝即以代延熙爲義興，以延熙爲巴陵王休若鎮東長史。[1]業至長塘湖，[2]即與延熙合。明帝遣建威將軍沈懷明東討，[3]尚書張永係進。[4]巴陵王休若董統東討諸軍。時覬所遣孫曇瓘等軍頓晋陵九里，[5]部陣甚盛。懷明至奔牛，[6]所領寡弱，張永至曲阿，[7]未知懷明安否，退還延陵就休若。[8]諸將帥咸勸退破岡，[9]休若宣令敢有言退者斬，衆小定。軍主劉亮又繼至，兵力轉集，人情乃安。

[1]巴陵王休若：劉休若。宋文帝第十九子。本書卷一四、《宋書》卷七二有傳。巴陵，郡名。治巴陵縣，在今湖南岳陽市。

[2]長塘湖：古湖名。又名洮湖。即今江蘇常州市金壇區、溧陽市之間長蕩湖。

[3]沈懷明：吴興武康（今浙江德清縣）人，沈慶之從孫。《宋書》卷七七有附傳。

[4]張永：字景雲，吴郡吴（今江蘇蘇州市）人，張茂度之子。本書卷三一、《宋書》卷五三有附傳。

[5]孫曇瓘：吴郡富陽（今浙江杭州市富陽區）人。以軍功進

爲越州刺史，後被誅。《宋書》卷八三有附傳。　九里：地名。在今江蘇常州市北。

[6]奔牛：地名。在今江蘇常州市新北區奔牛鎮。

[7]曲阿：縣名。治所在今江蘇丹陽市。

[8]延陵：縣名。治所在今江蘇丹陽市延陵鎮。

[9]破岡：破岡瀆。又名破墩、破墩瀆、破岡埭。三國吴所開鑿，在今江蘇南部，西起句容市東南，通赤山湖及秦淮河，東至丹陽市西南延陵鎮西。是一條人工運河，便利了南京與太湖區域的水上交通。

時齊高帝率軍東討，[1]與張永等於晉陵九里曲結營，與東軍相持。上遣積射將軍江方興、南臺御史王道隆至晉陵視賊形勢，[2]賊帥孫曇瓘、程扞宗、陳景遠凡有五城，互相連帶。扞宗城猶未固，道隆率所領急攻之，俄頃城陷，斬扞宗首。劉亮果勁，便刀楯，乃負楯而進，直入重柵，衆軍因之，即皆摧破。齊高帝與永等乘勝馳擊之，又大破之。曇瓘因此敗走，孔璪與曇生焚倉庫，奔錢唐。[3]

[1]時齊高帝率軍東討：蕭道成時爲輔國將軍，在巴陵王休若統帥下，東討孔覬。參見本書卷四《齊高帝紀》。齊高帝，蕭道成。字紹伯，小字鬬將，南蘭陵（今江蘇常州市武進區）人。南朝齊開國君主，廟號太祖。本書卷四，《南齊書》卷一、卷二有紀。

[2]積射將軍：官名。領積射營，轄二千五百人，擔當宿衛。宋五品。　江方興：濟陽考城（今河南民權縣）人。宋明帝時爲寧朔將軍，討晉安王劉子勛叛亂有功，爲太子左衛率。事見《宋書》卷八四《鄧琬傳》。　南臺御史：官名。即侍御史。時稱御史臺爲

南臺，故名。置十員，分掌各曹，負監察彈劾之責，位輕職重。宋七品。　王道隆：吴興烏程（今浙江湖州市）人。本書卷七七有附傳，《宋書》卷九四有傳。

[3]錢唐：縣名。治所在今浙江杭州市。

會稽聞西軍稍近，將士多奔亡，覬不能復制。上虞令王晏起兵攻郡，[1]覬憂遽不知所爲。其夕率千人聲云東討，實趨石瀷。遇潮涸不得去，衆叛都盡，門生載以小船，竄于山嵴村。[2]村人縛以送晏，晏調曰：[3]"此事孔璪之爲，[4]無豫卿事，可作首辭，當相爲申上。"覬曰："江東處分，莫不由身，委罪求活，便是君輩行意耳。"晏乃斬之東閤外。臨死求酒，曰："此是平生所好。"顧琛、王曇生、袁標等並詣吴喜歸罪，喜皆宥之。東軍主凡七十六人，於陣斬十七人，餘皆原宥。

[1]上虞：縣名。治所在今浙江紹興市上虞區百官街道。

[2]竄于山嵴村：殿本同，大德本、汲古閣本"嵴"作"峭"。《宋書》卷八四《孔覬傳》作"竄于嵴山村"，《資治通鑑》卷一三一《宋紀十三》明帝泰始二年言"覬逃奔嵴山"，胡三省注云："據《南史》，覬門生載覬以小船，竄于嵴山村。"馬宗霍《南史校證》云："其實胡氏所據者即《宋書》之文。"（第486頁）

[3]晏調曰：《宋書·孔覬傳》、《資治通鑑》卷一三一作"晏謂之曰"，疑"調"應作"謂"。

[4]此事孔璪之爲：《宋書·孔覬傳》、《資治通鑑》卷一三一作"此事孔璪所爲"。

覬之起兵也，夢行宣陽門道上，[1]顧望皆丘陵。覬瘖，私告人曰："丘陵者弗平，建康其殆難剋。"

[1]宣陽門：城門名。六朝都城建康的南面正門，前臨御道，東晋起稱宣陽門，又稱白門。約在今江蘇南京市淮海路一帶。

覬弟道存，位黄門吏部郎、南海太守。[1]晋安王子勛建僞號，[2]以爲侍中，行雍州事，[3]事敗見殺。

[1]南海太守：中華本改作"南郡太守"，其校勘記云："'南郡'各本作'南海'，據《宋書》改。按《宋書·臨海王子頊傳》，子頊爲廣州刺史未之鎮，徙荆州刺史，進號前將軍，孔道存爲其府長史。則是以長史而領南郡太守。"

[2]晋安王子勛建僞號：晋安王劉子勛，宋孝武帝第三子。明帝泰始二年（466）正月，即帝位於尋陽，改元義嘉，徐州刺史薛安都、吴郡太守顧琛等紛起應之，四方貢計皆歸尋陽。八月，宋將沈攸之入尋陽，殺晋安王子勛。史稱義嘉之難。

[3]雍州：僑州名。治襄陽縣，在今湖北襄陽市。

殷景仁，陳郡長平人也。[1]曾祖融，[2]晋太常。祖茂之，[3]特進、左光禄大夫。父道裕，早亡。

[1]陳郡：郡名。治陳縣，在今河南周口市淮陽區。　長平：縣名。治所在今河南西華縣東北。

[2]融：殷融。字洪遠。曾任庾亮都督司馬，後爲丹陽尹，遷尚書，晋穆帝時任太常、吏部尚書，有集十卷。

[3]茂之：殷茂之。《宋書》卷六三《殷景仁傳》作"茂"。

景仁少有大成之量，司徒王謐見而以女妻之。[1]爲宋武帝太尉行參軍，歷位中書侍郎。[2]景仁不爲文而敏有思致，不談義而深達理，至於國典朝議，[3]舊章記注，莫不撰録，識者知其有當世之志也。

[1]王謐：字稚遠，王導孫。《晋書》卷六五有附傳。

[2]中書侍郎：官名。爲中書監、令之副，助監、令掌尚書奏事。晋、宋五品。

[3]議：殿本同，大德本、汲古閣本作"章"，中華本作"儀"，《宋書》卷六三《殷景仁傳》作"儀"。

嘗建議請百官舉才，以所薦能否黜陟，武帝甚知之。少帝即位，[1]補侍中，累表辭讓。優詔申其請，以爲黄門侍郎，歷左衛將軍。[2]文帝即位，[3]委遇彌厚。[4]俄遷侍中，左衛如故。時與王華、王曇首、劉湛四人並爲侍中，[5]以風力局幹，冠冕一時，同升之美，近代莫及。元嘉三年，[6]車駕征謝晦，[7]司徒王弘入居中書下省，[8]景仁長直，共掌留任。晦平，代到彦之爲中領軍，[9]侍中如故。

[1]少帝：南朝宋少帝劉義符。小字車兵，宋武帝長子。後被廢，幽禁於吴郡，徐羡之等使人將其殺害。本書卷一、《宋書》卷四有紀。

[2]左衛將軍：官名。爲禁衛軍長官之一。掌宫禁宿衛，領宿衛營兵。宋四品。

[3]文帝：南朝宋文帝劉義隆。小字車兒，宋武帝第三子。本書卷二、《宋書》卷五有紀。

[4]過：大德本、汲古閣本、殿本作“遇”。

[5]王華：字子陵，琅邪臨沂（今山東臨沂市）人。宋少帝被害時勸宋文帝入京，文帝即位後，官至侍中。本書卷二三、《宋書》卷六三有傳。　王曇首：宋少帝被害時勸宋文帝入京，後深受寵信，歷侍中、太子詹事。本書卷二二、《宋書》卷六三有傳。　劉湛：字弘仁，南陽涅陽（今河南鄧州市）人。本書卷三五、《宋書》卷六九有傳。

[6]元嘉：南朝宋文帝劉義隆年號（424—453）。

[7]謝晦：字宣明，陳郡陽夏（今河南太康縣）人。初爲建威府中兵參軍。入宋，封武昌縣公。與徐羡之、傅亮廢少帝，迎立文帝。文帝後誅殺徐羡之，謝晦反，兵敗被殺。本書卷一九、《宋書》卷四四有傳。

[8]王弘：字休元，琅邪臨沂（今山東臨沂市）人，王導曾孫。助劉裕代晋，宋文帝時官至司徒。本書卷二一、《宋書》卷四二有傳。　中書下省：官署名。中書省辦事機構，地近機要。

[9]到彦之：字道豫，彭城武原（今江蘇邳州市）人。本書卷二五有傳。　中領軍：官名。掌京師諸軍及禁軍。職與領軍同，資重者爲領軍，資輕者爲中領軍。宋三品。

文帝所生章太后早亡，上奉太后所生蘇氏甚謹。[1]六年，蘇氏卒，車駕親往臨哭，詔遵二漢推恩之典。[2]景仁議以爲“漢氏推恩加爵，于時承秦之弊，儒術蔑如，懼非盛明所宜軌蹈。晋監二代，朝政之所因，君舉必書，哲王之所慎。體至公者懸爵賞於無私，奉天統者每屈情以申制，所以作孚萬國，貽則後昆”。上從之。

[1]所生：指親母。

[2]詔遵二漢推恩之典：大德本、汲古閣本、殿本作“詔欲遵

二漢推恩之典”。二漢推恩，指兩漢帝王給母后之族推廣封贈之事。推恩，帝王向臣屬推廣封贈，以示恩典。

丁母憂，葬竟，起爲領軍將軍，固辭。上使綱紀代拜，遣中書舍人周赳與載還府。[1]服闋，[2]遷尚書僕射。[3]太子詹事劉湛代爲領軍，湛與景仁素善，皆被遇於武帝，俱以宰相許之。湛常居外任。會王弘、王華、王曇首相係亡，景仁引湛還朝，共參朝政。湛既入，以景仁位遇本不踰己，一旦居前，意甚憤憤。知文帝信仗景仁，不可移奪，乃深結司徒彭城王義康，[4]欲倚宰相之重以傾之。十二年，景仁遷中書令、護軍將軍，[5]僕射如故，尋復加領吏部。[6]湛愈怒，義康納湛言，毁景仁於文帝，帝遇之益隆。景仁密陳相王權重，非社稷計，上以爲然。景仁對親舊歎曰："引之令入，便噬人。"乃稱疾請解，不見許，使停家養病。湛議欲遣人若劫盜者於外殺之，以爲文帝雖知，當不能傷至親之愛。上微聞之，徙景仁於西掖門外晋鄱陽王第，[7]以爲護軍府。密邇宫禁，故其計不行。

[1]遣中書舍人周赳與載還府:《宋書》卷六三《殷景仁傳》“與”作“輿”。大德本、汲古閣本、殿本“還”作“詣”，《宋書·殷景仁傳》作“還”。

[2]服闋：喪服期滿。

[3]尚書僕射：官名。尚書省次官，與尚書令同居宰相之任。若置二人，則爲左右僕射；若不置二人，僅稱尚書僕射，若尚書令缺，則以左僕射爲尚書省長官；若左右僕射並缺，則置尚書僕射以

掌左僕射之事。宋三品。

[4]彭城王義康：劉義康。宋武帝四子。官至大將軍、司徒，權傾天下，爲文帝所忌，出爲江州刺史。後以范曄謀反事，被貶爲庶人。本書卷一三、《宋書》卷六八有傳。彭城，郡名。治彭城縣，在今江蘇徐州市。

[5]中書令：官名。中書省長官之一。典尚書奏事，掌朝政機密，出納詔命。南朝時中書令清閑無事。宋三品。　護軍將軍：官名。禁衛軍長官，略低於領軍將軍。資歷深者爲護軍將軍，資歷淺者爲中護軍。宋三品。

[6]領吏部：負責尚書省吏部事務。

[7]西掖門：在宫城西側，近處有中書省等官署。　鄱陽王：《宋書·殷景仁傳》作“鄱陽主”。按，此疑應從《宋書》作“主”是。鄱陽主，即鄱陽公主或鄱陽長公主。晋簡文帝女，適宰相王導孫王嘏。參見《晋書》卷三二《后妃傳下》、卷六五《王導傳》。鄱陽爲其封地，在今江西鄱陽縣。

景仁卧疾者五年，雖不見上，而密函去來，日中以十數，朝政大小必以問焉。影迹周密，莫有窺其際者。及將收湛之日，景仁便拂拭衣冠。寢疾既久，左右皆不悟其意。其夜，上出華林園延賢堂召之，[1]景仁猶稱脚疾，小牀輿以就坐，誅討處分，一皆委之。

[1]華林園：宫苑名。東晋時在吴舊宫苑的基礎上修葺而成，以洛陽之華林園命名。南朝諸帝常在此宴飲游樂、臨政聽訟、侍講經書。陳亡後，被夷平。位於臺城内城後宫區以北，約在今江蘇南京市珠江路以南一帶。

代義康爲楊州刺史，僕射、吏部如故。遣使者授印綬，主簿代拜畢，便覺疾甚，情理乖錯。性本寬厚，而忽更苛暴，問左右曰："今年男婚多，女稼多？"[1]是冬大雪，景仁乘輿出聽事觀望，忽驚曰："當閤何得有大樹？"既而曰："我誤耳。"疾篤，文帝謂不利在州，使還住僕射下省。[2]爲州凡月餘日卒，[3]或云見劉湛爲祟。[4]追贈侍中、司空，謚曰文成公。大明五年，孝武行經景仁墓，詔遣致祭。

[1]稼：大德本、汲古閣本、殿本作"嫁"。

[2]僕射下省：即尚書下省。魏晋南北朝諸曹尚書辦公之署，爲當時處理日常政務的主要場所。因設在宫禁中，故亦常令輔政大臣入直。

[3]卒：按，據《宋書》卷六三《殷景仁傳》，時年五十一。

[4]祟：大德本同，汲古閣本、殿本作"祟"。

子道矜，幼而不慧，位太中大夫。[1]道矜子恒，明帝時，位侍中、度支尚書。[2]屬父疾積久，爲有司所奏。詔曰："道矜生便有病，更無横疾；恒因愚習惰，久妨清序，可除散騎常侍。"[3]

[1]太中大夫：官名。品秩雖不高，禄賜與卿相當。宋七品。

[2]度支尚書：官名。掌土地、户口、財賦等。宋三品。唐朝改名户部尚書。

[3]除：《宋書》卷六三《殷景仁傳》作"降爲"。馬宗霍《南史校證》云："殷恒原爲侍中、度支尚書，據《宋書·百官志》，侍中與散騎常侍俱秩比二千石，俱第三品，則由侍中轉散騎，不得謂

之降，疑《南史》作‘除’是也。”（第488頁）

淳字粹遠，景仁從祖弟也。祖允，[1]晉太常。父穆，以和謹致稱，自五兵尚書爲宋武帝相國左長史。元嘉中，位特進、右光禄大夫，[2]領始興王師。卒官，[3]謚曰元子。

[1]允：殷允。晉孝武帝時任豫章太守，後拜太常，有集十卷。

[2]右光禄大夫：官名。作爲在朝顯職的加官，或授予年老致仕之官，亦常用作卒後贈官，以示尊崇，無職掌。宋二品。

[3]卒官：按，據《宋書》卷五九《殷淳傳》載，文帝元嘉十五年（438）卒官，時年六十。

淳少好學，有美名，歷中書黄門侍郎。黄門清切，直下應留下省，以父老特聽還家。高簡寡欲，[1]早有清尚，愛好文義，未嘗違捨。在秘書閣撰《四部書大目》，[2]凡四十卷，行於世。元嘉十一年卒，[3]朝廷痛惜之。

[1]欲：大德本、汲古閣本、殿本作“言”，《宋書》卷五九《殷淳傳》作“慾”。

[2]在秘書閣撰《四部書大目》：《宋書·殷淳傳》作“《四部書目》”。按，《隋書·經籍志》未見。

[3]元嘉十一年卒：按，據《宋書·殷淳傳》載，時年三十二。

子孚，有父風。嘗與侍中何勗共食，[1]孚羹盡，勗云：“益殷尊羹。”勗司空無忌子也，[2]孚徐輟筯曰：“何無忌諱。”孚位吏部郎，爲順帝撫軍長史。[3]

[1]何勗：東海郯（今山東郯城縣）人。何無忌子，襲封安成郡公。歷官太尉長史、侍中。

[2]無忌：何無忌。京口起兵舊人。《晋書》卷八五有傳。

[3]順帝：南朝宋順帝劉準。宋明帝第三子。本書卷三、《宋書》卷一〇有紀。

子臻字後同，幼有名行，袁粲、褚彦回並賞異之。[1]每造二公之席，輒清言畢景。王儉爲丹楊尹，[2]引爲郡丞。袁昱先拜秘書丞，[3]求臻爲到省表。臻答曰："何不見倩拜，而見倩作表。"[4]遂不爲作。歷位太子洗馬。

[1]袁粲：字景倩，陳郡陽夏（今河南太康縣）人。本書卷二六有附傳，《宋書》卷八九有傳。　褚彦回：褚淵。字彦回，本書避唐高祖李淵諱而稱彦回。河南陽翟（今河南禹州市）人。尚宋文帝女南郡獻公主，拜駙馬都尉，除著作佐郎。受明帝遺命與尚書令袁粲輔佐蒼梧王。後助蕭道成代宋建齊，封南康郡公，官至尚書令、司空。本書卷二八有附傳，《南齊書》卷二三有傳。

[2]王儉：字仲寶，琅邪臨沂（今山東臨沂市）人。尚宋明帝陽羨公主，入齊封南昌縣公，長於禮學，參與齊初制度、禮儀制定，官至中書監，卒贈太尉。本書卷二二有附傳，《南齊書》卷二三有傳。

[3]袁昱：大德本、汲古閣本、殿本作"袁昂"。按，此底本誤，應據諸本改。袁昂，字千里，陳郡陽夏（今河南太康縣）人。本書卷二六有附傳，《梁書》卷三一有傳。　秘書丞：官名。爲秘書監之副。負責典籍圖書的管理和整理校定。南朝以來尤爲清選。齊官品不詳。

[4]見倩：大德本、殿本同，汲古閣本作"倩見"。

淳弟沖字希遠，位御史中丞，有司直之稱。再遷度支尚書。元凶妃即淳女，[1]而沖在東宫爲劭所知遇。[2]劭殺立，[3]以爲司隸校尉。[4]沖有學義文辭，劭使爲尚書符，罪狀孝武，亦爲劭盡力。建鄴平，賜死。

[1]元凶：劉劭。宋文帝長子。弑文帝自立，兵敗被殺。本書卷一四、《宋書》卷九九有傳。

[2]劭：大德本、汲古閣本、殿本作“邵”。下句“劭殺立”之“劭”亦同不另注。按，此底本不誤。

[3]殺：大德本同，汲古閣本、殿本作“弑”。

[4]司隸校尉：官名。兩漢皆置，掌察舉京師百官及京師近郡犯法者，並領京師所在之州。按，太子劭改揚州爲司隸校尉，模仿魏晋洛陽舊制。

沖弟淡字夷遠，亦歷黄門吏部郎，太子中庶子。大明中，又以文章見知。

論曰：季恭命偶興王，恩深惟舊，及位致崇寵，而每存謙挹。觀夫持滿之誡，足以追蹤古人。琇之貞素之風，不踐無義之地。《易》曰：“王臣蹇蹇，其動也直。”休文行己之度，可謂近之。[1]琳之二議，深達變通之道。覬持身之節，亦曰一時之良，而聽言則悖，晚致覆没，痛矣哉！景仁遠大之情，著於初筮，元嘉之盛，卒致宗臣，[2]言聽計從，於斯爲重，美矣乎。

[1]《易》曰：“王臣蹇蹇，其動也直”：“王臣蹇蹇”出自《易·蹇卦》。“其動也直”出自《易·繫辭上》。是説孔奂居官正直。　休文：孔奂字。

[2]卒：大德本同，汲古閣本、殿本作“幸”。

南史　卷二八

列傳第十八

褚裕之 弟淡之 玄孫球 裕之兄子湛之 湛之子彦回 彦回子賁 蓁 蓁子向 向子翔 彦回弟澄 從父弟紹[1] 炫 炫子澐 澐子蒙 蒙子玠

[1]從父弟紹：大德本、汲古閣本作“從父弟炤”，殿本作“彦回從弟炤”。“紹”本卷正文作“炤”，應以“炤”爲是。

褚裕之字叔度，河南陽翟人，[1]晋太傅裒之曾孫也。[2]祖歆，秘書監。[3]父爽，[4]金紫光禄大夫。[5]

[1]河南：郡名。治洛陽縣，在今河南洛陽市東北。　陽翟：縣名。治所在今河南禹州市。

[2]太傅：官名。兩晋時常與太宰、太保並掌朝政，開府置僚屬，爲宰相之任。晋一品。　裒：褚裒。字季野。晋康獻皇后父。唐長孺《士族的形成和升降》云：“褚氏之列於士族，至早也在西晋初，却也因褚裒連姻皇室，穆帝即位，爲太后之父，尊重莫比，成爲東晋、南朝第一流高門。”（載《魏晋南北朝史論拾遺》，中華書局1983年版，第59頁）《晋書》卷九三有傳。

[3]秘書監：官名。爲秘書省長官。掌圖書經籍之事，領著作省。晋三品。

[4]爽：褚爽。字弘茂，小字期生，晋恭思皇后父。《晋書》卷九三有傳。

[5]金紫光禄大夫：官名。作爲在朝顯職的加官，無具體職掌。加金印紫綬者，稱金紫光禄大夫。晋二品。

長兄秀之字長倩，歷大司馬琅邪王從事中郎，[1]黄門侍郎，[2]宋武帝鎮西長史。[3]秀之妹，晋恭帝后也。[4]秀之雖晋氏姻戚，而盡心於武帝。遷侍中，[5]出補大司馬右司馬。晋恭帝即位，爲祠部尚書。[6]宋受命，徙太常。[7]元嘉初，[8]卒於官。

[1]從事中郎：官名。東晋、南朝公府置。其職依時依府而異，或主吏，或分掌諸曹，或掌機密，或參謀議，地位較高，僅次於長史、司馬。晋六品。

[2]黄門侍郎：官名。門下省次官，與侍中俱掌門下衆事，位頗重要。晋五品。

[3]宋武帝：劉裕。字德輿，小名寄奴，彭城（今江蘇徐州市）人。南朝宋建立者。仕晋官至相國，封宋王。晋恭帝元熙二年（420）代晋稱帝。本書卷一、《宋書》卷一至卷三有紀。　鎮西長史：官名。鎮西將軍長史省稱。長史，爲所在官署掾屬之長，故有元僚之稱。

[4]晋恭帝：司馬德文。《晋書》卷一〇有紀。

[5]侍中：官名。門下省長官。參預機密政務，掌規諫及賓贊威儀，乃至封駁、平省尚書奏事等。晋三品。

[6]祠部尚書：官名。東晋始置，掌宗廟禮儀。南朝宋祠部尚書領祠部、儀曹二曹。自東晋以後，祠部尚書與右僕射通職，不並

置已成常制。晋三品。隋改名禮部尚書。

[7]太常：官名。南朝禮儀郊廟制度由尚書八座及儀曹裁定，太常位尊職閑。宋三品。

[8]元嘉：南朝宋文帝劉義隆年號（424—453）。

秀之弟淡之字仲原，亦歷顯官，爲宋武帝車騎從事中郎，尚書吏部郎，[1]廷尉卿，[2]左衛將軍。[3]宋受命，爲侍中。

[1]尚書吏部郎：官名。尚書省吏部曹長官。主管官吏選任、銓叙、調動事務，對五品以下官吏之任免有建議權。歷朝皆重其選，職位高於尚書省諸曹郎。宋五品。

[2]廷尉卿：官名。掌刑獄。當時修定法律及刑獄之政令仰承尚書省，廷尉職權較漢爲輕。宋三品。

[3]左衛將軍：官名。掌宫廷宿衛營兵。爲禁衛軍長官之一。宋四品。

淡之兄弟並盡忠事武帝，恭帝每生男，輒令方便殺焉，或誘略内人，[1]或密加毒害，前後如此非一。及恭帝遜位居秣陵宫，[2]常懼見禍，與褚后共止一室，慮有酖毒，自煮食於前。武帝將殺之，不欲遣人入内，令淡之兄弟視后。褚后出别室相見，兵人乃踰垣而入，進藥於恭帝。帝不肯飲，曰："佛教自殺者不得復人身。"乃以被掩殺之。[3]

[1]略：大德本、汲古閣本、殿本作"賂"，《宋書》卷五二《褚叔度傳》亦作"賂"。按，此底本誤，應據諸本改。

[2]秣陵：縣名。治所在今江蘇南京市。按，秣陵爲京邑二縣之一。所轄秦淮河南岸平原一帶。

[3]乃以被掩殺之：大德本、汲古閣本、殿本作"乃以被掩之"，《宋書·褚叔度傳》作"乃以被掩殺之"。按，此底本不誤。

後會稽郡缺，[1]朝議欲用蔡廓，[2]武帝曰："彼自是蔡家佳兒，何關人事。可用褚佛。"佛，淡之小字也。乃用淡之爲會稽太守。

[1]會稽：郡名。治山陰縣，在今浙江紹興市。

[2]蔡廓：字子度，濟陽考城（今河南民權縣）人。本書卷二九、《宋書》卷五七有傳。

景平二年，[1]富陽孫氏聚合門宗謀逆，[2]其支黨在永興縣潛相影響。[3]永興令羊恂覺其謀，以告淡之，淡之不信，乃以誣人之罪收縣職局。於是孫法先自號冠軍大將軍，[4]與孫道慶等攻没縣邑，更相樹置，遥以鄮令司馬文宣爲征西大將軍，[5]建旗鳴鼓，直攻山陰。[6]

[1]景平二年：《宋書》卷四《少帝紀》記富陽孫氏舉兵事在景平元年二月辛未，此作"二年"訛，應據《宋書》改。景平，南朝宋少帝劉義符年號（423—424）。

[2]富陽：縣名。治所在今浙江杭州市富陽區。

[3]永興：縣名。治所在今浙江杭州市蕭山區。

[4]孫法先：《南齊書》卷三〇《戴僧静傳》同，《宋書·少帝紀》、《册府元龜》卷六九三作"孫法光"，《宋書》卷五二《褚叔度傳》作"孫法亮"。

[5]鄮：縣名。治所在今浙江寧波市鄞州區東。　征西大將軍：官名。多授統兵出鎮在外、都督數州諸軍事者。居四征將軍之上。宋二品。

[6]山陰：縣名。治所在今浙江紹興市。

淡之自假陵江將軍，[1]以山陰令陸邵領司馬，加振武將軍，[2]前員外散騎常侍王茂之爲長史，[3]前國子博士孔欣、前員外散騎常侍謝苓之並參軍事，[4]召行參軍七十餘人。前鎮西諮議參軍孔甯子、左光禄大夫孔季恭子山士並在艱中，[5]皆起爲將軍。遣隊主陳願、郡議曹掾虞道納二軍過浦陽江。[6]願等戰敗，賊遂推鋒而前，去城二十餘里。淡之遣陸邵水軍拒之，[7]而身率所領出次近郊。邵與行參軍滿恭期合力，大破賊於柯亭。[8]淡之尋卒，謚曰質子。

[1]假：官制術語。代理、兼攝之意。　陵江將軍：《宋書》卷五二《褚叔度傳》作"凌江將軍"。

[2]振武將軍：官名。五武將軍之一。宋四品。

[3]員外散騎常侍：官名。正員之外添差之散騎常侍。多以公族、功臣子充任，爲閑散之職。宋三品。　王茂之：字興元，王裕之父。曾任晋陵太守。

[4]國子博士：官名。隸國子祭酒，教授國子學生徒儒學。　謝苓之：《宋書·褚叔度傳》作"謝芩之"。

[5]左光禄大夫：官名。光禄勳屬官，多爲在朝顯職的加官，以示優崇。宋二品。　孔季恭：孔靖。字季恭，犯宋武帝祖諱，以字行，會稽山陰（今浙江紹興市）人。本書卷二七、《宋書》卷五四有傳。　山士：孔山士。《宋書》卷五四有附傳。　艱：指父母

喪事。

[6]隊主：官名。南北朝時爲軍隊基層組織隊的主官。下設隊副，上屬軍主。所統轄的兵力無定員，擔負征戰、守備或宿衛等事。南朝多以雜號將軍領之。　浦陽江：又稱豐江或浣江。錢塘江支流。在今浙江杭州市蕭山區東。

[7]拒：大德本、汲古閣本、殿本作“禦”，《宋書·褚叔度傳》作“拒”。

[8]大破賊於柯亭：大德本、汲古閣本、殿本“破”作“敗”。《宋書·褚叔度傳》作“恭期等與賊戰於柯亭，大破之”。柯亭，地名。在今浙江紹興市西南。

裕之名與武帝同，故行字焉。初爲太宰琅邪王行參軍，[1]武帝車騎參軍，[2]司徒左西屬，[3]中軍諮議參軍，[4]署中兵，[5]加建威將軍。[6]從征鮮卑，盡其誠力。盧循攻查浦，[7]叔度力戰有功。循南走，武帝板行廣州刺史，[8]加督，建威將軍，領平越中郎將。[9]在任四年，廣營賄貨，[10]資財豐積，坐免官，禁錮終身。還至都，凡諸親舊及一面之款，無不厚加贈遺。尋除太尉諮議參軍、相國右司馬。武帝受命，爲右衛將軍。[11]武帝以其名家，而能竭盡心力，甚嘉之，封番禺縣男。[12]尋加散騎常侍。[13]永初四年，[14]出爲雍州刺史，[15]領寧蠻校尉。[16]在任三年，以清簡致稱。景平二年，卒。[17]

[1]太宰：官名。晋初依《周禮》，置三公，太師居首，爲避司馬師諱，改太師爲太宰。宋沿置。與太傅、太保並稱三上公。多用作贈官，安置元老舊臣。宋一品。　行參軍：《宋書》卷五二《褚叔度傳》作“參軍”。

[2]車騎參軍：官名。車騎將軍府屬官。

[3]司徒左西屬：官名。司徒府僚屬，參掌左西曹。

[4]諮議參軍：官名。王公軍府屬官。掌顧問諫議，其位在列曹參軍上。

[5]署：官制術語。代理、暫任或試充某官職。　中兵：官名。中兵參軍省稱。掌中兵曹事務，兼備參謀咨詢。

[6]建威將軍：官名。雜號將軍。晋四品。

[7]盧循：字于先，小字元龍，范陽涿（今河北涿州市）人。東漢名儒盧植之後，後趙中書監盧諶曾孫。繼孫恩之後爲五斗米道起兵統帥。《晋書》卷一〇〇有傳。　查浦：查浦壘。秦淮河口防禦工事。

[8]板：官制術語。指不由吏部正式任命，而由地方軍政長官自行選用官員。板官不給印綬，但可食禄。　廣州：州名。治番禺縣，在今廣東廣州市。

[9]平越中郎將：官名。主管南越事務。設府置僚佐，治廣州，多兼任廣州刺史。

[10]賄：大德本、汲古閣本、殿本作“貲”，《宋書·褚叔度傳》作“賄”。

[11]右衛將軍：官名。隸領軍將軍（中領軍），掌宫廷宿衛營兵，位在左衛將軍下。宋四品。

[12]番禺：縣名。治所在今廣東廣州市。　縣男：封爵名。即開國縣男，食邑爲縣。

[13]加：官制術語。指官吏於本職之外所加領的其他官銜。　散騎常侍：官名。東晋時參掌機密，選望甚重，職任比於侍中。南朝以後隸屬集書省，掌管圖書文翰。地位驟降，用人漸輕。宋三品。

[14]永初四年：《宋書·褚叔度傳》作“永初三年”，中華本校勘記云：“按下云‘在任三年’。自永初三年（四二二）至景平二年（四二四）卒，適爲三年，據《宋書》改。”按，此應據改。永

初，南朝宋武帝劉裕年號（420—422）。

[15]雍州：僑州名。治襄陽縣，在今湖北襄陽市。

[16]寧蠻校尉：官名。掌管雍州的少數民族事務。領兵，設府於襄陽，稱小府。宋四品。

[17]景平二年，卒：按，據《宋書·褚叔度傳》載，是年四十四。

子恬之嗣。恬之弟寂之，著作佐郎，[1]早卒。寂之子曖尚宋文帝第六女琅邪真長公主，[2]位太宰參軍，亦早卒。曖子繢位太子舍人，[3]亦尚宋公主。

[1]著作佐郎：官名。掌搜集史料，供著作郎撰史。職務清閑，成爲高門子弟的起家官。宋六品。

[2]宋文帝：劉義隆。小字車兒，宋武帝第三子。本書卷二、《宋書》卷五有紀。　琅邪真長公主：《宋書》卷五二《褚叔度傳》作“琅邪貞長公主”。

[3]太子舍人：官名。東宫屬官。掌文章書記。宋七品。

繢子球字仲寶，少孤貧，篤志好學，有才思。宋建平王景素，[1]元徽中誅滅，[2]唯有一女存，故吏何昌寓、王思遠聞球清立，[3]以此女妻之。

[1]宋建平王景素：劉景素。宋文帝第七子劉宏之子，嗣其父爲建平王。本書卷一四、《宋書》卷七二有附傳。建平，郡名。治巫縣，在今重慶巫山縣。

[2]元徽：南朝宋後廢帝劉昱年號（473—477）。

[3]何昌寓：字儼望，廬江灊（今安徽霍山縣）人。何尚之弟

何佟之子。本書卷三〇有附傳，《南齊書》卷四三有傳。　王思遠：琅邪臨沂（今山東臨沂市）人。本書卷二四有附傳，《南齊書》卷四三有傳。　立：大德本、殿本同，汲古閣本作“正”。

仕齊爲溧陽令，[1]在縣清白，資公奉而已。仕梁歷都官尚書，[2]通直散騎常侍，[3]秘書監，領著作，[4]司徒右長史，[5]常侍、著作如故。自魏孫禮、晋荀組以後，[6]台佐加貂，[7]始自球也。後爲散騎常侍，光禄大夫，[8]加給事中，[9]卒。[10]

[1]溧陽：縣名。治所在今江蘇溧陽市西北。

[2]都官尚書：南朝宋設此官。掌管軍事刑獄，兼管水部、庫部、功論三曹。梁十三班。隋朝改名刑部尚書。

[3]通直散騎常侍：官名。南朝屬集書省，地位漸低。梁武帝曾欲提高其地位，以比御史中丞，但終不被人所重，常爲加官。梁十一班。

[4]著作：官名。即著作郎。隸秘書省，掌修撰國史和起居注。梁時員一人，六班。

[5]司徒右長史：官名。司徒府僚屬之長，佐司徒總管府内諸曹，或亦參預政務。三國魏以後分置左、右長史，共爲司徒府僚屬之長，右長史佐司徒總管府内諸曹，位次左長史。梁十班。

[6]孫禮：字德達，涿郡容城（今河北容城縣）人。《三國志》卷二四有傳。　荀組：字大章，潁川潁陰（今河南許昌市）人，荀勖子。《晋書》卷三九有附傳。

[7]加貂：飾有貂尾的冠飾。

[8]光禄大夫：官名。作爲在朝顯職的加官，無具體職掌。梁十三班。

[9]給事中：官名。南朝隸集書省，常侍從皇帝左右，收發文

書。梁四班。

[10]卒：大德本、汲古閣本、殿本無。

湛之字休玄，秀之子也。尚宋武帝第七女始安哀公主，拜駙馬都尉、著作佐郎。[1]哀公主薨，復尚武帝第五女吴郡宣公主。諸尚主者，並因世胄，不必皆有才能。湛之謹實有意幹，故爲文帝所知。歷顯位，爲太子中庶子，[2]司徒左長史，[3]侍中，左衛將軍，左户尚書，[4]丹楊尹。[5]

[1]駙馬都尉：官名。此職多以宗室外戚及功臣子孫擔任。至梁、陳漸成定制，專加尚公主者。

[2]太子中庶子：官名。東宫屬官。掌侍從、奏事、諫議等。宋五品。

[3]司徒左長史：官名。左、右長史皆爲司徒府僚屬之長，位次左高右低，共同佐司徒掌各曹等府事。宋六品。

[4]左户尚書：官名。即左民尚書。唐人避唐太宗李世民諱，故改爲左户尚書。爲五曹尚書之一。掌户籍和工官之事。宋三品。

[5]丹陽尹：官名。京畿行政長官，屬於既機要又顯貴之職。宋三品。

元凶殺逆，[1]以爲吏部尚書，[2]復出爲丹楊尹，統石頭戍事。[3]孝武入代，[4]劭自攻新亭壘，[5]使湛之率水師俱進，湛之因攜二息彦回、澄，登輕舟南奔。彦回始生一男，爲劭所殺。孝武即位，以爲尚書右僕射。[6]孝建元年，[7]爲中書令、丹楊尹。[8]後拜尚書左僕射，[9]以南奔賜爵都鄉侯。大明四年卒，[10]謚敬侯。子彦回。

[1]元凶：劉劭。宋文帝太子。本書卷一四、《宋書》卷九九有傳。　殺：大德本同，汲古閣本、殿本作“弑”。

[2]吏部尚書：官名。尚書省吏部曹長官。掌官吏銓選、任免等事宜。東晋、南朝尚書中以吏部爲最貴。宋三品。《資治通鑑》卷一一九《宋紀一》少帝景平元年胡三省注：“自晋以來，謂吏部尚書爲大尚書，以其在諸曹之右，且其權任要重也。”

[3]石頭戍：即石頭城戍。爲南朝京師軍事要地，歷代均委派重臣率兵駐守。

[4]代：大德本、汲古閣本、殿本作“伐”，《宋書》卷五二《褚湛之傳》亦作“伐”。

[5]新亭：地名。在今江蘇南京市西南。地近江濱，依山築城壘，爲軍事和交通重地。

[6]尚書右僕射：官名。尚書省次官，與尚書令同居宰相之任。右僕射位次左僕射。輔助尚書令執行政務，參議大政，諫諍得失，監察糾彈百官，可封還詔旨，常受命主管官吏選舉。宋三品。

[7]孝建：南朝宋孝武帝劉駿年號（454—456）。

[8]中書令：官名。中書省長官之一。典尚書奏事，掌朝政機密，出納詔命。南朝時中書令清閑無事。宋三品。

[9]尚書左僕射：官名。尚書省次官，位在右僕射上。宋三品。

[10]大明：南朝宋孝武帝劉駿年號（457—464）。

彦回幼有清譽。[1]宋元嘉末，魏軍逼瓜步，[2]百姓咸負擔而立。時父湛之爲丹楊尹，使其子弟並著芒屩，於齋前習行。或譏之，湛之曰：“安不忘危也。”彦回時年十餘，甚有慙色。湛之有一牛，至所愛，無故墮聽事前井，湛之率左右躬自營救之，郡中喧擾，彦回下簾不視也。又有門生盜其衣，[3]彦回遇見，謂曰：“可密藏之，勿使人見。”此門生慙而去，不敢復還，後貴乃歸罪，待之如初。

[1]彦回：本名淵，本書避唐高祖李淵諱以字行。《南齊書》卷二三亦有傳。

[2]瓜步：山名。又作瓜埠山。在今江蘇南京市六合區東南。古時南臨大江，南北朝時爲軍事要地。

[3]門生：投靠世族之門客，其地位高於一般僕隸，亦可以入仕。

尚宋文帝女南郡獻公主，[1]拜駙馬都尉，徐著作佐郎，[2]累遷秘書丞。[3]湛之卒，彦回悉推財與弟澄，唯取書數千卷。湛之有兩厨，寶物，在彦回所生郭氏間，[4]嫡母吴縣主求之，[5]郭欲不與，彦回曰："但令彦回在，何患無物。"猶不許，彦回流涕固請，乃從之。襲爵都鄉侯，歷位尚書吏部郎。

[1]南郡獻公主：本卷下文有"彦回妻宋故巴西主"，錢大昕《廿二史考異》卷三六云："王儉撰淵碑文云選尚餘姚公主，此《傳》前云尚南郡獻公主，後云巴西主，蓋初封餘姚公主，進封南郡，齊受禪後，又例降封巴西。封號雖異，其實一人也。"

[2]徐：大德本、汲古閣本、殿本作"除"。《南齊書》卷二三《褚淵傳》亦作"除"。按，此底本誤，應據諸本改。

[3]秘書丞：官名。爲秘書監之副。負責典籍圖書的管理和整理校定。南朝以來尤爲清選。

[4]所生：指親生母親。

[5]嫡母吴縣主：本卷下文有"嫡母吴郡公主"，《南齊書·褚淵傳》亦言"淵後嫡母吴郡公主"。按，疑底本誤，應作"嫡母吴

郡主”是。

景和中，[1]山陰公主淫恣，[2]窺見彦回悦之，以白帝。帝召彦回西上閣宿十日，公主夜就之，備見逼迫，彦回整身而立，從夕至曉，不爲移志。公主謂曰：“君鬚髯如戟，何無丈夫意？”彦回曰：“雖不敏，[3]何敢首爲亂階。”

[1]景和：南朝宋前廢帝劉子業年號（465）。

[2]山陰公主：劉楚玉。宋前廢帝姐。自請前廢帝爲置面首三十人。《宋書》卷八〇有附傳。

[3]雖不敏：汲古閣本、大德本、殿本作“回雖不敏”。中華本校勘記云：“‘回’《通志》改‘淵’；王懋竑《讀書記疑》：‘回疑本字淵。’按古人雙名無單舉一字以爲稱者（但爲詩文則無此限，故何點爲贊云：‘回既世族。’）此用書傳現成語（見《論語·顏淵篇》），一語雙關。”

宋明帝即位，[1]累遷吏部尚書。有人求官，密袖中將一餅金，因求清閑，[2]出金示之，曰：“人無知者。”彦回曰：“卿自應得官，無假此物。若必見與，不得不相啓。”此人大懼，收金而去。彦回叙其事，而不言其名，時人莫之知也。

[1]宋明帝：劉彧。字休炳，小字榮期，宋文帝第十一子。初封淮陽王，後改封湘東王。前廢帝死後，自立爲帝。本書卷三、《宋書》卷八有紀。

[2]清閑：大德本、汲古閣本、殿本作“請間”。

帝之在藩，與彦回以風素相善，至是深相委仗，陳事皆見從。改封雩都伯，[1]歷侍中，領尚書，右衛將軍。[2]

［1］雩都伯：《南齊書》卷二三《褚淵傳》作“雩都縣伯”。雩都，縣名。治所在今江西于都縣。

［2］歷侍中，領尚書，右衛將軍：《南齊書·褚淵傳》作“轉侍中，領右衛將軍”。錢大昕《廿二史考異》卷三六云：“彦回在明帝時嘗爲吏部尚書及右僕射，此云領尚書，則當時無此官也。”

彦回美儀貌，善容止，俯仰進退，咸有風則。每朝會，百僚遠國使，莫不延首目送之。明帝嘗歎曰：“褚彦回能遲行緩步，便得宰相矣。”時人以方何平叔。[1]嘗聚袁粲舍，[2]初秋凉夕，風月甚美，彦回援琴奏《别鵠》之曲，[3]宫商既調，風神諧暢。王彧、謝莊並在粲坐，[4]撫節而歎曰：“以無累之神，合有道之器，宫商暫離，不可得已。”

［1］何平叔：何晏。字平叔，南陽宛（今河南南陽市）人。《三國志》卷九有傳。

［2］袁粲：字景倩，陳郡陽夏（今河南太康縣）人。本書卷二六有附傳，《宋書》卷八九有傳。

［3］《别鵠》：樂曲名。即《别鶴操》。相傳商陵牧子娶妻五年而無子，父兄將爲他休妻改娶。牧子悲愴，取琴作歌：“將乖比翼兮隔天端，山川悠遠兮路漫漫，攬衣不寐兮食忘餐。”後人爲之譜曲，稱爲“别鶴操”。

［4］王彧：字景文，琅邪臨沂（今山東臨沂市）人。因與宋明

帝同名，以字行。其妹爲宋明帝皇后，明帝立，封江安縣侯。明帝病重，擔心其以帝舅之重而有異心，遂賜死。本書卷二三、《宋書》卷八五有傳。　謝莊：字希逸，陳郡陽夏（今河南太康縣）人。宋孝武帝時曾任吏部尚書，上書反對以門第選才。本書卷二〇有附傳，《宋書》卷八五有傳。

時傖人常珎奇與薛安都爲逆，[1]降叛非一。後又求降，明帝加以重位。彦回謂全其首領，於事已弘，不足大加寵異。帝不從。珎奇尋又叛。

[1]傖人：六朝時南人對北人或南渡北人的鄙稱。　常珎奇：汝南（今河南汝南縣）人。仕宋爲司州刺史。擁劉子勛爲帝失敗，遂降魏。後復叛歸南朝。《魏書》卷六一有附傳。　薛安都：字休達，河東汾陰（今山西萬榮縣）人。初仕北魏，宋文帝元嘉二十三年（446）降宋。孝武帝時，累官徐州刺史。明帝即位，舉兵應晋安王子勛，兵敗後又降魏。本書卷四〇、《宋書》卷八八、《魏書》卷六一、《北史》卷三九有傳。

彦回後爲吴郡太守，[1]帝寢疾危殆，馳使召之，欲託後事。及至召入，帝坐帳中流涕曰："吾近危篤，故召卿，欲使著黄羅耳。"[2]指牀頭大函曰："文書皆函内，冀此函得不復開。"[3]彦回亦悲不自勝。黄羅襬，乳母服也。帝雖小間，猶懷身後慮。建安王休仁，[4]人才令美，物情宗向，帝與彦回謀誅之，彦回以爲不可。帝怒曰："卿癡不足與議事。"彦回懼而奉旨。復爲吏部尚書，衛尉卿，尚書右僕射。[5]以母老疾，[6]晨昏須養，辭衛尉，不許。

［1］彦回後爲吴郡太守：錢大昕《廿二史考異》卷三六云："吴郡當作吴興。《南齊書》本傳及王儉碑文俱無守吴郡事，蓋傳寫之訛。下文亦有出爲吴興之語。"馬宗霍《南史校證》云："余按《通鑑》卷一三三亦作'吴郡'，與《南史》文合。胡三省注曰：'蕭子顯《齊書·褚淵傳》云，爲吴興太守，按吴郡近京畿大郡也，吴興次郡也，淵以大尚書出守，當得大郡，吴郡爲是。'殿本《南齊書考證》據此，因以'吴興'爲誤。然胡注未引《南史》，錢氏謂《南史》'吴郡'爲傳寫之訛，似又未檢《通鑑》，惟王儉碑文云：'丹陽京輔，吴興襟帶，頻作二守，並加蟬冕。'不言'吴郡'，則錢説亦有徵，此似當存疑。"（湖南教育出版社 2008 年版，第 493—494 頁）

［2］黄羅耳：大德本、汲古閣本、殿本作"黄羅襹"，本卷下文亦作"黄羅襹"。按，此底本誤，應據諸本改。

［3］冀：大德本、汲古閣本、殿本作"寘"。按，作"寘"則屬上句讀。　得不：大德本、汲古閣本、殿本作"不得"。

［4］建安王休仁：劉休仁。宋文帝第十二子。文帝元嘉二十九年（452），立爲建安王。明帝泰始七年（471），賜死。後降封始安縣王。本書卷一四、《宋書》卷七二有傳。建安，郡名。治建安縣，在今福建建甌市。

［5］衛尉卿：官名。專掌宫城門防衛。宋三品。

［6］母老：大德本、殿本同，汲古閣本作"老母"。

明帝崩，遺詔以爲中書令、護軍將軍，[1]與尚書令袁粲受顧命，[2]輔幼主。粲等雖同見託，而意在彦回。彦回同心理事，務弘儉約，百姓賴之。既而王道隆、阮佃夫用事，[3]姦賂公行，彦回不能禁也。

［1］護軍將軍：官名。禁衛軍長官，略低於領軍將軍。資歷深

者爲護軍將軍，資歷淺者爲中護軍。宋三品。

[2]尚書令：官名。兩晋、南朝時爲尚書省長官，綜理全國政務，參議大政。宋三品。

[3]王道隆：吴興烏程（今浙江湖州市）人。本書卷七七有附傳，《宋書》卷九四有傳。　阮佃夫：會稽諸暨（今浙江諸暨市）人。本書卷七七、《宋書》卷九四有傳。

遭所生喪，毁頓不復可識，朞年不盥櫛，唯泣淚處乃見其本質焉。詔斷哭，禁弔客。葬畢，起爲中軍將軍，[1]本官如故。

[1]中軍將軍：官名。爲重號將軍。宋三品。

元徽二年，[1]桂陽王休範反，[2]彦回與衛將軍袁粲入衛宫省，鎮集衆心。彦回初爲丹楊，[3]與從弟炤同載，道逢齊高帝，[4]彦回舉手指高帝車謂炤曰："此非常人也。"出爲吴興，高帝餉物别，彦回又語人曰："此人才貌非常，將來不可測也。"及顧命之際，引高帝豫焉。

[1]元徽：南朝宋後廢帝劉昱年號（473—477）。

[2]桂陽王休範：劉休範。宋文帝第十八子。本書卷一四、《宋書》卷七九有傳。桂陽，郡名。治郴縣，在今湖南郴州市。

[3]彦回初爲丹楊：據《南齊書》卷二三《褚淵傳》載，褚彦回封雩都縣伯後"轉侍中，領右衛將軍，尋還散騎常侍，丹陽尹"。錢大昕《廿二史考異》卷三六云："《南齊書》本傳，明帝即位，轉侍中，還散騎常侍、丹陽尹。延壽删去還丹陽尹一節，則此語無根。"

[4]齊高帝：蕭道成。字紹伯，小字鬬將，南蘭陵（今江蘇常州市武進區）人。南朝齊開國君主，廟號太祖。本書卷四,《南齊書》卷一、卷二有紀。

高帝既平桂陽，遷中領軍，南兗州,[1]高帝固讓，與彦回及衛軍袁粲書陳情，彦回、粲答書不從，高帝乃受命。其年加彦回尚書令、侍中，給班劍二十人,[2]固讓令。三年，進爵爲侯。服闋,[3]改授中書監,[4]侍中、護軍如故，給鼓吹一部。[5]

[1]遷中領軍，南兗州：《南齊書》卷二三《褚淵傳》作“遷中領軍，領南兗州”。按，應據《南齊書》補“領”字。南兗州，州名。東晋僑立兗州，宋時改爲南兗州，初治京口，在今江蘇鎮江市。宋文帝元嘉八年（431）移治廣陵縣，在今江蘇揚州市西北蜀岡上。

[2]班劍：飾有花紋的木劍。漢制，朝服帶劍。至晋代之以木，謂之班劍，虎賁持之，用作儀仗。是皇帝對王公大臣的一種恩賜。

[3]服闋：喪服期滿。

[4]中書監：官名。與中書令共爲中書省長官，唯入朝時班次略高於令。典尚書奏事，掌朝政機密，草擬及發布詔令。南朝時多用作重臣加官。宋三品。

[5]鼓吹：演奏鼓吹樂的樂隊。成爲皇帝賜予臣下的一種禮遇。

時淮北屬，江南無復鰒魚,[1]或有間關得至者，一枚直數千錢。人有餉彦回鰒魚三十枚，彦回時雖貴，而貧薄過甚，門生有獻計賣之，云可得十萬錢。彦回變色曰:“我謂此是食物，非曰財貨，且不知堪賣錢，聊爾受之。雖復儉乏，寧可賣餉取錢也。”悉與親游噉之，少日便盡。

[1]鰒魚：鮑魚的别名。

明年，嫡母吴郡公主薨，[1]毁瘠骨立。葬畢，詔攝職，固辭，又以朞祭禮及，表解職，並不許。

[1]嫡母吴郡公主：《南齊書》卷二三《褚淵傳》作“淵後嫡母吴郡公主”，馬宗霍《南史校證》云：“彦回父湛之先尚始安哀公主，哀公主薨，復尚吴郡宣公主，故稱‘後嫡母’，《南史》删去‘後’字，非是。”（第494頁）

蒼梧暴虐稍甚，[1]齊高帝與彦回及袁粲言世事，粲曰：“主上幼年，微過易改，伊、霍之事，[2]非季世所行，縱使功成，亦終無全地。”彦回默然，歸心高帝。及廢蒼梧，群公集議，袁粲、劉彦節既不受任，[3]彦回曰：“非蕭公無以了此。”手取事授高帝。[4]高帝曰：“相與不肯，我安得辭。”事乃定。順帝立，改號衛將軍、開府儀同三司，[5]侍中如故，甲仗五十人入殿。

[1]蒼梧：南朝宋後廢帝劉昱。字德融，小字慧震。宋明帝長子。後被蕭道成謀殺，以太后令追貶蒼梧郡王。本書卷三、《宋書》卷八有紀。

[2]伊、霍：指商代伊尹和西漢霍光。伊尹曾流放商王太甲於桐；霍光廢黜已登帝位的昌邑王劉賀，又立宣帝。後兩人常並稱，泛指能行廢立之事的重臣。

[3]劉彦節：劉秉。字彦節，本書避唐高祖李淵父李昞諱以字行。本書卷一三、《宋書》卷五一有附傳。　任：大德本、殿本同，汲古閣本作“命”。

[4]手取事授高帝：此處之“事”，即文書之意（參見周一良《魏晋南北朝史札記》，中華書局1985年版，第457頁）。事，《南齊書》卷二三《褚淵傳》作“書”，《資治通鑑》卷一三四《宋紀十六》順帝昇明元年作“事”，胡三省注云：“褚淵手取其事以授道成，自此天下之事一歸之矣。”

[5]衛將軍：官名。多作爲軍府名號，以加授大臣或重要州郡長官。宋二品。　開府儀同三司：官名。爲大臣加號，指禮制、待遇與三公相同，許開設府署，自辟僚屬。係給非三公官員以三公待遇。

及袁粲懷貳，曰：“褚公眼睛多白，所謂白虹貫日，亡宋者終此人也。”他日，粲謂彦回曰：“國家所倚，唯公與劉丹楊及粲耳，願各自勉，無使竹帛所笑。”彦回曰：“願以鄙心寄公之腹則可矣。”然竟不能貞固。

及高帝輔政，王儉議加黄鉞，[1]任遐曰：[2]“此大事，應報褚公。”帝曰：“褚脱不與，卿將何計？”[3]遐曰：“彦回保妻子，愛性命，非有奇才異節，遐能制之。”果無違異。

[1]王儉：字仲寶，琅邪臨沂（今山東臨沂市）人。尚宋明帝陽羡公主，入齊封南昌縣公，長於禮學，參與齊初制度、禮儀制定，官至中書監，卒贈太尉。本書卷二二有附傳，《南齊書》卷二三有傳。　黄鉞：飾以黄金的長柄斧子。天子儀仗，亦用以征伐。

[2]任遐：任昉伯父。事見本書卷五九《任昉傳》。

[3]將：大德本、殿本同，汲古閣本作“相”。

及沈攸之事起，[1]高帝召彥回謀議，彥回曰：“西夏釁難，[2]事必無成，公當先備其内耳。”高帝密爲其備。事平，進中書監、司空。[3]

[1]沈攸之：字仲達，吴興武康（今浙江德清縣）人。本書卷三七有附傳，《宋書》卷七四有傳。

[2]西夏釁難：東晋、南朝時稱今長江中游湖北、湖南一帶爲西夏。此指沈攸之在荆州挑起禍亂。釁，大德本、殿本同，汲古閣本作“疊”。《南齊書》卷二三《褚淵傳》亦作“釁”。按，此底本不誤。

[3]司空：官名。三公之一，爲名譽宰相，多爲重臣加官。宋一品。

齊臺建，[1]彥回白高帝，引何曾自魏司徒爲晋丞相，[2]求爲齊官。高帝嫌而不許。[3]建元元年，[4]進位司徒，[5]侍中、中書監如故，改封南康郡公。彥回讓司徒，乃與僕射王儉書，欲依蔡謨事例。[6]儉以非所宜言，勸彥回受命。終不就。尋加尚書令。二年，重申前命爲司徒，又固讓。

[1]齊臺建：指蕭道成受封齊公，建臺治事。

[2]何曾：字穎考，陳國陽夏（今河南太康縣）人。《晋書》卷三三有傳。

[3]嫌：大德本、汲古閣本、殿本作“謙”。《南齊書》卷二三《褚淵傳》作“謙”。按，此底本誤，應據諸本改。

［4］建元：南朝齊高帝蕭道成年號（479—482）。

［5］司徒：官名。三公之一，爲名譽宰相。魏晋以降，多爲大官之榮銜或加銜。齊官品不詳。

［6］蔡謨：字道明，陳留考城（今河南民權縣）人。歷元、明、成、康、穆五帝，累官太傅、太尉、司徒。後因不應徵召，免爲庶人。遂終日講誦，教授弟子。博學通禮儀，撰《漢書集解》。與荀闓、諸葛恢號曰“中興三明”。《晋書》卷七七有傳。

魏軍動，高帝欲發王公以下無官者從軍，彦回諫以爲無益實用，空致擾動，上乃止。

三年七月，帝親嘗酎，[1]盛暑欲夜出，彦回與左僕射王儉諫，以爲“自漢宣帝以來，不夜入廟，所以誡非常。人君之重，所宜克慎”。從之。

［1］嘗酎：祭祀時嘗飲新酒。酎，連釀三次的醇酒。

時朝廷機事，彦回多與議謀，每見從納，禮遇甚重。上大宴集，酒後謂朝臣曰：“卿等並宋時公卿，亦當不言我應得天子。”[1]王儉等未及答，彦回斂板曰：“陛下不得言臣不早識龍顔。”上笑曰：“吾有愧文叔，[2]知公爲朱祐久矣。”[3]

［1］亦當不言我應得天子：大德本、殿本同，汲古閣本作“亦不當言我應得天子”。

［2］文叔：指漢光武帝劉秀。字文叔。《後漢書》卷一有紀。

［3］朱祐：字仲先，南陽宛（今河南南陽市）人。與劉秀關係好，多次勸劉秀稱帝。《後漢書》卷二二有傳。中華本《南齊書》

卷二三《褚淵傳》據局本改作“朱祜”。《後漢書》卷二二《朱祐傳》李賢注引《東觀記》云:“‘祐’作‘福’。避安帝諱。”宋劉攽《東漢書刊誤》:“案注引《東觀記》安帝諱，則此人當名祜。”“祜”訛爲“祐”，沿誤已久，不知所自始。

彦回善彈琵琶，齊武帝在東宫宴集,[1]賜以金鏤柄銀柱琵琶。性和雅，有器度，不妄舉動。宅嘗失火，煙爓甚逼,[2]左右驚擾，彦回神色怡然，索輿徐去。然世頗以名節譏之,[3]于時百姓語曰:“可憐石頭城，寧爲袁粲死，不作彦回生。”

[1]齊武帝：蕭賾。字宣遠。廟號世祖。本書卷四、《南齊書》卷三有紀。

[2]爓：古同“焰”。

[3]世頗以名節譏之:《南齊書》卷二三《褚淵傳》作“輕薄子頗以名節譏之”。王鳴盛《十七史商榷》卷六〇《南齊書不譏褚淵》云:“（褚彦回）如此負國懷奸，而猶以譏之者爲輕薄子，蕭子顯是道成孫，其言自合如此。”

高帝崩，遺詔以爲録尚書事。[1]江左以來，無單拜録者，有司疑立優策。[2]尚書令王儉議，以爲“見居本官，别拜録，應有策書，而舊事不載。中朝以來,[3]三公王侯，則優策並設；官品第二，策而不優。優者褒美，策者兼明委寄。尚書職居天官，政化之本，故尚書令品雖第三，拜必有策。録尚書品秩不見，而總任彌重，前代多與本官同拜，故不别有策。即事緣情，不容均之凡僚，宜有策書，用申隆寄。既異王侯，不假優文”。從之。尋增彦回班劍爲三十人，五日一朝。

[1]録尚書事：官名。魏晋南北朝多以公卿權重者居之，總領尚書省政務，位在三公上。又有録尚書六條事、關尚書七條事等名義。

[2]優策：詔策。

[3]中朝：偏居江左的東晋、南朝稱西晋爲中朝。

頃之寢疾。彦回少時嘗篤病，夢人以卜蓍一具與之，遂差其一，至是年四十八矣，歲初便寢疾。而太白、熒惑相係犯上將，[1]彦回慮不起，表遜位。武帝不許，乃改授司空、驃騎將軍，[2]侍中、録尚書事如故。薨，年四十八，家無餘財，負責數十萬，[3]詔給東園秘器。[4]

[1]太白、熒惑相係犯上將：太白，即金星。熒惑，即火星。按，熒惑、太白均被視爲凶星。上將，星名。《史記·天官書》云："斗魁戴匡六星曰文昌宫：一曰上將，二曰次將。"

[2]驃騎將軍：官名。居諸名號將軍之首，僅作爲軍府名號，加授大臣或重要州郡長官，無具體職掌。齊官品不詳。

[3]責（zhài）：同“債”。

[4]東園：專造喪葬器物的官署。　秘器：棺材。

時司空掾屬以彦回未拜，疑應爲吏敬以不？王儉議："依《禮》，婦在塗，聞夫家喪，改服而入。今掾屬雖未服勤，而吏節稟於天朝，宜申禮敬。"司徒府史又以彦回既解職，而未恭後授，府應上服以不？儉又議：

“依中朝士孫德祖從樂陵遷爲陳留，未入境，[1]樂陵郡吏依見君之禮，陳留迎吏依‘娶女有吉日，齋衰吊’。司徒府宜依居官制服。”又詔贈太宰，[2]侍中、録尚書、公如故，增班劍爲六十人，葬送禮悉依宋太保王弘故事，[3]謚曰文簡。先是庶姓三公，轜車未有定格，[4]王儉議官品第一，皆加幢絡，自彦回始也。又詔彦回妻宋故巴西主埏墬暫啓，[5]宜增南康郡公夫人。[6]

[1]未入境：中華本據《册府元龜》於此句後補“卒”字。按，此指西晋人孫德祖由樂陵郡改調到陳留郡任太守，行至中途病逝，故此應補“卒”字。

[2]太宰：官名。東晋、南朝用作贈官，多用以安置元老勳舊大臣，名義尊榮，無職掌。齊官品不詳。

[3]王弘：字休元，琅邪臨沂（今山東臨沂市）人，王導曾孫。助劉裕代晋，宋文帝時官至司徒。本書卷二一、《宋書》卷四二有傳。

[4]轜（ér）車：載運棺柩的喪車。轜，同“輀”。《釋名·釋喪制》云:“輿棺之車曰輀。輀，耳也，縣於左右前後，銅魚摇絞之屬。”

[5]埏墬：墓道。墬，同“隧”。

[6]增：大德本、汲古閣本同，殿本作“贈”。《南齊書》卷二三《褚淵傳》作“贈”。

長子賁字蔚先，少耿介。父背袁粲等附高帝，賁深執不同，終身愧悵之，[1]有棲退之志。位侍中。彦回薨，服闋，[2]見武帝，賁流涕不自勝。上甚嘉之，以爲侍中、領步兵校尉、左户尚書。[3]常謝病在外，上以此望之，遂諷令辭爵，讓與弟蓁，仍居墓下。及王儉薨，乃騎水牛出吊，以繫門外柱，入哭盡哀而退，家人不知也。會疾篤，其子霽載以歸。疾小間，知非故處，大怒，不肯復飲食，内外閤悉釘塞之，不與人相關，[4]數日裁餘氣息。謝瀹聞其弊，[5]往候之，排閤不可開，以杵槌破，進見賁曰："事之不可得者身也，身之不可全者名也，名與身俱滅者君也，豈不全之哉！"賁曰："吾少無人間心，豈身名之可慕。但願啓手歸全，必在舊隴。兒輩不才，未達余趣，移尸徙殯，夭吾素心，[6]更以此爲恨耳。"永明七年卒。[7]

[1]悵：大德本、汲古閣本、殿本作"恨"。

[2]闕：大德本、汲古閣本、殿本作"闋"。按，此底本誤，應據諸本改。

[3]步兵校尉：官名。爲皇帝的侍衛武官，隸中領軍（領軍將軍），用以安置勳舊武臣。齊官品不詳。

[4]關：大德本、汲古閣本、殿本作"聞"。按，此底本誤，應據諸本改。

[5]謝瀹：字義潔，陳郡陽夏（今河南太康縣）人，謝莊子。本書卷二〇有附傳，《南齊書》卷四三有傳。　弊：指身體病憊。

[6]夭：大德本、汲古閣本、殿本作"失"。按，此底本誤，應據諸本改。

[7]永明：南朝齊武帝蕭賾年號（483—493）。

蓁字茂緒，位義興太守。[1]八年，改封巴東郡侯。[2]明年，表讓封還賁子霽，詔許之。建武末，[3]蓁位太子詹事、度支尚書，[4]領前軍將軍。[5]永元元年卒，[6]贈太常，[7]謚穆子。

[1]義興：郡名。治陽羨縣，在今江蘇宜興市。

[2]改封巴東郡侯：錢大昕《廿二史考異》卷三六："彦回本封南康郡公，蓁初襲父爵，至是以南康爲王國，而改蓁爲巴東公，見《齊武帝諸子傳》。此云'郡侯'，恐誤。"按，本書《南康王子琳傳》"改封南康公褚蓁爲巴東公"，應據改。

[3]建武：南朝齊明帝蕭鸞年號（494—498）。

[4]太子詹事：官名。總領東宫官屬、庶務，爲太子官屬之長。兩晋南北朝東宫位重，置官擬於朝廷，時號宫朝。常設重兵，故權任甚重，或參預朝政。齊官品不詳。　度支尚書：官名。掌土地、户口、財賦等。齊官品不詳。唐朝改名户部尚書。

[5]前軍將軍：官名。爲四將軍之一，領宿衛營兵，非雜號將軍之比。齊官品不詳。

[6]永元：南朝齊東昏侯蕭寶卷年號（499—501）。

[7]贈太常：大德本、汲古閣本、殿本無"贈"字。按，此底本不誤。

蓁子向字景政，年數歲，父母相繼亡没，毁若成人，[1]親表異之。及長，淹雅有器量，位長兼侍中。[2]向風儀端麗，眉目如畫，每公庭就列，爲衆所瞻望焉。仕梁，卒於北中郎廬陵王長史。子翔。

[1]毁若成人：《梁書》卷四一《褚翔傳》作"哀毁若成人"。按，底本脱"哀"字，應據《梁書》補。

[2]長兼侍中：一種任官形式。秩位低於正員，可由此升爲正員，亦可由正員降此。

翔字世舉，起家秘書郎，[1]累遷宣城王主簿。[2]中大通五年，[3]梁武帝宴群臣樂游苑，[4]别詔翔與王訓爲二十韻詩，[5]限三刻成。翔於坐立奏，帝異焉，即日補宣城王文學，[6]俄遷友。[7]時宣城友、文學加正王二等，[8]翔超爲之，時論美焉。

[1]秘書郎：官名。典校書籍。南朝以來爲清流美職，多爲世家甲族子弟起家之選。梁二班。

[2]主簿：官名。負責文書簿籍，掌管印鑒等事。其品位秩級隨府官長地位高下而異。

[3]中大通：南朝梁武帝蕭衍年號（529—534）。

[4]樂遊苑：皇家園林名。南朝宋置，又名北苑。在今江蘇南京市玄武湖南岸九華山南。

[5]王訓：字懷範，王儉孫。本書卷二二、《梁書》卷二一有附傳。

[6]宣城王：蕭大器。字仁宗，梁簡文帝嫡長子。武帝中大通四年（532），封宣城郡王。本書卷五四、《梁書》卷八有傳。　文學：官名。梁皇弟、皇子府置。梁五班。

[7]友：官名。梁皇弟、皇子府置，掌侍從游處，規諷道義。梁八班。

[8]時宣城友、文學加正王二等：正王，《梁書》卷四一《褚翔傳》作“它王”。按，梁武帝中大通三年，蕭綱繼立爲皇太子。

出爲義興太守，在政潔己，省繁苛，去游費，百姓安之。郡西亭有古樹，積年枯死，翔至郡，忽更生枝葉，咸以爲善政所感。以秩滿，吏人詣闕請之，敕許焉。尋徵爲吏部郎，去郡，百姓無老少追送出境，涕泣拜辭。翔居小選公清，不爲請屬易意，號爲平允。遷侍中。

太清二年，[1]守吏部尚書，[2]丁母憂，以毀卒。翔少有孝行，爲侍中時，母病篤，請沙門祈福，中夜忽見户外有異光，又聞空中彈指。及旦，疾遂愈，咸以爲精誠所致云。

[1]太清：南朝梁武帝蕭衍年號（547—549）。

[2]守：官制術語。代理、臨時代理之義。

澄字彦道，彦回弟也。初湛之尚始安公主，薨，納側室郭氏，生彦回。後尚吴郡主，生澄。彦回事主孝謹，主愛之。湛之亡，主表彦回爲嫡。澄尚宋文帝女廬江公主，拜駙馬都尉。歷官清顯，善醫術。

建元中，爲吴郡太守，[1]百姓李道念以公事到郡，澄見謂曰："汝有重疾。"答曰："舊有冷疾，至今五年，衆醫不差。"[2]澄爲診脉，謂曰："汝病非冷非熱，當是食白瀹雞子過多所致。"令取蘇一升煮服之。[3]始一服，乃吐出一物，[4]如升，涎裹之動，開看是雞雛，羽翅爪距具足，能行走。澄曰："此未盡。"更服所餘藥，又吐得如向者雞十三頭，而病都差，當時稱妙。豫章王感病，高帝召澄爲療，立愈。尋遷左户尚書。

[1]吴郡：郡名。治吴縣，在今江蘇蘇州市。

[2]差（chài）：通"瘥"。病愈。

[3]令取蘇一升煮服之：中華本校勘記云："'蘇'《太平御覽》

七二三引《南齊書》、七三八引《南史》並作‘蒜’,《通志》同。”按，疑作“蒜”是。

[4]出：大德本、汲古閣本同，殿本作“得”。按，此底本不誤。

彦回薨，澄以錢一萬一千就招提寺贖高帝所賜彦回白貂坐褥，壞作裘及褸，又贖彦回介幘犀導及彦回常所乘黄牛。永明元年，爲御史中丞袁彖所奏，[1]免官禁錮，見原。遷侍中，領右軍將軍，[2]以勤謹見知。澄女爲東昏皇后。永元元年卒，[3]追贈金紫光禄大夫。[4]

[1]御史中丞：官名。職掌監察、執法。南朝亦稱南司，其職雖重，世族名士多不樂爲之。齊官品不詳。　袁彖：字偉才，陳郡陽夏（今河南太康縣）人，袁顗之子。本書卷二六有附傳，《南齊書》卷四八有傳。

[2]右軍將軍：官名。與前軍、後軍、左軍將軍合稱四軍將軍。掌宫禁宿衛。齊官品不詳。

[3]永元元年卒：《南齊書》卷二三《褚澄傳》云:“永明元年，爲御史中丞袁彖所奏，免官禁錮，見原。遷侍中，領右軍將軍，以勤謹見知。其年卒。”馬宗霍《南史校證》云:“其年者，即‘永明元年’也。《南史》删去‘其年’二字，移‘卒’字於下文‘永元元年’之下，於是澄之卒歲相差十餘年……當據《齊書》訂。”(第498頁)

[4]金紫光禄大夫：官名。作爲在朝顯職的加官，無具體職掌。加金印紫綬者，稱金紫光禄大夫。齊官品不詳。

炤字彦宣，彦回從父弟也。父法顯，鄱陽太守。[1]

[1]鄱陽：郡名。治鄱陽縣，在今江西鄱陽縣。

炤少有高節，王儉嘗稱才堪保傅。爲成安郡還，[1]以一目眇，召爲國子博士，[2]不拜。

[1]爲成安郡還：《資治通鑑》卷一三五《齊紀一》高帝建元元年有言"淵從弟前安成太守炤"。按，疑此應作"安成"是。

[2]國子博士：官名。掌教授生徒學業。南朝齊置國學，設二員，位比中書郎。

常非彦回身事二代。彦回子賁往問訊炤，炤問曰："司空今日何在？"賁曰："奉璽紱，在齊大司馬門。"炤正色曰："不知汝家司空將一家物與一家，亦復何謂。"彦回拜司徒，賓客滿坐，炤歎曰："彦回少立名行，何意披猖至此！門户不幸，乃復有今日之拜。使彦回作中書郎而死，[1]不當是一名士邪？名德不昌，遂有期頤之壽。"

[1]中書郎：官名。中書侍郎省稱。爲中書監、令之副，助監、令掌尚書奏事。宋五品。齊官品不詳。

彦回性好戲，以軺車給之，[1]炤大怒曰："著此辱門户，那可令人見。"索火燒之，馭人奔車乃免。炤弟炫。

[1]軺車：舊時一種輕便的馬車。

炫字彦緒，少清簡，爲從舅王景文所知。從兄彦回謂人曰："從弟廉勝獨立，乃十倍於我。"

爲正員郎。[1]從宋明帝射雉，[2]帝至日中無所得，甚猜羞，召問侍臣曰："吾旦來如皋，遂空行可笑。"坐者莫答，炫獨曰："今節候雖適，而雲霧尚凝，故斯翬之禽，[3]驕心未警。但得神駕猶豫，[4]群情便可載驩。"帝意解，乃於雉場置酒。遷中書侍郎、司徒右長史。

[1]正員郎：官名。即魏晋南北朝時編制以内的散騎侍郎，係與員外散騎侍郎相對而言。散騎侍郎屬集書省，掌文學侍從，收納章奏，勸諫糾劾。宋五品。

[2]射雉：射獵野雞。魏晋以來流行射雉，射雉有射雉場（參見周一良《魏晋南北朝史札記》，第220頁）。

[3]斯翬（huī）：指雉。語本《詩·小雅·斯干》云："如翬斯飛，君子攸躋。"

[4]但得神駕猶豫：《南齊書》卷三二《褚炫傳》作"但得神駕游豫"，中華本校勘記云："'游豫'各本作'猶豫'。按此本《孟子》'一游一豫'語，'猶'字訛，據《南齊書》改。"

昇明初，[1]炫以清尚，與彭城劉俟、陳郡謝朏、濟陽江斅入殿侍文義，[2]號爲四友。齊臺建，爲侍中，領步兵校尉。以家貧，建元初，出補東陽太守。[3]前後三爲侍中，與從兄彦回操行不同，故彦回之世，不至大官。

[1]昇明：南朝宋順帝劉準年號（477—479）。

[2]劉俟：大德本、汲古閣本、殿本作"劉俣"。按，此底本

誤，應據諸本改。劉俣，劉秉子，有文才。劉秉參與反蕭道成事敗，俣與弟陔剃髮被法服向京口，於客舍爲人所識，執送建康獄，被殺。　謝朏：字敬沖，陳郡陽夏（今河南太康縣）人。本書卷二〇有附傳，《梁書》卷一五有傳。　江斆：字叔文，濟陽考城（今河南民權縣）人。本書卷三六有附傳，《南齊書》卷四三有傳。

[3]東陽：郡名。治長山縣，在今浙江金華市。

永明元年，爲吏部尚書。炫居身清立，非吊問不雜交游，論者以爲美。及在選部，門庭蕭索，賓客罕至。出行，左右常捧一黄紙帽箱，風吹紙剥殆盡。罷江夏郡還，[1]得錢十七萬，於石頭并分與親族。[2]病無以市藥，以冠劍爲質。表自陳解，改授散騎常侍，領安成王師。[3]國學建，[4]以本官領博士。未拜卒，無以殯斂，時年四十一。贈太常，謚貞子。子澐。

[1]江夏：郡名。治夏口城，在今湖北武漢市武昌區。

[2]石頭：城名。在今江蘇南京市清凉山。六朝時，江流緊迫山麓，城負山面江，南臨秦淮河口，當交通要衝。

[3]安成王：蕭暠。字宣曜，齊高帝第六子。本書卷四三、《南齊書》卷三五有傳。

[4]國學：學校名。一般意義上的國學，指始設於西周的國學，有大學、小學兩級，與鄉學相對。秦以後成爲京師官學的通稱。此處國學是國子學省稱。國子學始立於晋武帝咸寧二年（276），其設國子祭酒、博士各一人，助教十五人，專收貴族子弟，與太學並立。因國子學專門培養貴族子弟，遂成爲古代教育史上貴族與平民教育雙軌制肇始。南北朝時，或設國子學，或設太學，或兩者同設。楊恩玉認爲，梁代國子學與太學各自獨立，二者均開設於梁武

帝天監元年（502），國子學面向貴族與上層士族子弟，太學面向下層士族子弟（《蕭梁政治制度考論稿》，中華書局 2014 年版，第 268—300 頁）。閻步克《南朝“二學”考》則認爲，南朝國子學外無分立之太學（《察舉制度變遷史稿》，遼寧大學出版社 1991 年版，第 220—228 頁）。

澐字士洋。仕梁爲曲阿令。[1]歷晋安王中録事，正員郎，烏程令。[2]兄游亡，棄縣還，爲太尉屬，延陵令，[3]中書侍郎，太子率更令，[4]御史中丞，湘東王府諮議參軍。[5]卒。

[1]曲阿：縣名。治所在今江蘇丹陽市。

[2]烏程：縣名。治所在今浙江湖州市。

[3]延陵：縣名。治所在今江蘇丹陽市延陵鎮。

[4]太子率更令：官名。掌東宫門户及賞罰事，與太子家令、太子僕並號太子三卿。梁十班。

[5]湘東王：蕭繹。即梁元帝。字世誠，小字七符，梁武帝第七子。梁武帝天監十三年（514）封爲湘東王。簡文帝大寶二年（551）四月，派大都督王僧辯追擊侯景，十一月在江陵稱帝，改元承聖。本書卷八、《梁書》卷五有紀。

澐之爲縣令，清慎可紀。好學，解音律，重賓客，雅爲湘東王所親愛。

澐子蒙，位太子舍人。蒙子玠。

玠字温理，九歲而孤，爲叔父驃騎從事中郎隨所養。早有令譽，先達多以才器許之。及長，美風儀，善占對，博學能屬文，詞義典實，[1]不尚淫靡。

[1]詞義：大德本、汲古閣本、殿本作“訓義”，《陳書》卷三四《褚玠傳》亦作“詞義”。

陳天嘉中，[1]兼通直散騎常侍聘齊，還遷中兼通直散騎常侍聘齊，[2]還遷中書侍郎。

[1]天嘉：南朝陳文帝陳蒨年號（560—566）。

[2]還遷中兼通直散騎常侍聘齊：大德本、汲古閣本、殿本無此十二字。按，底本誤衍。

太建中，[1]山陰縣多豪猾，[2]前後令皆以贓污免，宣帝謂中書舍人蔡景歷曰：[3]“稽陰大邑，久無良宰，卿文士之内，試思其人。”景歷進玠，帝曰：“甚善，卿言與朕意同。”乃除山陰令。縣人張次的、王休達等與諸猾吏賄賂通姦，全丁大户類多隱没。玠鏁次的等，具狀啓臺，[4]宣帝手敕慰勞，[5]并遣使助玠搜括，所出軍人八百餘户。[6]時舍人曹義達爲宣帝所寵，縣人陳信家富，諂事義達，信父顯文恃勢横暴。玠乃遣使執顯文，鞭之一百，於是吏人股慄。信後因義達譖玠，竟坐免官。玠在任歲餘，守禄俸而已，去官之日，不堪自致，因留縣境，種蔬菜以自給。或以玠非百里才，玠曰：“吾委輸課最，[7]不後列城，除殘去暴，姦吏局蹐。若謂其不能自潤脂膏，則如來命，以爲不達從政，吾未服也。”時人以爲信然。皇太子知玠無還裝，[8]手書賜車米二百斛，[9]於還都。[10]

[1]太建：南朝陳宣帝陳頊年號（569—582）。

[2]山陰：縣名。治所在今浙江紹興市。

[3]中書舍人：官名。中書省屬官。入直禁中，專掌草擬、發布詔令，受理文書章奏。因在政務中樞，地位顯要，權力很大。陳八品。　蔡景歷：字茂世，濟陽考城（今河南民權縣）人。本書卷六八、《陳書》卷一六有傳。

[4]臺：兩晋、南朝作爲朝廷禁省及中樞政權機構的代稱，故禁城稱臺城，禁軍稱臺軍等。

[5]宣帝：南朝陳宣帝陳頊。字紹世，小字師利，陳文帝弟。本書卷一〇、《陳書》卷五有紀。

[6]軍人：《陳書》卷三四《褚玠傳》作“軍民”，本書避唐太宗李世民諱改。

[7]委輸：轉運。　課最：古時朝廷對官吏定期考核，檢查政績，政績最好者稱“課最”。

[8]皇太子：即後主陳叔寶。字元秀，小字黄奴，陳宣帝嫡長子。太建元年（569），立爲皇太子。本書卷一〇、《陳書》卷六有紀。

[9]車：大德本作“東”，汲古閣本、殿本作“粟”，《陳書·褚玠傳》作“粟”。按，作“粟”是，底本誤。

[10]於還都：大德本、汲古閣本、殿本作“於是還都”，《陳書·褚玠傳》亦作“於是還都”。按，底本脱“是”字，應據諸本補。

後累遷御史中丞。玠剛毅有膽决，善騎射。嘗從司空侯安都於徐州出獵，[1]遇猛獸，玠射之，再發皆中口入腹，[2]俄而獸斃。及爲御史中丞，甚有直繩之稱。卒於官，皇太子親製誌銘，以表惟舊。至德二年，[3]贈秘書監。所製章奏雜文二百餘篇，[4]皆切事理，由是見重於世。

[1]侯安都：字成師，始興曲江（今廣東韶關市）人。本書卷六六、《陳書》卷八有傳。

[2]載：《陳書》卷三四《褚玠傳》作“再”，馬宗霍《南史校證》云：“二字古通用。”（第500頁）

[3]至德：南朝陳後主陳叔寶年號（583—586）。

[4]所製章奏雜文二百餘篇：《隋書·經籍志四》集部別集類著録陳御史中丞《褚玠集》十卷。

子亮，位尚書殿中侍郎。[1]

[1]殿中侍郎：官名。尚書省殿中曹長官。東晉、南朝屬尚書左僕射。常代擬詔書，多用文學之士。陳四品，秩六百石。

論曰：褚氏自至江左，人焉不墜。彦回以此世資，時譽早集，及於逢迎興運，謗議沸騰，既以人望見推，亦以人望而責也。炤貞勁之性，炫廉勝之風，求之古人，亦何以加此。玠公平諒直，文武兼資，可謂世業無隕者矣。

南史　卷二九

列傳第十九

蔡廓　子興宗　孫約　約弟撙[1]　曾孫凝[2]

[1]撙：大德本、殿本、百衲本同，汲古閣本作“樽”。

[2]曾：大德本、汲古閣本、百衲本同，殿本作“撙”。按，“曾”“撙”二字均可。蔡凝爲蔡撙子彦高之子，爲蔡撙之孫。於蔡廓爲其孫之孫，可稱爲曾孫。　凝：殿本、百衲本同。大德本、汲古閣本作“疑”，誤，其文中又作“凝”。

蔡廓字子度，濟陽考城人，[1]晋司徒謨之曾孫也。[2]祖系，[3]撫軍長史。[4]父綝，司徒左西屬。[5]

[1]濟陽：郡名。治濟陽縣，在今河南蘭考縣東北。　考城：縣名。治所在今河南民權縣東北。

[2]司徒：官名。與太尉、司空並稱三公。名譽宰相，亦可參録朝政，然僅掌事務，政務歸尚書。如加録尚書事銜，得爲真宰相。晋一品。　謨：蔡謨。字道明。歷元、明、成、康、穆五帝，累官太傅、太尉、司徒。後因不應徵召，免爲庶人。遂終日講誦，教授弟子。博學通禮儀，撰《漢書集解》。與荀闓、諸葛恢號曰

“中興三明”。《晋書》卷七七有傳。

[3]系：蔡系，蔡謨少子。

[4]撫軍長史：官名。即撫軍將軍府長史。長史，晋時諸公及開府位從公者、名號將軍皆置，爲府中幕僚之長，掌府中庶務。南朝時諸王公府、軍府亦置，品秩隨府主地位高低而不等。

[5]司徒左西屬：官名。司徒府左西曹僚屬，位在掾下，一人，參掌左西曹。左西曹爲晋朝司徒府特設屬曹，位在諸曹上。

廓博涉群書，言行以禮，起家著作佐郎。[1]後爲宋武帝太尉參軍，[2]中書、黄門郎，[3]以方梗閑素，[4]爲武帝所知。載遷太尉從事中郎，[5]未拜，遭母憂。[6]性至孝，三年不櫛沐，[7]殆不勝喪。

[1]起家：官制術語。自家中徵召入仕後第一次擔任的官職。　著作佐郎：官名。秘書省屬官，協助著作郎修撰國史及起居注。晋六品。此下《宋書》卷五七《蔡廓傳》有桓玄輔晋，議復肉刑，蔡廓上議事。高敏《南北史掇瑣》云：“《蔡廓傳》無蔡廓反對桓玄議復肉刑之文，但《宋書》卷五十七《蔡廓傳》載之甚詳，因此事涉及當時法律，《南史》删之不妥。”（中州古籍出版社2003年版，第157頁）

[2]宋武帝：劉裕。字德輿，小名寄奴，彭城（今江蘇徐州市）人。南朝宋建立者。仕晋官至相國，封宋王。晋恭帝元熙二年（420）代晋稱帝。本書卷一、《宋書》卷一至卷三有紀。　太尉參軍：官名。即太尉府參軍。參軍，西晋時諸公及開府位從公爲持節都督者，置六人。東晋公府等所設僚屬諸曹置，不開府將軍出征時亦置。掌參謀軍務。

[3]中書、黄門郎：官名。即中書郎、黄門郎。中書郎，中書通事郎、中書侍郎的省稱。爲中書令屬官。章奏經黄門郎署名後，

由中書郎進呈皇帝，並讀奏章，代皇帝批閱意見。晋、宋五品。黄門郎，給事黄門郎、黄門侍郎的省稱。爲門下省次官，與侍中俱掌門下衆事。職在平省尚書奏事，可出入禁中。晋、宋五品。

[4]方梗：方正耿直。

[5]太尉從事中郎：官名。太尉府僚屬。從事中郎，晋時諸公及開府位從公加兵者，置二人，秩比千石。職掌依府而異，或主吏，或分掌諸曹，或掌機密，或參謀議，地位較高。

[6]母憂：母親的喪事。

[7]櫛沐：梳髮與沐浴。

宋臺建，[1]爲侍中，[2]建議以爲“鞫獄不宜令子孫下辭，[3]明言父祖之罪。虧教傷情，莫此爲大。自今但令家人與囚相見，無乞鞫之訴，[4]便足以明伏罪，不須責家人下辭”。朝議從之。

[1]宋臺建：指晋安帝義熙十二年（416）封劉裕爲宋公，置宋國官署。

[2]侍中：官名。門下侍中省長官。掌奏事，直侍左右，應對獻替。法駕出，則正直一人負璽陪乘。殿内門下衆事皆掌之。晋、宋三品。

[3]鞫獄：審訊犯人。　下辭：具供詞。

[4]乞鞫：請求覆審。中國古代一種上訴制度。即犯人及其家屬在審判官宣讀判决後的一定時期内可以提起申訴，要求重審或上控。

世子左衛率謝靈運輒殺人，[1]御史中丞王准之坐不糾免官。[2]武帝以廓剛直，補御史中丞。多所糾奏，百僚震肅。時中書令傅亮任寄隆重，[3]學冠當時，朝廷儀典，皆取定於亮。亮每事諮廓然後行，亮意若有不同，廓終不爲屈。[4]遷司徒左長史，[5]出爲豫章太守。[6]

[1]世子左衛率：官名。職掌相當於太子左衛率。領精兵備宿衛，亦任征伐，地位頗重。品秩應略低於太子左衛率。　謝靈運：陳郡陽夏（今河南太康縣）人，謝玄之孫。本書卷一九、《宋書》卷六七有傳。　輒：專擅，任意。

[2]御史中丞：官名。南朝時亦稱"南司"。御史臺長官，掌監察執法，糾彈百官。晉、宋四品。　王准之：字元曾，琅邪臨沂（今山東臨沂市）人。本書卷二四、《宋書》卷六〇有傳。

[3]中書令：官名。中書省長官之一，掌納奏、擬詔、出令，後權歸中書舍人，中書令遂成爲秩高位尊的閑職，多用作重臣的加官。晉、宋三品。　傅亮：字季友，北地靈州（今寧夏吴忠市北武市）人。本書卷一五、《宋書》卷四三有傳。

[4]廓終不爲屈：此下《宋書》卷五七《蔡廓傳》有與傅亮議朝堂班次之事。高敏《南北史掇瑣》云："《蔡廓傳》不載其與傅亮議朝官班次之文，而《宋書》卷五十七同人傳却載之甚詳，因此事涉及對當時朝官班次之了解，故《南史》亦有删之不當之嫌。"（第157頁）

[5]司徒左長史：官名。司徒府僚屬。位在右長史上，與右長史並爲司徒府幕僚長，總管府内諸曹，管理州郡農桑、户籍及官吏考課。晉、宋六品。

[6]豫章：郡名。治南昌縣，在今江西南昌市。

徵爲吏部尚書。[1]廓因北地傅隆問亮：[2]"選事若悉以見付，不論；不然，不能拜也。"亮以語録尚書徐羨之，[3]羨之曰："黄門郎以下悉以委蔡，[4]吾徒不復厝懷，[5]自此以上，固宜共參同異。”[6]廓曰：“我不能爲徐干木署紙尾。”遂不拜。干木，羡之小字也。選案黄紙，[7]録尚書與吏部尚書連名，故廓言署紙尾也。羡之亦以廓正直，不欲使居權要，徙爲祠部尚書。[8]

[1]吏部尚書：官名。尚書省吏部曹長官，位居列曹尚書之首，主管官吏銓選、考課、獎懲。宋三品。

[2]北地：郡名。東漢末置，寄治馮翊郡界。三國魏割馮翊之祋祤（今陝西銅川市耀州區東）爲實土，相當今陝西銅川市耀州區、富平縣。　傅隆：字伯祚，北地靈州（今寧夏吴忠市北武市）人，傅亮族兄。本書卷一五有附傳，《宋書》卷五五有傳。

[3]録尚書：官名。即録尚書事。多以公卿權重者居之，總領尚書省政務，位在三公上。南朝宋孝武帝時不欲威權外假，遂省。後置省無常。齊始單拜，成爲正式官號。梁、陳以其威權過重，常缺不授。　徐羡之：字宗文，東海郯（今山東郯城縣）人。宋武帝即位後，進位司空、録尚書事。後與傅亮、謝晦、檀道濟同受顧命。武帝死後控制朝政，廢少帝，立文帝，後爲文帝所殺。本書卷一五、《宋書》卷四三有傳。

[4]黄門郎以下悉以委蔡：《宋書》卷五七《蔡廓傳》同。《資治通鑑》卷一一九《宋紀一》少帝景平六年作“黄、散以下悉以委蔡”，胡三省注云：“黄、散，謂黄門侍郎及散騎常侍、侍郎也。”馬宗霍《南史校證》云：“温公當别有據。”（湖南教育出版社 2008 年版，第 501 頁）

[5]厝懷：關心，注意。

[6]固：大德本、汲古閣本、殿本、百衲本作“故”。按，《宋書·蔡廓傳》、《資治通鑑·宋紀一》少帝景平六年亦作“故”。

[7]選案：選曹使用的文案。《資治通鑑·宋紀一》少帝景平六年胡三省注云：“選案，選曹文案也。洪邁曰：葉石林言制敕用黄

紙始高宗時，非也。晋恭帝時，王韶之遷黄門侍郎，凡諸詔黄，皆其辭也。則東晋時已用黄紙寫詔矣。又，宋明帝時，吏部尚書褚淵就赭圻行選，是役也，皆先戰授位，版檄不供，由是有黄紙札。則宋世就軍補官賞功，又多用黄紙矣。又，徐羡之召蔡廓爲吏部尚書，廓曰:'我不能爲徐干木署紙尾。'則是宋世以黄紙爲案矣。至齊世，立左、右丞書案之制：曰白案，則右丞書名在上，左丞次書；黄案，則左丞上書，右丞下書。雖世遠莫知何者之爲黄案，何者之爲白案，所可知者，其紙已分黄、白二色决矣。至東昏時，閹人以紙包裹魚肉還家，並是五省黄案。然則文書之用黄紙，其來已久。高宗時，凡謄寫詔制以下州縣始皆用黄紙耳；概言詔書用黄紙始於高宗，不審也。"

[8]祠部尚書：官名。尚書省祠部曹長官，領祠部、儀部二曹，與右僕射不並置。無祠部尚書，由右僕射兼領。宋三品。

文帝入奉大統，[1]尚書令傅亮率百官奉迎，[2]廓亦俱行。至尋陽，[3]遇疾不堪前，亮將進路，詣别，廓謂曰："營陽在吴，[4]宜厚加供奉。一旦不幸，卿諸人有殺主之名，[5]欲立於世，將可得邪?"時亮已與羡之議害少帝，[6]乃馳信止之，信至已不及。羡之大怒曰："與人共計，云何裁轉背便賣惡於人。"[7]

[1]文帝：南朝宋文帝劉義隆。小字車兒，宋武帝第三子。本書卷二、《宋書》卷五有紀。　大統：帝位，帝業。

[2]尚書令：官名。尚書省長官，綜理全國政務，爲高級政務長官，參議大政，實權如宰相。如録尚書缺，則兼有宰相之名義。宋三品。

[3]尋陽：郡名。治柴桑縣，在今江西九江市西南。

[4]營陽：郡名。治營浦縣，在今湖南道縣東。此處代指營陽

王，即少帝劉義符。後被廢爲營陽王。　吴：郡名。治吴縣，在今江蘇蘇州市。

［5］殺主：《宋書》卷五七《蔡廓傳》、《資治通鑑》卷一二〇《宋紀二》文帝元嘉六年作“弒主”。古代稱卑幼殺尊長爲弒，若臣弒君，子弒父。《漢書》卷一《高帝紀上》“項羽爲無道，放殺其主”句顏師古注云：“殺讀曰弒。諸弒君者，其例皆同。”

［6］少帝：南朝宋少帝劉義符。小字車兵，宋武帝長子。後被廢，幽禁於吴郡，徐羡之等使人將其殺害。本書卷一、《宋書》卷四有紀。

［7］裁：通“纔”。剛剛。

及文帝即位，謝晦將之荆州，[1]與廓别，屏人問曰：“吾其免乎？”廓曰：“卿受先帝顧命，任以社稷，廢昏立明，義無不可；但殺人二昆，[2]而以之北面，[3]挾震主之威，據上流之重，以古推今，自免爲難也。”

［1］謝晦：字宣明，陳郡陽夏（今河南太康縣）人。本書卷一九、《宋書》卷四四有傳。　荆州：州名。治江陵縣，在今湖北荆州市荆州區。

［2］二昆：二個兄弟。此處指廬陵王劉義真、宋少帝劉義符。少帝景平二年（424），徐羡之等遣使殺害廬陵王劉義真。

［3］北面：古禮，臣下面向北對天子行禮，故居臣下之位又稱“北面”。

廓年位並輕，而時流所推重，[1]每至時歲，[2]皆束帶詣門。[3]奉兄軌如父，家事大小，皆諮而後行，公禄賞賜，一皆入軌，有所資須，悉就典者請焉。從武帝在彭城，[4]妻郗氏書求夏服。廓答書曰："知須夏服，計給事自應相供，[5]無容别寄。"時軌爲給事中。元嘉二年，廓卒。[6]武帝常云："羊徽、蔡廓，[7]可平世三公。"[8]少子興宗。

[1]而時流所推重：《宋書》卷五七《蔡廓傳》作"而爲時流所推重"。按，有"爲"字語意更順暢。

[2]時歲：《宋書·蔡廓傳》作"歲時"。按，"時歲""歲時"均有"歲月"義，"歲時"還指每年一定的季節或時間，據此處文意，"歲時"較爲準確。

[3]束帶：整飾衣服。以示端莊、莊重。《論語·公冶長》云："子曰：'赤也，束帶立於朝，可使與賓客言也。'"劉寶楠正義云："《説文》：'束，縛也。'《釋名·釋言語》：'束，促也，相促近也。'帶，繫繚於要，所以整束其衣，故曰'束帶'。"

[4]彭城：郡名。治彭城縣，在今江蘇徐州市。

[5]給事：官名。即給事中。秦始置，西漢因之，爲加官。南朝宋隸集書省，地位漸低，常侍從皇帝左右，收發轉達諸奏聞文書，亦掌修史等事。宋五品。此處代指蔡廓的哥哥蔡軌，時任給事中。

[6]元嘉二年，廓卒：據《宋書·蔡廓傳》，蔡廓卒年四十七歲。元嘉，南朝宋文帝劉義隆年號（424—453）。

[7]羊徽：字敬猷，泰山南城（今山東平邑縣）人。《宋書》卷六二有附傳。

[8]平世三公：太平之世的三公。《三國志》卷一〇《魏書·賈詡傳》裴松之注云："《傅子》曰：詡南見劉表，表以客禮待之。詡曰：'表，平世三公才也；不見事變，多疑無決，無能爲也。'"平世，與"亂世"相對而言，太平之世。

十歲'《南史·蔡廓傳》、《通志》卷一四四作'年十一'。考《建康實録》卷一二蔡廓元嘉二年十二月戊申卒，是月壬午戍，戊申爲月之二十七日。蔡廓亡後，蔡軌罷長沙郡還，又當在次年，時蔡興宗當爲十二歲。若《建康實録》所載有據，則《南史》所云之'年十一'者，亦非是"（第233頁）。

少好學，以業尚素立見稱，[1]爲中書侍郎。中書令建平王宏、侍中王僧綽並與之厚善。[2]元凶弒立，[3]僧綽被誅，凶威方盛，親故莫敢往，興宗獨臨哭盡哀。

[1]業尚：學業品德。

[2]建平王宏：劉宏。字休度，宋文帝第七子。文帝元嘉二十一年（444）封建平王。本書卷一四、《宋書》卷七二有傳。建平，郡名。治巫縣，在今重慶巫山縣。　王僧綽：琅邪臨沂（今山東臨沂市）人，王曇首之子。元凶劉劭即位後，任爲吏部尚書。後知其曾於宋文帝時參預廢立事，被殺。本書卷二二有附傳，《宋書》卷七一有傳。

[3]元凶：指劉劭。字休遠，宋文帝長子。因其弒父奪位故有此惡名。本書卷一四、《宋書》卷九九有傳。　弒：大德本、汲古閣本、殿本同，百衲本作"殺"。

孝武踐祚，[1]累遷尚書吏部侍郎。[2]時尚書何偃疾患，[3]上謂興宗曰："卿詳練清濁，今以選事相付，便可開門當之，無所讓也。"

[1]孝武：宋孝武帝劉駿。字休龍，小字道民，宋文帝第三子。本書卷二、《宋書》卷六有紀。　踐祚：登上皇位。

[2]尚書吏部侍郎：官名。魏晋南北朝時，吏部郎資深勤能者可轉侍郎。吏部郎爲尚書省吏部曹長官的通稱。屬吏部尚書，主管官吏選任銓叙、調動之事。對五品以下官吏有任免建議權，如加“參掌大選”名義，可參議高級官吏的任免，職位高於尚書省諸曹郎。宋六品。按，大德本、汲古閣本、殿本、百衲本同，中華本據《宋書》卷五七《蔡興宗傳》改作“尚書吏部郎”，其校勘記云：“‘吏部郎’各本作‘吏部侍郎’，據《宋書》删。按《宋書·百官志》，尚書諸曹郎有吏部郎，無吏部侍郎。”

[3]尚書：官名。此指吏部尚書。尚書省吏部曹長官，位居列曹尚書之首，主管官吏銓選、考課、獎懲。宋三品。 何偃：字仲弘，廬江灊（今安徽霍山縣）人，何尚之中子。宋孝武帝時，曾任吏部尚書。本書卷三〇有附傳，《宋書》卷五九有傳。

後拜侍中，每正言得失，無所顧憚。孝武新年拜陵，興宗負璽陪乘。及還，上欲因以射雉，[1]興宗正色曰：“今致虔園陵，情敬兼重，從禽猶有餘日，請待他辰。”上大怒，遣令下車，由是失旨。[2]竟陵王誕據廣陵爲逆，[3]事平，孝武輿駕出宣陽門，[4]敕左右文武叫稱萬歲。興宗時陪輦，帝顧曰：“卿獨不叫？”興宗從容正色答曰：“陛下今日政應涕泣行誅，豈得軍中皆稱萬歲。”帝不悦。

[1]射雉：漢魏以來流行的一種田獵活動。可參閲周一良《南齊書札記·射雉》（《魏晋南北朝史札記》，中華書局1985年版，第220—223頁）。

[2]失旨：不合皇帝旨意。

[3]竟陵王誕：劉誕。字休文，宋文帝第六子。文帝元嘉二十

年（443），封廣陵王。二十六年，改封隨郡王。孝武帝討平元凶後，改封竟陵王。大明三年（459），有罪貶爵，不受命，遂反。本書卷一四、《宋書》卷七九有傳。竟陵，郡名。治石城，在今湖北鍾祥市。　廣陵：郡名。治廣陵縣，在今江蘇揚州市西北蜀岡上。

[4]宣陽門：又稱白門。爲建康城的南面正門。在今江蘇南京市中山東路以南淮海路一帶。

興宗奉旨慰勞廣陵，州别駕范義與興宗素善，[1]在城内同誅。興宗至，躬自收殯，致喪還豫章舊墓。上聞謂曰："卿何敢故爾觸網？"興宗抗言答曰："陛下自殺賊，臣自葬周旋，[2]既犯嚴制，政當甘於斧鉞耳。"[3]帝有慙色。又廬江内史周朗以正言得罪，[4]鏁付寧州，[5]親戚故人無敢瞻送，[6]興宗時在直，請急，[7]詣朗别。上知尤怒。坐屬疾多日，[8]白衣領職。[9]

[1]州别駕：官名。州的佐吏，因從刺史行部，别乘傳車，故稱"别駕"。位居州吏之首，州事無所不統，秩輕任重。　范羲：大德本、汲古閣本、殿本、百衲本同。中華本據《宋書》卷五七《蔡興宗傳》改作"范義"，其校勘記云："'范義'各本作'范羲'，據《宋書》改。張森楷《南史校勘記》：'案《竟陵王誕傳》是"義"字；《隋書·經籍志》有宋兗州别駕《范義集》十二卷，即此人，作"羲"非也。'"按，《資治通鑑》卷一二九《宋紀十一》孝武帝大明三年亦作"范義"。"義"字是，"義""羲"形近而訛。范義，字明休，濟陽考城（今河南民權縣）人。事見《宋書》卷七九《竟陵王誕傳》。

[2]周旋：朋友，親密往來之人。可參閲周一良《宋書札記·方圜、落漠、周旋》（《魏晋南北朝史札記》，第204—206頁）。

[3]斧鉞：古代斬刑所使用的工具。

[4]廬江：大德本、汲古閣本、殿本、百衲本同。中華本據《宋書·蔡興宗傳》改作"廬陵"，其校勘記云："'廬陵'各本作'廬江'，據《宋書》改。按《宋書》及本書《周朗傳》並作'廬陵內史'。"可從，"廬陵"是，應據改。廬陵，郡名。治石陽縣，在今江西吉水縣東北。　內史：官名。諸侯王國最高行政長官。掌治民，如郡太守。宋五品。　周朗：字義利，汝南安成（今河南汝南縣）人。本書卷三四、《宋書》卷八二有傳。

[5]寧州：州名。治味縣，在今雲南曲靖市。

[6]贍送：大德本、汲古閣本、殿本、百衲本同。中華本改作"瞻送"，其校勘記云："'瞻送'各本作'贍送'，《世説新語·俳調》：'謝公將發新亭，朝士咸出瞻送。''贍''瞻'涉形近而譌，今改正。"應據改。按，本書卷二一《王弘傳》云："桓玄剋建業，收道子付廷尉，臣吏莫敢瞻送，弘時尚居喪，獨道側拜辭，攀車涕泣，論者稱焉。"瞻送，於郊野送別。《詩·邶風·燕燕》云："之子于歸，遠送于野。瞻望弗及，泣涕如雨。"蓋取意於此。

[7]請急：請假。

[8]屬疾：託病。

[9]白衣領職：對有過失官員的一種行政處分。南朝官服爲黑色，俗稱"烏衣"。白衣爲庶民之服。衣白衣而領職，即帶過履職考察，期滿自新者可重新穿起官服，否則正式免職。

後爲廷尉卿，[1]有解士先者告申坦昔與丞相義宣同謀。[2]時坦已死，子令孫作山陽郡，[3]自繫廷尉。興宗議曰："若坦昔爲戎首，身今尚存，累經肆眚，[4]猶應蒙宥。令孫天屬，[5]理相爲隱。況人亡事遠，追相誣訐，斷以禮律，義不合關。"[6]見從。

[1]廷尉卿：官名。對廷尉的尊稱。中央最高司法審判機構長官，主管詔獄。宋三品。

[2]申坦：魏郡魏（今河北大名縣）人。本書卷七〇、《宋書》卷六五有附傳。　丞相：官名。魏晋南北朝時省置無常，或分置左、右，或稱大丞相，多用以位置權臣。任之者權任極重，獨攬軍政大權，令由己出。宋一品。　義宣：劉義宣。宋武帝之子。文帝元嘉元年（424），封竟陵王。劉劭弑立，發兵助孝武帝入討。孝武帝即位，改封南郡王。孝武帝孝建元年（454），在臧質誘説下謀反，兵敗被殺。本書卷一三、《宋書》卷六八有傳。

[3]令孫：申令孫。本書卷七〇、《宋書》卷六五有附傳。　作山陽郡：爲山陽郡郡守。山陽，郡名。治山陽縣，在今江蘇淮安市。

[4]肆眚：寬赦罪人。《左傳》莊公二十二年："肆大眚。" 杜預注云："赦有罪也。"

[5]天屬：自然關係所結合的親屬。指直系血親。

[6]義不合關：大德本、汲古閣本、殿本、百衲本"不"作"有"，《宋書》卷五七《蔡興宗傳》亦作"不"。據上文文意，作"不"是。

出爲東陽太守，[1]後爲左户尚書，[2]轉掌吏部。[3]時上方盛淫宴，虐侮群臣，自江夏王義恭以下咸加穢辱；[4]唯興宗以方直見憚，不被侵媟。[5]尚書僕射顔師伯謂儀曹郎王耽之曰：[6]"蔡尚書常免昵戲，去人實遠。"耽之曰："蔡豫章昔在相府，亦以方嚴不狎，武帝宴私之日，未嘗相召。每至官賭，常在勝朋。[7]蔡尚書今日可謂能荷矣。"[8]

[1]東陽：郡名。治長山縣，在今浙江金華市。

[2]左户尚書：官名。即左民尚書。《宋書》卷五七《蔡興宗傳》作“左民尚書”，本書避唐太宗李世民諱改。左民尚書領左民、駕部二曹。掌修繕功作、鹽池園苑等土木工程。宋三品。

[3]吏部：官署名。一稱選部。爲尚書列曹之首，掌官吏任免考選等事。

[4]江夏王義恭：劉義恭。宋武帝之子。諸子之中，最受寵愛。文帝元嘉元年（424）封江夏王。前廢帝狂悖無道，欲謀廢立，被前廢帝所殺。本書卷一三、《宋書》卷六一有傳。江夏，郡名。治夏口城，在今湖北武漢市武昌區。

[5]侵媟：侮弄。

[6]尚書僕射：官名。尚書省次官。自尚書令爲宰相之任，不親庶務，由僕射主持尚書省工作。宋三品。　顔師伯：字長淵，本書避唐高祖李淵諱作“長深”，琅邪臨沂（今山東臨沂市）人。本書卷三四有附傳、《宋書》卷七七有傳。　儀曹郎：官名。尚書省儀曹長官通稱。掌車服、羽儀、朝覲、郊廟、饗宴等吉凶禮制。宋六品。《資治通鑑》卷一二九《宋紀十一》孝武帝大明七年亦作“儀曹郎”，《宋書·蔡興宗傳》作“議曹郎”。據《宋書·百官志上》，尚書有儀曹，無議曹。

[7]勝朋：大德本同，汲古閣本、殿本、百衲本作“勝明”。中華本校勘記云：“‘勝朋’各本作‘勝明’，據《宋書》改。”按，《宋書·蔡興宗傳》作“勝朋”，作“勝朋”是。

[8]荷：大德本、汲古閣本、殿本、百衲本同。《宋書·蔡興宗傳》、《資治通鑑》卷一二九《宋紀十一》、中華本作“負荷”，其校勘記云：“‘負’字各本並脱，據《宋書》補。”馬宗霍《南史校證》云：“按‘荷’上《宋書》本傳有‘負’字，《通鑑》卷一二九同。‘負荷’連文見《左傳》，不當删。”（第 503 頁）按，此處作“荷”“負荷”均可，均爲承擔、擔負義。《左傳》昭公七年云：“其父析薪，其子不克負荷。”以此譬喻兒子能繼承、承擔起父

親的功業。本書卷三二《張沖傳》用此典義，即作“以荷析薪”，單用“荷”字。

大明末，[1]前廢帝即位，[2]興宗告太宰江夏王義恭應須策文。[3]義恭曰：“建立儲副，本爲今日，復安用此？”興宗曰：“累朝故事，[4]莫不皆然。近永初之末，[5]滎陽王即位，[6]亦有文策，今在尚書，可檢視也。”不從。

[1]大明：南朝宋孝武帝劉駿年號（457—464）。

[2]前廢帝：南朝宋前廢帝劉子業。小字法師，宋孝武帝長子。本書卷二、《宋書》卷七有紀。

[3]太宰：官名。晋初依《周禮》，置三公，太師居首，爲避司馬師諱，改太師爲太宰。宋沿置。與太傅、太保並稱三上公。無實際職掌，多用作贈官，安置元老舊臣。宋一品。

[4]故事：舊日的典章制度。

[5]永初：南朝宋武帝劉裕年號（420—422）。

[6]滎陽王：殿本、百衲本同，大德本、汲古閣本作“榮陽”。《宋書》卷五七《蔡興宗傳》作“營陽王”。中華本據《宋書》改作“營陽王”，其校勘記云：“‘營’各本作‘榮’或‘滎’，涉形近而譌，據《宋書》改。”據本書卷一《宋少帝紀》、《宋書》卷四《少帝紀》，少帝被廢後封爲營陽王。作“營陽王”是，即宋少帝劉義符。

時義恭録尚書，受遺輔政，阿衡幼主，[1]而引身避事，政歸近習。[2]越騎校尉戴法興、中書舍人巢尚之專制朝權，[3]威行近遠。興宗職管九流，[4]銓衡所寄，[5]每至上朝，輒與令録以下陳欲登賢進士之意，又箴規得失，博論朝政。義恭素性恇橈，[6]阿順法興，恒慮失旨，每聞興宗言，輒戰懼無計。

[1]阿衡：一説爲商湯時大臣伊尹名，一説爲伊尹官名。伊尹輔佐商王太甲振興湯業。此處爲引申義，輔弼之義。

[2]近習：親幸之人。《後漢書》卷六五《皇甫規傳》“威分近習”句李賢注云:“近習，諸佞倖親近小人也。”

[3]越騎校尉：官名。與屯騎、步兵、長水、射聲校尉並稱五校尉。侍衛武官，不領兵，用以安置勳舊老臣。宋四品。　戴法興：會稽山陰（今浙江紹興市）人。本書卷七七、《宋書》卷九四有傳。　中書舍人：官名。即中書通事舍人。本爲七品小官，因接近皇帝，備受重用，遂由收納、轉呈文書奏章之本職，漸奪中書侍郎草擬詔書之任。宋七品。　巢尚之：魯郡（今山東曲阜市）人。事見本書卷七七、《宋書》卷九四《戴法興傳》。

[4]九流：官吏的等級，始於魏晋。從一品至九品，共九個等級。

[5]銓衡：此處指官吏的銓選考核。

[6]恇（kuāng）橈：膽小怕事。《資治通鑑》卷一二九《宋紀十一》孝武帝大明八年胡三省注云:“恇，怯也。橈，屈也。”

先是，大明世奢侈無度，多所造立，賦調煩嚴，徵役過苦，至是發詔悉皆削除。由此紫極殿南北馳道之屬皆被毀壞，[1]自孝建以來至大明末，[2]凡諸制度，無或存者。興宗於都坐慨然謂顔師伯曰:[3]“先帝雖非盛德，要以道始終。三年無改，[4]古典所貴。今殯宫始撤，[5]山陵未遠，而凡諸制度興造，不論是非，一皆刊削，[6]雖復禪代，[7]亦不至爾，天下有識當以此窺人。”師伯不能用。

[1]由此：大德本、百衲本同，汲古閣本、殿本作“由是”。《宋書》卷五七《蔡廓傳》亦作“由此”。　紫極殿：宋孝武帝劉駿所建，極其奢華。　馳道：專供皇帝行馳車馬的道路，在臺城内。據本書卷二《宋孝武帝紀》，孝武帝大明五年（461），“初立馳道，自閶闔門至于朱雀門，又自承明門至于玄武湖”。

[2]孝建：南朝宋孝武帝劉駿年號（454—456）。

[3]都坐：尚書議事之處。《資治通鑑》卷一二九《宋紀十一》孝武帝大明八年胡三省注云：“謂尚書八座會坐之所，猶今之都堂也。”

[4]三年無改：語出《論語·學而》：“子曰：父在，觀其志。父没，觀其行，三年無改於父之道，可謂孝矣。”

[5]殯宫始撤：大德本、殿本、百衲本同，汲古閣本“撤”作“徹”。殯宫，停放靈柩的房舍。

[6]刊削：削除。

[7]禪代：朝代更替。

興宗每奏選事，法興、尚之等輒點定回换，僅有存者。興宗於朝堂謂義恭及師伯曰：“主上諒闇，[1]不親萬機，選舉密事，多被删改，非復公筆迹，[2]不知是何天子意。”王景文、謝莊等遷授失序，[3]興宗又欲改爲美選。時薛安都爲散騎常侍、征虜將軍、太子率，[4]殷恒爲中庶子。[5]興宗先選安都爲左衛將軍，[6]常侍如故；殷恒爲黄門，領校。[7]太宰嫌安都爲多，[8]欲單爲左衛。興宗曰：“率、衛相去，幾何之間。[9]且已失征虜，非乃超越，[10]復奪常侍，則頓爲降貶。若謂安都晚過微人，[11]

本宜裁抑，[12]今名器不輕，[13]宜有選序，謹依選體，非私安都。”義恭曰：“若宮官宜加越授者，殷恒便應侍中，那得爲黄門而已？”興宗又曰：“中庶、侍中，相去實遠。且安都作率十年，殷恒中庶百日，今又領校，不爲少也。”使選令史顔禕之、薛慶先等往復論執，[14]義恭然後署案。既而中旨以安都爲右衛，[15]加給事中，由是大忤義恭及法興等。出興宗爲吴郡太守，固辭；又轉南東海太守，[16]又不拜，苦求益州。[17]義恭於是大怒，上表言興宗之失。詔付外詳議，義恭因使尚書令柳元景奏興宗及尚書袁愍孫私相許與，[18]自相選署，亂群害政，[19]混穢大猷。於是除興宗永昌太守，[20]郡屬交州。[21]朝廷喧然，莫不嗟駭。先是，興宗納何后寺尼智妃爲妾，[22]姿皃甚美。迎車已去，而師伯密遣人誘之，潛往載取，興宗迎人不覺。[23]及興宗被徙，論者並言由師伯，師伯甚病之。法興等既不欲以徙大臣爲名，師伯又欲止息物議，[24]由此停行。

[1]諒闇：亦稱諒陰。特指皇帝居喪所住的房子。泛指居喪。《禮記·喪服四制》：“《書》曰：‘高宗諒闇，三年不言。’”鄭玄注云：“闇，謂廬也。”

[2]非復公筆迹：《宋書》卷五七《蔡興宗傳》、《資治通鑑》卷一二九《宋紀十一》孝武帝大明八年作“復非公筆”。非復意爲不像是。皆通。

[3]王景文：名彧，琅邪臨沂（今山東臨沂市）人。本書卷二三、《宋書》卷八五有傳。　謝莊：字希逸，陳郡陽夏（今河南太康縣）人。本書卷二〇有附傳，《宋書》卷八五有傳。

[4]薛安都：字休達，河東汾陰（今山西萬榮縣）人。初仕北魏，宋文帝元嘉二十三年（446）降宋。孝武帝時，累官徐州刺史。明帝即位，舉兵應晋安王劉子勛，兵敗後又降魏。本書卷四〇、《宋書》卷八八、《魏書》卷六一、《北史》卷三九有傳。　散騎常侍：官名。集書省長官，侍從左右，掌圖書文翰，諫諍拾遺，以收納轉呈文書奏事爲主。宋三品。　征虜將軍：官名。將軍名號，亦可作爲高級文職官員的加官。宋三品。　太子率：官名。此處指太子衛率，薛安都曾任此官。東宫屬官。置左、右，領禁衛營兵，掌東宫宿衛。宋五品。

[5]殷恒：陳郡長平（今河南西華縣）人，殷景仁孫。宋明帝時，官至侍中、度支尚書。事見本書卷二七、《宋書》卷六三《殷景仁傳》。　中庶子：官名。即太子中庶子。東宫屬官。侍從太子，掌奏事、諫議，與太子中舍人共掌文翰。宋五品。

[6]左衛將軍：官名。西晋初分中衛將軍爲左、右衛將軍，負責宫禁宿衛，是禁衛軍主要統帥之一。權任很重，多由皇帝親信擔任。宋沿置，四品。

[7]領校：領校尉的省稱。此處指殷恒以黄門侍郎領步兵、越騎、屯騎、長水、射聲五校尉中之一（詳見戴衛紅《漢末魏晋時期縣級主官加領校探討》，《中國史研究》2019年第4期）。領，官制術語。於本官之外暫攝某官，常以卑官領高職。

[8]太宰：此處指劉義恭。時任太宰。

[9]幾何之問：大德本、汲古閣本、殿本、百衲本“問”作“間”。按，底本誤，應據諸本改作“間”。又，《宋書·蔡興宗傳》此句作“唯阿之間”。馬宗霍《南史校證》云：“按‘幾何’《宋書》本傳作‘唯阿’。‘唯之與阿，相去幾何’，語出《老子》。然‘幾何之間’四字連文，屬詞不馴，余疑《南史》原文亦作‘唯阿之間’，校者因老子語沾‘幾何’二字於‘唯阿’之旁，後人不解‘唯阿’之義，以爲‘幾何’之誤，遂以之羼入正文耳。若謂出延壽所改，則以‘幾何’二字上屬爲讀，於義已足，不當有‘之間’

二字。”（第504頁）

［10］超越：越級提升。

［11］晚過：《宋書·蔡興宗傳》作“晚達”。按，“晚達”義爲晚年得官，顯達較晚。薛安都初仕北魏，後降宋，疑“晚達”是。

［12］本宜裁抑：大德本、殿本、百衲本同，汲古閣本“抑”作“仰”。《宋書·蔡興宗傳》亦作“抑”。汲古閣本誤。

［13］今名器不輕：大德本、汲古閣本、殿本、百衲本同，中華本據《宋書·蔡興宗傳》改“今”爲“令”。馬宗霍《南史校證》云：“疑‘令’字誤，當從《南史》。”（第505頁）按，從馬説。此句應指薛安都現今名器不輕。名器，名號及車服儀制。

［14］選令史：官名。即尚書省選曹令史。掌文書案牘。尚書諸曹令史頗有實權。宋八品。

［15］右衛：官名。右衛將軍的省稱。與左衛將軍同掌宫禁宿衛。宋四品。

［16］南東海：郡名。寄治京口城，在今江蘇鎮江市。

［17］益州：州名。治成都縣，在今四川成都市。

［18］柳元景：字孝仁，河東解（今山西臨猗縣）人。本書卷三八、《宋書》卷七七有傳。　袁愍孫：名粲，字景倩，陳郡陽夏（今河南太康縣）人。本書卷二六有附傳，《宋書》卷八九有傳。

［19］亂群害政：《宋書·蔡興宗傳》作“亂辟害政”。馬宗霍《南史校證》云：“疑‘辟’字是，辟者法也。”（第505頁）

［20］永昌：大德本、汲古閣本、殿本、百衲本同。《宋書·蔡興宗傳》作“新昌”，中華本亦改作“新昌”，其校勘記云：“‘新昌’各本作‘永昌’，據《宋書》《通鑑》改。按《南齊書·州郡志》，新昌屬交州，而永昌則屬寧州也。”《資治通鑑·宋紀十一》孝武帝大明八年胡三省注云：“吴孫晧建衡三年，分交趾立新興郡，晋武帝太康三年，更名新昌郡，屬交州。”洪頤煊《諸史考異》云：“案《宋書》本傳作“新昌太守”，《州郡志》：新昌郡，宋末立，屬交州刺史。而無永昌。”按，“新昌”是。新昌，郡名。治麊

泠縣，在今越南永富省安朗縣西夏雷鄉。

[21]交州：州名。治龍編縣，在今越南北寧省仙游縣東。

[22]何后寺：佛寺名。在今江蘇南京市。東晋穆帝時建。《建康實録》卷八云："帝時置僧尼寺三所，何皇后寺，在縣東一里，南臨大道。"

[23]迎人不覺：大德本、汲古閣本、殿本、百衲本、中華本"覺"作"得"。《宋書·蔡興宗傳》亦作"覺"。據文意，似應爲"得"。

[24]物議：批評的輿論。

頃之，法興見殺，尚之被繫，義恭、師伯並誅，復起興宗爲臨海王子頊前軍長史、南郡太守，[1]行荆州事，[2]不行。時前廢帝凶暴，興宗外甥袁顗爲雍州刺史，[3]固勸興宗行，曰："朝廷形勢，人情所見，在内大臣，朝夕難保。舅今出居陝西，[4]爲八州行事，顗在襄、沔，[5]地勝兵强，去江陵咫尺，[6]水陸通便。若一朝有事，可共立桓、文之功，[7]豈與受制凶狂，禍難不測，同年而語乎。"興宗曰："吾素門平進，[8]與主上甚疏，未容有患。宫省内外既人不自保，[9]比者會應有變。若内難得弭，外釁未必可量。汝欲在外求全，我欲居内免禍，各行所見，不亦善乎。"時士庶危懼，衣冠咸欲遠徙，[10]後皆流離外難，百不一存。

[1]復起：大德本、殿本、百衲本同，汲古閣本作"復□起"。《宋書》卷五七《蔡興宗傳》亦作"復起"。　臨海王子頊：劉子頊。字孝烈（《宋書》作"孝列"），宋孝武帝第七子。孝武帝大明四年（460），封歷陽王。五年，改封臨海王，任征虜將軍、廣州

刺史。本書卷一四、《宋書》卷八〇有傳。臨海，郡名。治章安縣，在今浙江台州市椒江區章安街道。　南郡：郡名。治江陵縣，在今湖北荆州市荆州區。

［2］行荆州事：官名。亦稱荆州行事。行事爲南北朝職官制度，亦作“行某州（或某府）事”。始於東晋末年，指以他官代行某官職權。南朝多以較低官階代行較高官職，如以長史、司馬、太守代行刺史職權等。除“行府州事”之外，還有“行郡事”“行國事”等。南朝時，在以將軍、刺史身份出鎮的宗王普遍年幼的情況下，以其長史等爲行事，實際負責軍府和州府的軍政事務，故行事權力很大，對南朝出鎮幼王兼有輔佐和防範的職能（參見魯力《南朝“行事”考》，《武漢大學學報》2008 年第 6 期）。

［3］袁顗：字國章（《宋書》作“景章”），陳郡陽夏（今河南太康縣）人。本書卷二六有附傳，《宋書》卷八四有傳。　雍州：州名。治襄陽縣，在今湖北襄陽市。

［4］出居陝西：周時有周公、召公分陝而治之説，周公旦治陝東，召公奭治陝西。後世稱官員出任地方官爲“分陝”。荆州在建康以西，故出任荆州刺史稱爲“出居陝西”。《資治通鑑》卷一三〇《宋紀十二》明帝泰始六年胡三省注云：“蕭子顯曰：江左大鎮莫過荆、揚。弘農郡陝縣，周世二伯主諸侯：周公主陝東，召公主陝西，故稱荆州爲陝西。”

［5］襄、沔：襄江、沔水的簡稱。此泛指雍州地區。

［6］江陵：縣名。荆州治所。在今湖北荆州市荆州區。

［7］立桓、文之功：指齊桓公、晋文公擁立周襄王、平定周王室内亂之功業。周惠王時，因王子帶有寵於惠后，惠王欲廢太子鄭而立帶。未及廢立而周惠王卒。太子鄭懼不能立，求助於齊，齊桓公聯合諸侯共擁立鄭爲周襄王。周襄王即位後，王子帶不停發難，多次聯合戎狄攻周。魯僖公二十四年（前 636），周師大敗，周襄王出居鄭國。晋文公聯合諸侯護送周襄王回到國都，平定王子帶之亂。齊桓公，名小白。春秋時齊國國君。春秋五霸之一。晋文公，

名重耳。春秋時晋國國君。春秋五霸之一。桓、文均爲春秋時期霸主。以“尊王攘夷”爲旗號，稱霸諸侯。

[8]素門：與素族同。南朝時或與宗室、公侯顯貴相對而言，或即爲士族的異稱（詳見唐長孺《魏晋南北朝史論拾遺·讀史釋詞》，中華書局1983年版，第249—253頁）。　平進：以次進而不越等。

[9]宮省：設於禁宮中的官署。如尚書省、中書省等。

[10]衣冠：代指官僚士族。

重除吏部尚書。太尉沈慶之深慮危禍，[1]閉門不通賓客，嘗遣左右范羨詣興宗屬事。興宗謂羨曰："公關門絶客，以避悠悠之請謁耳，[2]身非有求，何爲見拒？"羨復命，慶之使要興宗。興宗因説之曰："主上比者所行，人倫道盡，今所忌憚，唯在於公。公威名素著，天下所服，今舉朝惶惶，人懷危怖，指撝之日，[3]誰不景從？[4]如其不斷，旦暮禍及。僕昔佐貴府，[5]蒙眷異常，故敢盡言，願思其計。"慶之曰："僕比日前慮不復自保，但盡忠奉國，始終以之，正當委天任命耳。加老罷私門，兵力頓闕，雖有其意，事亦無從。"興宗曰："當今懷謀思奮者，非復要富貴，期功賞，各欲救死朝夕耳。殿内將帥，正聽外間消息；若一人唱首，則俯仰可定。况公威風先著，統戎累朝，諸舊部曲，[6]布在宮省，誰敢不從？僕在尚書中，自當唱率百寮，案前世故事，更簡賢明，以奉社稷。又朝廷諸所行造，人間皆言公悉豫之，今若沈疑不決，當有先公起事者，公亦不免附惡之禍也。且車駕屢幸貴第，[7]酣醉彌留。[8]又聞斥屏左右，獨入閤内。此萬世一時，機不可失。僕荷眷深重，[9]故吐去梯之言，[10]公宜詳其禍福。”慶之曰：“此事大，非僕所能行。事至，政當抱忠以没耳。”頃之，慶之果以見忌致禍。

[1]太尉：官名。與司徒、司空並稱三公。無實際職掌，多爲大臣加官，爲名譽宰相。宋一品。 沈慶之：字弘先，吴興武康（今浙江德清縣）人。本書卷三七、《宋書》卷七七有傳。

[2]請謁：請求。

[3]指撝：發令調遣。《宋書》卷五七《蔡興宗傳》作“指麾”。撝，通“麾”。指揮。

[4]景從：如影隨形。形容迅速追隨。景，通“影”。大德本、汲古閣本、殿本、百衲本同，中華本作“影”。

[5]僕：自謙之辭。

[6]部曲：漢時爲軍隊編制，亦借指軍隊。魏晋以後成爲私人家兵的代稱。

[7]車駕：天子出巡時乘坐的馬車。代指皇帝。

[8]彌留：停留。

[9]荷眷：承蒙恩寵。眷，大德本、殿本、中華本同，汲古閣本、百衲本作“卷”，誤。

[10]去梯之言：撤去上樓用的梯子後，再與之交談。指極端機密的話。典出《後漢書》卷七四下《劉表傳》：劉表之子劉琦不容於後母，劉琦遂問諸葛亮自安之計。“亮初不對。後乃共升高樓，因令去梯，謂亮曰：‘今日上不至天，下不至地，言出子口而入吾耳，可以言未？’亮曰：‘君不見申生在内而危，重耳居外而安乎？’”後遂以“去梯”指討論機密之事。去，大德本、殿本、中華本同，汲古閣本、百衲本作“眷”，誤。

時領軍將軍王玄謨大將有威名，[1]邑里訛言玄謨當建大事，或言已見誅。玄謨典籤包法榮家在東陽，[2]興宗故郡人也，爲玄謨所信，使至興宗間。興宗謂曰："領軍比日殊當憂懼。"法榮曰："頃者殆不復食，夜亦不眠，恒言收已在門，不保俄頃。"興宗因法榮勸玄謨舉事。玄謨又使法榮報曰："此亦未易可行，[3]其當不泄君語。"右衛將軍劉道隆爲帝所寵信，[4]專統禁兵，乘輿嘗夜幸著作佐郎江斆宅，[5]興宗乘馬車從。道隆從車後過，興宗謂曰："劉公，比日思一閑。"[6]道隆深達此旨，[7]掐興宗手曰：[8]"蔡公勿言。"

[1]領軍將軍：官名。禁軍統帥，掌禁軍及京師諸軍。宋三品。　王玄謨：字彥德，太原祁（今山西祁縣）人。本書卷一六、《宋書》卷七六有傳。

[2]典籤：官名。亦稱典籤帥或籤帥、主帥。州府王國屬吏，由皇帝派遣並直接向皇帝匯報地方情況，故品級雖不高，但實權在長史之上。

[3]行：大德本、殿本、百衲本同，汲古閣本作"得"。《宋書》卷五七《蔡興宗傳》亦作"行"。

[4]劉道隆：彭城（今江蘇徐州市）人。本書卷一七、《宋書》卷四五有附傳。

[5]乘輿：天子乘坐的車子。借指皇帝。　嘗：大德本、汲古閣本、殿本、百衲本作"當"。《宋書·蔡興宗傳》亦作"嘗"。按，作"嘗"是，底本不誤。　著作佐郎：官名。秘書省屬官。協助著作郎撰寫國史及起居注。宋六品。　江斆：字叔文，濟陽考城（今河南民權縣）人。本書卷三六有附傳，《南齊書》卷四三有傳。

[6]比日思一閑：中華本於"閑"後補"寫"字，其校勘記

云:"'寫'字各本並脱，據《宋書》補。"《宋書·蔡興宗傳》、《資治通鑑》卷一三〇《宋紀十二》明帝泰始元年皆作"閑寫"，胡三省注云:"閒寫者，謂欲清閒寫其所懷也。"應據補"寫"字。

[7]旨：汲古閣本、百衲本同，大德本、殿本作"音"。《宋書·蔡興宗傳》亦作"旨"。

[8]搯（tāo）：大德本、汲古閣本、百衲本同，殿本、中華本作"掐"。《宋書·蔡興宗傳》、《資治通鑑·宋紀十二》明帝泰始元年作"掐"。"搯"有叩、擊，或探取之義。

時帝每因朝宴，捶毆群臣，自驃騎大將軍建安王休仁以下，[1]侍中袁愍孫等咸見陵曳，[2]唯興宗得免。

[1]驃騎大將軍：官名。居諸名號大將軍之首，開府置僚屬，不領兵，多加於權臣元老，以示尊崇。宋二品。　建安王休仁：劉休仁。宋文帝第十二子。文帝元嘉二十九年（452），立爲建安王。明帝泰始七年（471），賜死。後降封始安縣王。本書卷一四、《宋書》卷七二有傳。建安，郡名。治建安縣，在今福建建甌市。

[2]陵曳：凌辱捶撻。

頃之，明帝定大事。[1]玄謨責所親故吏郭季産、女婿韋希真等曰:"當艱難時，周旋輩無一言相扣發者。"[2]季産曰:"蔡尚書令包法榮所道，非不會機，但大事難行耳。季産言亦何益。"玄謨有慙色。

[1]明帝：南朝宋明帝劉彧。字休炳（本書避唐高祖李淵父李昞諱作"休景"），小字榮期，文帝第十一子。本書卷三、《宋書》卷八有紀。

［2］扣發：啓發，提出意見。大德本、汲古閣本、殿本、百衲本“扣”作“和”，《宋書》卷五七《蔡興宗傳》亦作“扣”。中華本據《宋書》改作“扣發”，其校勘記云：“‘扣’各本作‘和’，據《宋書》改。”應作“扣發”，底本不誤。

當明帝起事之夜，廢帝横屍太醫閤口。[1]興宗謂尚書左僕射王景文曰：[2]“此雖凶悖，是天下之主，宜使喪禮粗足。若直如此，[3]四海必將乘人。”

［1］太醫閤：太醫署門。本書卷三《宋前廢帝紀》云“崩於華光殿”。

［2］尚書左僕射：官名。尚書省次官，或單置，或並置左、右。南朝尚書令爲宰相之任，位尊權重，不親庶務，尚書省由僕射主持，諸曹奏事由左、右僕射審議聯署。左僕射又領殿中、主客二郎曹。宋三品。大德本、汲古閣本、殿本、百衲本同，中華本據《宋書》卷五七《蔡興宗傳》改作“尚書右僕射”，其校勘記云：“按本傳亦作‘右’，其爲左僕射在明帝時。”據本書卷三、《宋書》卷八《明帝紀》，本書卷二三、《宋書》卷八五《王景文傳》，王景文此時當爲尚書右僕射，明帝泰始六年（470）爲尚書左僕射。此處與後官相混。

［3］若：大德本、汲古閣本、殿本、百衲本作“者”。《宋書·蔡興宗傳》亦作“若”，中華本據《宋書》改作“若”。按，作“若”是，底本不誤。

時諸方並舉兵反，朝廷所保丹楊、淮南數郡，[1]其間諸縣或已應賊。東兵已至永世，[2]宮省危懼，上集群臣以謀成敗。興宗曰：“宜鎮之以静，以至信待人。比者，逆徒親戚布在宫省，若繩之以法，則土崩立至，宜明罪不相及之義。”上從之。

[1]丹楊：郡名。即丹陽。治建康縣，在今江蘇南京市。大德本、汲古閣本、殿本、百衲本“楊”作“陽”，二字常混用。　淮南：郡名。僑治江南。後割于湖爲境，在今安徽當塗縣。

[2]永世：縣名。治所在今江蘇溧陽市南。

遷尚書右僕射，[1]尋領衛尉。[2]明帝謂興宗曰：“頃日人情言何？事當濟不？”興宗曰：“今米甚豐賤，而人情更安，以此筭之，清蕩可必。但臣之所憂，更在事後，猶羊公言既平之後，[3]方當勞聖慮耳。”尚書褚彦回以手板築興宗，[4]興宗言之不已。上曰：“如卿言。”

[1]尚書右僕射：官名。位在左僕射下，與左僕射共掌尚書省日常政務，並聯署諸曹奏事，參議大政，諫諍得失，兼領祠部（一般與祠部不並置）、儀曹二曹。宋三品。

[2]衛尉：官名。戰國秦始置，西漢列位九卿。西晋兼掌冶鑄，東晋不置。宋孝武帝孝建元年（454）復置，掌宫禁宿衛。宋三品。

[3]羊公：指羊祜。字叔子，泰山南城（今山東平邑縣）人。晋武帝代魏後，與其籌劃滅吴。《晋書》卷三四有傳。《晋書·羊祜傳》云：“帝欲使祜卧護諸將，祜曰：‘取吴不必須臣自行，但既平之後，當勞聖慮耳。功名之際，臣所不敢居。若事了，當有所付授，願審擇其人。’”

[4]褚彦回：名淵，字彦回，河南陽翟（今河南禹州市）人。後助蕭道成代宋，仕齊官至尚書令。本書卷二八有附傳，《南齊書》卷二三有傳。　手板：亦作手版，即笏。臣子朝見時手持的長板，

可以記事。《晋書·輿服志》云:"手版即古笏矣。尚書令、僕射、尚書手版頭復有白筆,以紫皮裹之,名曰笏。"《資治通鑑》卷一六九《陳紀三》文帝天嘉五年云:"應劭曰:'昔荆軻逐秦王,其後謁者持匕首以備不虞,從此侍官皆執刀劍。高祖偃武修文,始制手版代焉。'《隋志》曰:'中世以來,唯八座尚書執笏。笏者,白筆綴其頭,紫囊裹之。其餘公卿,但執手板,謂之筆笏,蓋以記事受言。'"　築:打,擊。

赭圻平,[1]函送袁顗首,敕從登南掖門樓以觀之。[2]興宗潸然流涕,上不悦。事平,封興宗始昌縣伯,[3]固讓,而許之,封樂安縣伯,[4]國秩吏力,終以不受。

[1]赭圻:城名。在今安徽蕪湖市繁昌區西北赭圻嶺北麓。

[2]南掖門:建康宫城(臺城)南門之一。宫城南面有二門,正門爲大司馬門,東側即南掖門

[3]始昌縣伯:據《宋書》卷五七《蔡興宗傳》,食邑爲五百户。始昌,縣名。治所在今廣東四會市北。

[4]固讓,而許之,封樂安縣伯:大德本、汲古閣本、殿本同,百衲本作"固讓,不許之,封樂安縣伯"。中華本作"固讓,不許,改封樂安縣伯",其校勘記云:"'改'各本作'之'。張元濟《南史校勘記》:'《宋書》無"之"字,疑"之"爲"改"之訛。'按元大德本作'固讓不許之',與《宋書》合;其他各本作'固讓而許之'。"馬宗霍《南史校證》云:"按'而'字元刊本《南史》作'不',與《宋書》本傳合,但《宋書》此句上文'封興宗始昌縣伯,食邑五百户',下文'封樂安縣伯,邑三百户',若先封固讓不許,則不得改封,必是許讓先封多户,然後乃改封少户耳,此處似作'許之'爲是。"(第507頁)馬説可參。據《宋書·蔡興宗傳》,封樂安縣伯,食邑三百户。樂安,縣名。治所在今浙江仙

居縣。

時殷琰據壽陽爲逆，[1]遣輔國將軍劉勔攻圍之。[2]四方既平，琰嬰城固守。[3]上使中書爲詔譬琰，[4]興宗曰："天下既定，[5]是琰思順之日，陛下宜賜手詔數行。[6]今直使中書爲詔，彼必疑非真。"不從。琰得詔，謂劉勔詐造，果不敢降，久乃歸順。

[1]殷琰：字敬珉，陳郡長平（今河南西華縣）人。本書卷三九有附傳，《宋書》卷八七有傳。　壽陽：縣名。治所在今安徽壽縣。

[2]輔國將軍：官名。將軍名號。宋三品。　劉勔：字伯猷，彭城（今江蘇徐州市）安上里人。本書卷三九、《宋書》卷八六有傳。

[3]嬰城：環城。

[4]中書：官署名。中書省的省稱。掌納奏、擬詔、出令等職，爲國家政務中樞。　譬：曉諭，勸導。

[5]定：汲古閣本、百衲本同，大德本、殿本作"平"。《宋書》卷五七《蔡興宗傳》亦作"定"。

[6]手詔：皇帝親手寫的詔書。

先是，徐州刺史薛安都據彭城反，[1]後遣使歸款，泰始二年冬，[2]遣鎮軍將軍張永率軍迎之。[3]興宗曰："安都遣使歸順，此誠不虚，今不過須單使一人，咫尺書耳。[4]若以重兵迎之，勢必疑懼，或能招引北虜，[5]爲患不測。"時張永已行，不見信。安都聞大軍過淮，果引魏軍。永戰大敗，遂失淮北四州。[6]其先見如此。初，永敗問至，上在乾明殿，先召司徒建安王休仁，又召興宗。謂休仁曰："吾慙蔡僕射。"以敗書示興宗，曰："我愧卿。"

[1]徐州：州名。治彭城縣，在今江蘇徐州市。　彭城：縣名。治所在今江蘇徐州市。

[2]泰始：南朝宋明帝劉彧年號（465—471）。

[3]鎮軍將軍：官名。與中軍將軍、撫軍將軍位比四鎮將軍。主要爲中央軍職，亦可出任地方，並領刺史兼理民政。宋三品。　張永：字景雲，吴郡吴（今江蘇蘇州市）人，張茂度之子。本書卷三一、《宋書》卷五三有附傳。

[4]咫尺書：書信。古代書寫使用木簡，咫尺形容比較短小的木簡。咫，八寸。

[5]北虜：對北魏的蔑稱。

[6]遂失淮北四州：本書卷三、《宋書》卷八《明帝紀》皆云："失淮北四州及豫州淮西地。"《資治通鑑》卷一三二《宋紀十四》明帝泰始三年胡三省注云："淮北四州，青、冀、徐、兖。豫州淮西，汝南、新蔡、譙、梁、陳、南頓、潁川、汝南、汝陰諸郡也。"

三年，出爲郢州刺史。[1]初，吴興丘珍孫言論常侵興宗。[2]珍孫子景先人才甚美，興宗與之周旋。及景先爲鄱陽郡，[3]會晋安王子勛爲逆，[4]轉在竟陵，爲吴喜所殺。[5]母老女幼，流離夏口。[6]興宗至郢州，親自臨哭，致其喪柩，家累皆得東還。

[1]郢州：州名。治夏口城，在今湖北武漢市武昌區。

[2]吴興：郡名。治烏程縣，在今浙江湖州市。

[3]鄱陽：郡名。治廣晋縣，在今江西鄱陽縣石門街鎮。

[4]晋安王子勛：劉子勛。字孝德，宋孝武帝第三子。孝武帝大明四年（460），封晋安王，任征虜將軍、南兖州刺史。前廢帝狂悖無道，何邁欲殺廢帝而立其爲帝。事泄，廢帝殺何邁，並賜藥令其死。鄧琬奉其起兵。明帝泰始二年（466），即僞位於尋陽，年號義嘉，建置百官。後被沈攸之諸軍誅滅。本書卷一四、《宋書》卷八〇有傳。晋安，郡名。治候官縣，在今福建福州市。

[5]吴喜：本名喜公，宋明帝命爲喜，吴興臨安（今浙江杭州市臨安區）人。本書卷四〇、《宋書》卷八三有傳。

[6]夏口：城名。在今湖北武漢市武昌區。

遷會稽太守，[1]領兵置佐，加都督。[2]會稽多諸豪右，不遵王憲，幸臣近習，參半宫省。封略山湖，妨人害政，興宗皆以法繩之。又以王公妃主多立邸舍，子息滋長，督責無窮，啓罷省之，并陳原諸逋負，[3]解遣雜役，並見從。三吴舊有鄉射禮，[4]元嘉中，羊玄保爲吴郡，[5]行之，久不復脩。興宗行之，禮儀甚整。

[1]會稽：郡名。治山陰縣，在今浙江紹興市。

[2]加都督：據《宋書》卷五七《蔡興宗傳》，宋明帝泰始三年（467），蔡興宗出任郢州刺史時，即爲都督郢州諸軍事。在任三年，“遷鎮東將軍、會稽太守，加散騎常侍，尋領兵置佐，加都督會稽、東陽、新安、永嘉、臨海五郡諸軍事，給鼓吹一部”。本書删節，故易誤以爲蔡興宗任會稽太守時纔加都督。王鳴盛《十七史商榷》卷六四《都督刺史》云：“凡各書中都督某某幾州諸軍事、某州刺史，《南史》則但書某州刺史，而於其下添‘加都督’三字，或直書都督某州刺史，就使二者皆是，而二者本是一例，今忽自岐其例，使人疑爲異其詞，則似别有意義者，已非史法，乃予詳

考之，則二者皆非也。凡都督或督二三州，或有多至十餘州者，又有於某州不全督，督其數郡者，都有會聚之意。各州郡皆所總統，今如《南史》二種書法皆但書其本治，所總統等州郡之數與名皆不見叙，至下文忽露某州某郡，突如其來，使觀者眩惑，且於叙事中全不得當日勢望權任之所在，只因欲圖簡嚴，自誇裁斷，獨不思諧謔支贅，談神説佛，不以爲煩，何以紀載實事，反矜貴筆墨乃爾。”都督，官名。亦稱都督諸州軍事。地方軍政長官，領駐在州刺史，兼理民政，無固定品級，多帶將軍名號，分使持節、持節、假節三種，職權各有不同。

[3]逋負：拖欠的賦税。

[4]三吴：地區名。一般指吴興（今浙江湖州市）、吴郡（今江蘇蘇州市）、會稽（今浙江紹興市）三郡地區。《資治通鑑》卷九四《晋紀十六》成帝咸和三年胡三省注云："漢置吴郡；吴分吴郡置吴興郡；晋又分吴興、丹楊置義興郡，是爲三吴。酈道元曰：世謂吴郡、吴興、會稽爲三吴。杜佑曰：晋、宋之間，以吴郡、吴興、丹楊爲三吴。"錢大昕《廿二史考異》卷三六云："是時興宗爲會稽太守。三吴謂吴郡、吴興、會稽也（本《水經注》）。《王鎮之傳》：'時三吴饑荒，遣鎮之銜命賑恤，而會稽太守王愉不奉符旨。'會稽在三吴之中，明矣。"三吴具體所指説法不一，詳參王鳴盛《十七史商榷》卷四五《三吴》、卷五五《二吴》。　鄉射禮：古代射箭飲酒的禮儀。《周禮·地官·鄉大夫》云："退而以鄉射之禮五物詢衆庶。"孫詒讓正義云："退謂王受賢能之書，事畢，鄉大夫與鄉老則退，各就其鄉學之庠，而與鄉人習射，是爲鄉射之禮。"

[5]羊玄保：泰山南城（今山東平邑縣）人。本書卷三六、《宋書》卷五四有傳。

明帝崩，興宗與尚書令袁粲、右僕射褚彦回、中領軍劉勔、鎮軍將軍沈攸之同被顧命。[1]以興宗爲征西將軍、開府儀同三司、都督、荆州刺史，[2]加班劍二十人，[3]被徵還都。時右軍將軍王道隆任參國政，[4]權重一時，躡履到興宗前，[5]不敢就席，良久方去。竟不呼坐。元嘉初，中書舍人秋當詣太子詹事王曇首，[6]不敢坐。其後中書舍人弘興宗爲文帝所愛遇，[7]上謂曰："卿欲作士人，得就王球坐，[8]乃當判耳，殷、劉並雜，[9]無所益也。[10]若往詣球，可稱旨就席。"及至，球舉扇曰："君不得爾。"弘還，依事啓聞。帝曰："我便無如此何。"至是，興宗復爾。

[1]中領軍：官名。掌京師諸軍及禁軍。職與領軍同，資重者爲領軍，資輕者爲中領軍。宋三品。　沈攸之：字仲達，吴興武康（今浙江德清縣）人。本書卷三七有附傳，《宋書》卷七四有傳。　顧命：臨終之命。多用來稱皇帝的遺命。《尚書·顧命》云："成王將崩，命召公、畢公率諸侯相康王，作《顧命》。"孔安國傳云："臨終之命曰顧命。"孔穎達疏云："《説文》云：'顧，還視也。'鄭玄云：'迴首曰顧。'顧是將去之意，此言臨終之命曰顧命，言臨將死去迴顧而爲語也。"

[2]征西將軍：官名。與征東、征南、征北將軍合稱四征將軍。多授予出鎮方面的持節都督，地位顯要。宋三品，若爲持節都督則進爲二品。　開府儀同三司：官名。大臣加號。意謂與三司即太尉、司徒、司空禮制、待遇相同，許開設府署，自辟僚屬。宋一品。　都督：據《宋書》卷五七《蔡興宗傳》，以興宗爲使持節、都督荆湘雍益梁寧南北秦八州諸軍事。

[3]班劍：亦作斑劍。本指有紋飾的劍，後引申指持班劍的武士。漢制，朝服帶劍，晋代易之以木劍，文飾斑斕，謂之班劍。後多用於鹵簿法駕，由侍從武士佩之。漸引申指持班劍的人，且成爲

皇帝對功臣之恩賜，以示榮寵。所賜人數自百二十人至十人不等。

［4］右軍將軍：官名。掌宮禁宿衛，與前軍、後軍、左軍將軍合稱四軍將軍。權任很重，多由皇帝親信擔任。宋四品。　王道隆：吴興烏程（今浙江湖州市）人。本書卷七七有附傳，《宋書》卷九四有傳。

［5］躡履：來不及穿鞋，趿拉着鞋。

［6］秋當：王鳴盛《十七史商榷》卷六〇《蔡興宗傳誤》以爲當從《宋書》作“狄當”，錢大昕《廿二史考異》卷三六云：“按：列傳卷廿二以爲張敷事。彼《傳》‘秋’作‘狄’，字之訛也。《廣韻》‘秋’字注：又姓。宋中書舍人秋當。”又以爲“秋”字是。未知孰是。　太子詹事：官名。東宫屬官。掌東宫内外庶務。宋三品。　王曇首：琅邪臨沂（今山東臨沂市）人，太保王弘少弟。本書卷二二、《宋書》卷六三有傳。

［7］弘興宗：此處應有誤，《宋書·蔡興宗傳》作“王弘”。錢大昕《廿二史考異》卷三六云：“按：《球傳》云中書舍人徐爰，不言興宗，亦無就坐舉扇事。”中華本校勘記云：“‘弘興宗’《宋書》作‘王弘’。王鳴盛《十七史商榷》六〇：‘此文於下仍云“弘還”，則其上作“弘興宗”似是一姓弘名興宗之人者，其爲傳寫之誤可知。王弘乃又是一人，非爲太保字休元者，彼乃王導曾孫，門閥甚高，何不坐之有？’李慈銘《宋書札記》：‘王弘乃曇首之兄，球之從祖兄，爲元嘉功臣之首，位司徒太保，必無人敢與之同名。《南史》作“弘興宗”，其下又云“弘還”，若弘既是姓，則下之還應稱名，蓋皆誤也。《南史·王球傳》作“徐爰”，差爲得之。爰後在孝武時兼著作，修《宋書》。而在元嘉時，則權寵未盛。蓋“爰”誤作“宏”，又轉爲“弘”。《宋書》復因上言“王曇首”，遂譌“王弘”；《南史》因在《蔡興宗傳》，遂譌作“弘興宗”，皆傳寫之譌，非沈、李之誤。’”

［8］王球：字蒨玉（《宋書》作“倩玉”），琅邪臨沂（今山東臨沂市）人。本書卷二三有附傳，《宋書》卷五八有傳。

[9]殷：指殷景仁。小字鐵，陳郡長平（今河南西華縣）人。本書卷二七、《宋書》卷六三有傳。　劉：指劉湛。字弘仁，小字班虎，南陽涅陽（今河南鄧州市）人。本書卷三五、《宋書》卷六九有傳。

[10]無所益也：丁福林《宋書校議》云："考王球，琅邪臨沂人，司徒王謐子，王導曾孫，爲東晋、南朝第一高門，故庶族欲作士人，得就王球坐乃得倍增身價而定。殷、劉乃謂殷景仁、劉湛。景仁陳郡長平人，湛南陽涅陽人，雖爲高門世族，然又遠遜琅邪王氏。故帝曰'殷劉並雜'也，雖得與之並坐而增身價，然却與作士人則無所益耳。"（第235頁）

道隆等以興宗强正，不欲使擁兵上流，改爲中書監、左光禄大夫、開府儀同三司，[1]固辭不拜。

[1]中書監：官名。中書省長官之一。自納奏、擬詔、出令之權歸中書舍人後，成爲位高職閑的官職，多用作對重臣的加官。宋三品。　左光禄大夫：官名。作爲在朝顯職的加官，以示優崇。或授予年老有病者爲致仕之官，亦常用爲卒後贈官，無職掌。其禮遇與特進同。以爲加官者，唯授章綬、禄賜、班位而已，不别給車服、吏卒。宋二品。

興宗行己恭恪，[1]光禄大夫北地傅隆與父廓善，[2]興宗常脩父友之敬。又太原孫敬玉嘗通興宗侍兒，[3]被禽反接，[4]興宗命與杖，敬玉了無怍容。[5]興宗奇其言對，命釋縛，試以伎能，高其筆札，[6]因以侍兒賜之，爲立室宇，位至尚書右丞。[7]其遏惡揚善若此。敬玉子廉，仕梁，以清能位至御史中丞。[8]

[1]行己恭恪：立身行事恭敬謹慎。

[2]光禄大夫：官名。作爲在朝顯職的加官，以示優崇。或授予年老有病者爲致仕之官，亦常用爲卒後贈官，無職掌。宋三品。

[3]太原：郡名。治晋陽縣，在今山西太原市西南。

[4]反接：反綁雙手。

[5]怍：慚愧，羞愧。

[6]筆札：本指毛筆、簡牘。此處應指書寫或文章。

[7]尚書右丞：官名。尚書省佐官，位次尚書，居尚書左丞下，與左丞共掌尚書省庶務。凡兵士百工名籍、内外庫藏穀帛、刑獄訴訟、軍械、田地、州郡租布、户籍等文書奏事皆屬之。宋六品。

[8]御史中丞：官名。梁十一班。

興宗家行尤謹，奉歸宗姑，[1]事寡嫂，養孤兄子，有聞於世。太子左率王錫妻范，[2]聰明婦人也，有才學。書讓錫弟僧達曰：[3]"昔謝太傅奉寡嫂王夫人如慈母，[4]今蔡興宗亦有恭和之稱。"其爲世所重如此。

[1]歸宗姑：《宋書》卷五七《蔡興宗傳》作"宗姑"，《通志》卷一三四亦作"歸宗姑"。古代婦女夫死子亡，乃歸娘家，稱爲大歸、歸宗。《詩·邶風·燕燕》毛詩序云："燕燕，衛莊姜送歸妾也。"鄭玄箋："莊姜無子，陳女戴嬀生子名完，莊姜以爲己子。莊公薨，完立，而州吁殺之。戴嬀於是大歸。"孔穎達疏云："言大歸者，不反之辭，故文十八年夫人姜氏歸於齊。《左傳》曰'大歸也'，以歸寧者有時而反，此即歸不復來，故謂之大歸也。"

[2]太子左率：官名。即太子左衛率。王錫曾歷此職。　王錫：琅邪臨沂（今山東臨沂市）人，太保王弘長子。本書卷二一、《宋書》卷四二有附傳。

[3]僧達：王僧達。琅邪臨沂（今山東臨沂市）人，王弘少

子。本書卷二一有附傳，《宋書》卷七五有傳。

[4]謝太傅：指謝安。字安石，陳郡陽夏（今河南太康縣）人。《晉書》卷七九有傳。太傅，官名。兩晉時與太宰、太保並掌朝政，稱三上公，位在三司上。開府置僚屬，爲宰相之任。晉一品。　王夫人：名綏，太康王韜女，謝據妻。事見《世説新語·文學》。按，謝安有二兄，長兄謝奕，夫人陳留阮氏；二兄謝據，夫人王綏，應即此王夫人。

妻劉氏早卒，一女甚幼，外甥袁顗始生子彖，[1]而妻劉氏亦亡，興宗姊即顗母也。一孫一姪，躬自撫養，年齒相比，欲爲婚姻，每見興宗，輒言此意。大明初，詔興宗女與南平王敬猷婚。[2]興宗以姊生平之懷，屢經陳啓。帝答曰："卿諸人欲各行己意，則國家何由得婚。且姊言豈是不可違之處邪？"舊意既乖，彖亦他娶。其後彖家好不終，顗又禍敗，彖等淪廢當時，[3]孤微理盡。敬猷遇害，興宗女無子嫠居，[4]名門高胄，多欲約姻。[5]明帝亦敕適謝氏，興宗並不許，以女適彖。

[1]外甥袁顗始生子彖：大德本、汲古閣本、殿本、百衲本同，中華本據《廿二史考異》改"顗"作"覬"。下一"顗"字各本亦同。錢大昕《廿二史考異》卷三六云："按：袁彖爲顗弟覬之子，此兩'顗'字當作'覬'，因前文有外甥袁顗，相涉而訛耳。覬與顗爲親兄弟，則顗母即覬母。顗、覬皆爲興宗甥，無可疑者，此後人傳寫之訛，非史家之失也。"袁覬，袁顗弟，官至司徒從事中郎、武陵内史。袁彖，字偉才，袁覬之子。本書卷二六有附傳，《南齊書》卷四八有傳。本文兩處"顗"字傳寫訛誤，應據《袁彖傳》改作"覬"。王鳴盛《十七史商榷》卷六〇《以女妻姊之孫》以爲

此處叙興宗女與袁彖婚姻之事“此事既無理，叙次又茫昧，令讀者生疑。《南史》但削去數句，於其情事曲折則全不能明析也”。

[2]南平王敬猷：劉敬猷。南平王劉鑠子。《宋書》卷七二有附傳。南平，郡名。治江安縣，在今湖北公安縣西北。

[3]等：大德本、汲古閣本、殿本、百衲本、中華本作“亦”。《宋書》卷五七《蔡興宗傳》亦作“等”。

[4]嫠居：寡居。

[5]約：大德本、汲古閣本、殿本、百衲本作“結”。《宋書·蔡興宗傳》亦作“結”。

泰豫元年卒，[1]年五十八。遺命薄葬，奉還封爵。追贈後授，子順固辭不受，又奉表疏十餘上。詔特申其請，以旌克讓之風。[2]

[1]泰豫：南朝宋明帝劉彧年號（472）。

[2]克讓：能够謙讓。《尚書·堯典》云：“允恭克讓，光被四表。”孔安國傳云：“克，能。”

初，興宗爲郢州，府參軍彭城顏敬以式卜曰：[1]“亥年當作公，官有大字者，不可受也。”及有開府之授，而太歲在亥，果薨於左光禄大夫云。[2]文集傳於世。[3]

[1]府參軍：官名。軍府幕僚，爲諸曹之長，兼備參謀咨詢。以式卜：用式盤占卜。式，即式盤，亦稱栻。古代一種推算曆數或占卜用的工具。《史記》卷一二七《日者列傳》“分策定卦，旋式正棊”句，裴駰集解引徐廣云：“式音栻。”司馬貞索隱云“按：式即栻也。旋，轉也。栻之形上圓象天，下方法地，用之則轉天綱

加地之辰，故云旋式。棋者，筮之狀。正棋，蓋謂卜以作卦也。”式盤由天盤、地盤組成，象徵天圓地方。盤上刻有文字、圖案。各代式盤天盤、地盤的布局格式及具體使用的文字略有不同（參見馬洪連、張俊民《敦煌祁家灣新出魏晋式盤研究》，《敦煌研究》2020 年第 2 期）。

[2]左光禄大夫：大德本、汲古閣本、殿本、百衲本無“左”字。上文云“改爲中書監、左光禄大夫、開府儀同三司，固辭不拜”，《宋書》卷五七《蔡興宗傳》亦云“故散騎常侍、中書監、左光禄大夫、開府儀同三司、樂安縣開國伯興宗”。按，疑應有“左”字。

[3]文集傳於世：《隋書·經籍志》《舊唐書·經籍志》《新唐書·藝文志》均未見著録。《隋書·經籍志四》有“宋太常卿《蔡廓集》九卷”，自注云:“并目録。梁十卷，録一卷。”《舊唐書·經籍志下》《新唐書·藝文志四》著録爲“《蔡廓集》十卷”。

子順字景玄，方雅有父風，位太尉從事中郎。昇明末卒。[1]弟約。

[1]昇明：南朝宋順帝劉準年號（477—479）。

約字景撝，少尚宋孝武女安吉公主，[1]拜駙馬都尉。[2]仕齊，累遷太子中庶子、領屯騎校尉。[3]永明八年八月合朔，[4]約既武冠，[5]解劍，於省眠至下鼓不起，[6]爲有司所奏，贖論。

[1]安吉公主：安吉爲公主的封地。安吉，縣名。治所在今浙江安吉縣孝豐鎮。

[2]駙馬都尉：官名。魏晋多用作宗室、外戚、功臣子、貴族、親近之臣的加官，或亦加於尚公主者。南朝隸集書省，無定員，無實職，尚公主者多加此號。宋六品。

[3]屯騎校尉：官名。與步兵、射聲、越騎、長水校尉並稱五校尉。爲侍衛武官，不領營兵。宋四品。齊官品不詳。宋初又置太子翊軍、步兵、屯騎三校尉，爲東宫侍從武官。

[4]永明：南朝齊武帝蕭賾年號（483—493）。　合朔：日月運行處於同宫同度，謂之"合朔"。一般指農曆每月初一。《續漢書·律曆志》云："日月相推，日舒月速，當其同所，謂之合朔。"

[5]約既武冠：大德本、汲古閣本、殿本、百衲本同。《南齊書》卷四六《蔡約傳》作"約脱武冠"，中華本據《南齊書》改"既"作"脱"。《册府元龜》卷六二八、九三〇亦作"脱"。疑"脱"是。

[6]下鼓：夜鼓結束。《陳書》卷三二《沈洙傳》云："但漏刻賒促，今古不同，《漢書·律曆》，何承天、祖沖之、暅之父子《漏經》，並自關鼓至下鼓，自晡鼓至關鼓，皆十三刻，冬夏四時不異。若其日有長短，分在中時前後。今用梁末改漏，下鼓之後，分其短長，夏至之日，各十七刻，冬至之日，各十二刻。"

出爲宜都王冠軍長史、淮南太守，[1]行府州事。武帝謂曰："今用卿爲近蕃上佐，[2]想副我所期。"約曰："南豫密邇京師，[3]不化自理，臣亦何人，爝火不息。"[4]時諸王行事，多相裁割，約居右任，[5]主佐之間穆如也。

[1]宜都王：蕭鏗。字宣嚴，齊高帝第十六子。齊武帝永明十一年（493）遷冠軍將軍、南豫州刺史。本書卷四三、《南齊書》卷三五有傳。宜都，郡名。治夷道縣，在今湖北枝江市。　冠軍長

史：官名。冠軍將軍府長史。爲府中幕僚之長，掌府中庶務。

[2]上佐：長史、司馬之官。

[3]南豫：州名。治歷陽縣，在今安徽和縣。淮南郡屬南豫州。

[4]爝火不息：語出《莊子·逍遥遊》："堯讓天下於許由曰：'日月出矣，而爝火不息，其於光也，不亦難乎！時雨降矣，而猶浸灌，其於澤也，不亦勞乎！'"蔡約用此爲自謙之語。言南豫州近京師，受天子教化所浸染，不需治而自然而治。自己的能力與之相比，如炬火之光比日月矣。爝火，炬火。

[5]約居右任：《南齊書》卷四六《蔡約傳》作"約在任"。

遷司徒左長史。[1]齊明帝爲録尚書輔政，[2]百僚脱屐到席，約躡屐不改。[3]帝謂江祏曰：[4]"蔡氏是禮度之門，故自可悦。"祏曰："大將軍有揖客，[5]復見於今。"

[1]司徒左長史：官名。《南齊書·百官志》云："司徒府領天下州郡名數户口簿籍。雖無，常置左右長史、左西曹掾屬、主簿、祭酒、令史以下。"齊官品不詳。

[2]齊明帝：蕭鸞。字景栖，小字玄度，始安貞王蕭道生之子。本書卷五、《南齊書》卷六有紀。

[3]百僚脱屐到席，約躡屐不改：《南齊書》卷四六《蔡約傳》作"百僚屣履到席，約躡屐不改"。朱季海《南齊書校議》卷四六云："'屣履到席'南監本作'脱屐到席'，《南史》同。按《元龜》八百七十七作'百僚脱履到席，約躡履不改'。議：《虞玩之傳》：'太祖鎮東府，朝野致敬，玩之猶躡屐造席。'本傳云'躡屐不改'，是也。《南史》文如非後人所改，即延壽已不諳江左舊事矣。《元龜》改'屐'爲'履'，非是。合二傳之文，知當時造席，無論屐履，初不脱也。太祖鎮東府，朝野致敬，亦當屣履到席耳。平時躡屐，屣履所以致敬。"（中華書局 2013 年版，第 155—156 頁）

此説可參。躡屐，穿着木屐。屐，木屐，木底有齒的鞋。

[4]江祏：字弘業，濟陽考城（今河南民權縣）人。齊明帝腹心。本書卷四七、《南齊書》卷四二有傳。

[5]大將軍有揖客：典出《史記》卷一二〇《汲鄭列傳》："大將軍青既益尊，姊爲皇后，然黯與亢禮。人或説黯曰：'自天子欲群臣下大將軍，大將軍尊重益貴，君不可以不拜。'黯曰：'夫以大將軍有揖客，反不重邪？'"衛青聞此後，愈以汲黯爲賢。大將軍，衛青。字仲卿，漢武帝皇后衛子夫之弟。多次率兵出擊匈奴，官至大將軍。《史記》卷一一一、《漢書》卷五五有傳。揖客，行長揖之禮而不跪拜的客人。

約好飲酒，夷淡不與世雜。[1]永元二年，[2]卒於太子詹事，年四十四，贈太常。[3]弟撙。

[1]夷淡：平和淡泊。

[2]永元：南朝齊東昏侯蕭寶卷年號（499—501）。

[3]太常：官名。齊官品不詳。南朝禮儀郊廟制度由尚書八座及儀曹裁定，太常位尊職閑。宋三品。

撙字景節，少方雅退默，與第四兄寅俱知名。仕齊位給事黄門侍郎。[1]丁母憂，[2]廬于墓側。齊末多難，服闋，[3]因居墓所。除太子中庶子、太尉長史，並不就。

[1]仕：大德本、殿本、百衲本同，汲古閣本作"事"。　給事黄門侍郎：官名。南朝齊時知詔令，稱爲"小門下"。官品不詳。

[2]丁母憂：遭遇母親喪事。

[3]服闋：喪服期滿。

梁臺建，[1]爲侍中，[2]遷臨海太守。公事左遷太子中庶子，[3]復爲侍中，吴興太守。初，撙在臨海，百姓楊元孫以婢采蘭貼與同里黄權，[4]約生子，酬乳哺直。權死後，元孫就權妻吴贖婢母子五人，吴背約不還。元孫訴，撙判還本主。吴能爲巫，出入撙内，以金釧賂撙妾，遂改判與吴。元孫撾登聞鼓訟之，[5]爲有司劾。時撙已去郡，雖不坐，而常以爲耻。口不言錢，及在吴興，不飲郡井，齋前自種白莧、紫茄，以爲常餌，詔褒其清。加信武將軍。[6]

[1]梁臺建：指齊和帝中興二年（502），封蕭衍爲梁公，置梁國官署。

[2]侍中：官名。南朝齊、梁、陳時爲門下省長官。愈加顯貴。於侍奉生活起居、侍從左右、顧問應對、諫諍糾察等侍從本職外，兼掌出納、璽封詔奏，有封駁權，参預機密政務，上親皇帝，下接百官，官顯職重，時號“門下”，或以宰相目之。多選美姿容、有文才、與皇帝親近者任之。梁十二班。

[3]公事：《梁書》卷二一《蔡撙傳》作“坐公事”。 左遷：降職。 太子中庶子：官名。梁十一班。

[4]貼：典當，典押。

[5]登聞鼓：亦稱諫鼓。古代帝王或官署爲聽取臣民諫議或冤情，於朝堂門口懸鼓，臣民可擊鼓言事。《資治通鑑》卷八二《晋紀四》惠帝元康元年胡三省注云：“古者，設諫鼓、立謗木，所以通下情也。《周禮》，太僕建路鼓於大寢之門外，以待達窮者。鄭司農註云：窮，謂窮冤失職者，來擊此鼓，以達於王，若今時上變事擊鼓矣。此則登聞鼓之始也。登聞鼓之名，蓋始於魏、晋之間。”又卷一二二《宋紀四》文帝元嘉八年胡三省注云：“登聞鼓，令負冤

者得詣闕檛鼓，登時上聞也。”

[6]信武將軍：官名。梁置，五德將軍之一。十五班。

時帝將爲昭明太子納妃，[1]意在謝氏。袁昂曰：[2]“當今貞素簡勝，唯有蔡撙。”乃遣吏部尚書徐勉詣之，[3]停車三通不報。勉笑曰：“當須我召也。”遂投刺乃入。[4]

[1]昭明太子：蕭統。字德施，小字維摩，梁武帝長子。謚昭明，故稱。本書卷五三、《梁書》卷八有傳。

[2]袁昂：字千里，陳郡陽夏（今河南太康縣）人。本書卷二六有附傳，《梁書》卷三一有傳。

[3]吏部尚書：官名。梁十四班。　徐勉：字脩仁，東海郯（今山東郯城縣）人。本書卷六〇、《梁書》卷二五有傳。

[4]投刺：投遞名帖。

天監九年，[1]宣城郡吏吴承伯挾祆道聚衆攻宣城，[2]殺太守朱僧勇，轉寇吴興，吏人並請避之。撙堅守不動，命衆出戰，摧破斬承伯，餘黨悉平。累遷吏部尚書，在選弘簡有名稱。[3]又爲侍中，領秘書監。[4]武帝嘗謂曰：[5]“卿門舊尚有堪事者多少？”撙曰：“臣門客沈約、范岫各已被升擢，[6]此外無人。”約時爲太子少傅，[7]岫爲右衛將軍。[8]

[1]天監：南朝梁武帝蕭衍年號（502—519）。

[2]宣城：郡名。治宛陵縣，在今安徽宣城市宣州區。

[3]弘簡：寬宏簡易。

[4]秘書監：官名。秘書省長官。掌圖書經籍之事，領著作省。梁十一班。

[5]武帝：南朝梁武帝蕭衍。字叔達，小字練兒，南蘭陵（今江蘇常州市武進區）中都里人。南朝梁開國皇帝。本書卷六、卷七，《梁書》卷一至卷三有紀。

[6]沈約：字休文，吴興武康（今浙江德清縣）人。本書卷五七、《梁書》卷一三有傳。　范岫：字懋賓，濟陽考城（今河南民權縣）人。本書卷六〇、《梁書》卷二六有傳。

[7]太子少傅：官名。東宫屬官。佐太子太傅輔翼皇太子。梁十五班。

[8]右衛將軍：官名。梁十二班。

摶風骨梗正，[1]氣調英嶷，[2]當朝無所屈讓。嘗奏用琅邪王筠爲殿中郎，[3]武帝嫌不取參掌通署，乃推白牒於香橙地下，[4]曰："卿殊不了事。"摶正色俯身拾牒起，曰："臣謂舉爾所知，[5]許允已有前事；[6]既是所知而用，無煩參掌署名。[7]臣摶少而仕宦，未嘗有不了事之目。"因捧牒直出，便命駕而去，仍欲抗表自解。[8]帝尋悔，取事爲畫。[9]

[1]梗正：梗直剛正。大德本、汲古閣本、殿本、百衲本同，中華本作"鯁正"。

[2]氣調英嶷：氣度超群。

[3]琅邪：郡名。治開陽縣，在今山東臨沂市北。　王筠：字元禮，一字德柔，琅邪臨沂（今山東臨沂市）人。本書卷二二有附傳，《梁書》卷三三有傳。　殿中郎：官名。尚書殿中郎的省稱。尚書省諸曹郎之一，屬尚書左僕射。掌擬詔書，多用文學之士。梁

六班。

［4］白牒：未用印的公文。

［5］舉爾所知：推舉你所了解的人。語出《論語·子路》："仲弓爲季氏宰，問政。子曰：'先有司，赦小過，舉賢才。'曰：'焉知賢才而舉之？'曰：'舉爾所知，爾所不知，人其舍諸？'"

［6］許允：字士宗，高陽（今河北高陽縣）人。仕魏官至領軍將軍。事見《三國志》卷九《魏書·夏侯玄傳》裴松之注。據《世説新語》卷下《賢媛》載："許允爲吏部郎，多用其鄉里，魏明帝遣虎賁收之。其婦出誡允曰：'明主可以理奪，難以情求。'既至，帝覈問之，允對曰：'舉爾所知，臣之鄉人，臣所知也。陛下檢校，爲稱職與不？若不稱職，臣受其罪。'既檢校，皆官得其人，於是乃釋。"

［7］參掌：殿本、中華本同，大德本、汲古閣本、百衲本作"參軍"。"參掌"是。

［8］抗表自解：向皇帝上奏解職。

［9］畫：署名。

帝嘗設大臣餅，撙在坐。帝頻呼姓名，撙竟不答，食餅如故。帝覺其負氣，乃改喚蔡尚書，撙始放筯執笏曰：[1]"爾。"帝曰："卿向何聾，今何聰？"對曰："臣預爲右戚，[2]且職在納言，陛下不應以名垂喚。"帝有慙色。

［1］筯：筷子。

［2］右戚：皇家貴親。蔡撙之女爲昭明太子妃。

性甚凝隔，[1]善自居遇。[2]女爲昭明太子妃，自詹事以下咸來造謁，[3]往往稱疾相聞，間遣之。及其引進，但暄寒而已，此外無復餘言。

[1]凝隔：大德本、汲古閣本、殿本、百衲本、中華本作“凝厲”。《通志》卷一四一亦作“凝隔”。

[2]居遇：大德本、汲古閣本、殿本、百衲本、中華本作“居適”。《通志》卷一四一亦作“居遇”。

[3]造謁：拜見。

後爲中書令，[1]卒於吴郡太守，[2]謚曰康子。司空袁昂嘗謂諸賓曰：[3]“自蔡侯卒，不復更見此人。”其爲名輩所知如此。

[1]中書令：官名。中書省長官之一。南朝梁時位在中書監下，僅掌文章之事。十三班。

[2]卒於吴郡太守：按，據《梁書》卷二一《蔡撙傳》，梁武帝普通四年（523）卒，時年五十七。

[3]司空：官名。與太尉、司徒並稱三公。無實際職掌，爲名譽宰相。梁十八班。

子彦深，[1]宣城内史。[2]彦深弟彦高，給事黄門侍郎。彦高子凝。

[1]彦深：《梁書》卷二一《蔡撙傳》作“彦熙”。

[2]内史：官名。王國行政長官，掌治民，職如太守。

凝字子居，美容止。及長，博涉經傳，有文詞，尤工草隸。陳太建元年，[1]累遷太子中舍人。[2]以名公子選尚信義公主，[3]拜駙馬都尉、中書侍郎，[4]遷晋陵太守。[5]及將之郡，更令左右脩中書廨宇，[6]謂賓友曰："庶來者無勞。"

[1]太建：南朝陳宣帝陳頊年號（569—582）。

[2]太子中舍人：官名。東宫屬官。選舍人中才學俱佳者爲之，與太子中庶子共掌東宫文翰，侍從規諫太子，綜典奏事文書等，位在太子中庶子下、洗馬上。陳五品，秩六百石。

[3]信義公主：信義爲公主的封地。信義，郡名。治南沙縣，在今江蘇常熟市西北。

[4]駙馬都尉：官名。南朝梁、陳專加尚公主者。陳七品，秩六百石。　中書侍郎：官名。陳四品，秩千石。

[5]晋陵：郡名。治晋陵縣，在今江蘇常州市。

[6]廨宇：官舍。大德本、殿本、百衲本同，汲古閣本作"解宇"。《陳書》卷三四《蔡凝傳》亦作"廨宇"。"廨""解"可通。

尋授吏部侍郎。[1]凝年位未高，而才地爲時所重，[2]常端坐西齋，[3]自非素貴名流，罕所交接，趣時者多譏焉。宣帝嘗謂凝曰：[4]"我欲用義興主壻錢肅爲黄門侍郎，[5]卿意如何？"凝正色曰："帝鄉舊戚，恩由聖旨，則無所復問。若格以僉議，[6]黄散之職，[7]故須人門兼美。"帝默然而止。肅聞而不平，[8]義興公主日譖之，[9]尋免官，遷交趾。[10]頃之追還。

[1]吏部侍郎：官名。南朝梁、陳制度，郎中在職勤能滿二歲者，轉侍郎。陳四品，秩六百石。

[2]才地：才能門第。

[3]西齋：文人的書齋。

[4]宣帝：南朝陳宣帝陳頊。字紹世，小字師利，陳武帝兄始興昭烈王陳道談第二子。本書卷一〇、《陳書》卷五有紀。

[5]義興主：義興爲公主的封地。義興，郡名。治陽羡縣，在今江蘇宜興市。　黄門侍郎：官名。陳四品，秩二千石。

[6]僉議：衆人的意見。多用於群臣百官。僉，大德本、殿本、百衲本同，汲古閣本訛作“檢”。

[7]黄散之職：指黄門侍郎與散騎常侍。兩者同爲門下省官員，晋以後，共掌尚書奏事，故合稱黄散。

[8]不平：《陳書》卷三四《蔡凝傳》作“有憾”。

[9]義興公主日譖之：《陳書·蔡凝傳》作“令義興主日譖之於高宗”，馬宗霍《南史校證》云:“令謂錢肅令之也，《南史》删去‘令’字，非。”(第512頁)

[10]交趾：郡名。亦作交阯。治龍編縣，在今越南北寧省仙游縣東。

後主嗣位，[1]爲給事黄門侍郎。後主嘗置酒，歡甚，將移宴弘範宫，[2]衆人咸從，唯凝與袁憲不行。[3]後主曰:“何爲?”凝曰:“長樂尊嚴，[4]非酒後所過，臣不敢奉詔。”衆人失色。後主曰:“卿醉矣。”令引出。他日，後主謂吏部尚書蔡徵曰:[5]“蔡凝負地矜才，無所用也。”尋遷信威晋熙王府長史，[6]鬱鬱不得志。乃喟然歎曰:“天道有廢興，夫子云‘樂天知命’，斯理庶幾可達。”因著《小室賦》以見志。陳亡入隋，道病卒，年四十七。子君知，頗知名。

［1］後主：陳後主陳叔寶。字元秀，小字黄奴，陳宣帝嫡長子，陳末代皇帝。本書卷一〇、《陳書》卷六有紀。

［2］弘範宫：陳後主母高宗柳皇后所居之宫。後主即位，尊其母爲皇太后，宫名弘範。

［3］袁憲：字德章，陳郡陽夏（今河南太康縣）人。本書卷二六有附傳，《陳書》卷二四有傳。

［4］長樂：漢宫名。漢高祖劉邦在位時居於此宫，漢高祖之後爲太后居所。此處借指柳太后所居弘範宫。

［5］吏部尚書：官名。陳三品，秩中二千石。　蔡徵：本名覽，後更名徵，字希祥，濟陽考城（今河南民權縣）人。本書卷六八有附傳，《陳書》卷二九有傳。

［6］信威：官名。信威將軍的省稱。與仁威、智威、勇威、嚴威將軍並稱五威將軍。陳擬四品，比秩中二千石。　晋熙王：陳叔文。字子才，陳宣帝第十二子。本書卷六五、《陳書》卷二八有傳。晋熙，郡名。治懷寧縣，在今安徽潜山市。

論曰：蔡廓體業弘正，風格峻舉。興宗出内所踐，不隕家聲。[1]位在具臣，[2]而情懷伊、霍，[3]仁者有勇，驗在斯乎。然自廓及凝，年移四代，高風素氣，無乏於時，其所以取貴，不徒然矣。至於矜倨之失，[4]蓋其風俗所通，格以正道，故亦名教之深尤也。

［1］不隕家聲：不損害家族世傳的聲名美譽。《漢書》卷六二《司馬遷傳》“李陵既生降，隤其家聲”句顔師古注云：“孟康曰：‘家世爲將有名聲，陵降而隤之也。’師古曰：‘隤，墜也，音頽。’”隕，墜。

［2］具臣：泛稱爲人臣者。

［3］伊、霍：指商代伊尹、西漢霍光。伊尹曾流放商王太甲於

桐；霍光廢黜已登帝位的昌邑王劉賀，又立宣帝。後兩人常並稱，泛指能行廢立之事的重臣。

[4]矜倨：驕傲自大。

南史　卷三〇

列傳第二十

何尚之 子偃 孫戢 偃弟子求 求弟點 點弟胤 胤從弟炯
尚之弟子昌寓 昌寓子敬容

何尚之字彦德，廬江灊人也。[1]曾祖準，[2]高尚不應徵辟。[3]祖恢，[4]南康太守。[5]父叔度，恭謹有行業。[6]姨適沛郡劉璩，[7]與叔度母情愛甚篤。叔度母早卒，奉姨若所生。姨亡，朔望必往致哀，[8]并設祭奠，食並珍新，躬自臨視。若朔望應有公事，則先遣送祭，皆手自料簡，流涕對之。公事畢即往致哀，以此爲常。三年服竟。[9]義熙五年，[10]吴興武康縣人王延祖爲劫，[11]父睦以告官。新制："凡劫身斬刑，家人棄市。"[12]睦既自告，於法有疑。時叔度爲尚書，[13]議曰："設法止姦，必本於情理，非謂一人爲劫，闔門應刑。所以罪及同産，[14]欲開其相告，以出造惡之身。睦父子之至，容可悉共逃亡，而割其天屬，[15]還相縛送，解腕求存，[16]於情可愍。並合從原。"[17]從之。後爲金紫光禄大夫，[18]吴郡太守。[19]太保王弘每稱其清身潔己。[20]

［1］廬江：郡名。治舒縣，在今安徽舒城縣。　灊：縣名。治所在今安徽霍山縣東北。

［2］準：何準。字幼道。東晉穆帝皇后何法倪之父。《晉書》卷九三有傳。

［3］徵辟：徵召做官。一般朝廷徵召稱“徵”，州、府等徵召稱“辟”。

［4］恢：大德本、汲古閣本、殿本、百衲本同。據《晉書》卷九三《何準傳》，準有三子：放、惔、澄。“惔官至南康太守，早卒。惔子元度，西陽太守；次叔度，太常卿、尚書”。洪頤煊《諸史考異》云：“‘恢’乃‘惔’字之譌。”中華本據《晉書·何準傳》改作“惔”。今注本《宋書》亦據改。“惔”字是，應據《晉書·何準傳》改。

［5］南康：郡名。治贛縣，在今江西贛州市東北。

［6］行業：德行功業，操行學業。

［7］沛郡：郡名。治相縣，在今安徽濉溪縣西北。

［8］朔望：朔日、望日。陰曆每月的初一與十五。

［9］三年服竟：大德本、汲古閣本、殿本、百衲本同。中華本作“至三年服竟”，《宋書》卷六六《何尚之傳》亦作“至三年服竟”。據文意，有無“至”字皆通。

［10］義熙：東晉安帝司馬德宗年號（405—418）。

［11］吳興：郡名。治烏程縣，在今浙江湖州市。　武康：縣名。治所在今浙江德清縣西。

［12］棄市：古代於鬧市執行死刑，並將尸體棄置街頭示衆。《漢書》卷五《景帝紀》“改磔曰棄市”句顏師古注云：“應劭曰：‘先此諸死刑皆磔於市，今改曰棄市，自非妖逆不復磔也。’師古曰：‘磔謂張其尸也。棄市，殺之於市也。謂之棄市者，取刑人於

市，與衆棄之也。’”

[13]尚書：官名。魏晋南北朝時分掌尚書省諸曹，成爲行政官員。東晋時有祠部、吏部、左民、度支、五兵五曹尚書，宋武帝時又增都官尚書。若有右僕射，則不置祠部尚書。孝武帝大明二年（458），置二吏部尚書，省五兵尚書，後還置一吏部尚書。順帝昇明元年（477），又置五兵尚書。晋、宋三品。

[14]同産：同母兄弟。

[15]天屬：自然關係所結合的親屬。指直系血親。

[16]解腕求存：《宋書·何尚之傳》作“螫毒在手，解腕求全”，馬宗霍《南史校證》云：“所以解腕，緣於螫毒，《南史》删去，非是。”（湖南教育出版社 2008 年版，第 513 頁）按，本書删節不當致文意不完整。

[17]並合從原：《宋書·何尚之傳》此句上有“理亦宜宥。使凶人不容於家，逃刑無所，乃大絶根源也。睦既縛送，則餘人無應復告”等句。據此，“從原”爲免其家人，本書删節不當，易致以爲父子並原免。

[18]金紫光禄大夫：官名。光禄大夫銀章青綬，晋時其重者加金章紫綬，稱爲金紫光禄大夫。禄賜、班位等諸所賜給與特進同。以爲加官者，唯假章綬、禄賜、班位，不别給車服、吏卒。本掌論議，後漸爲加官、贈官及致仕大臣之榮銜。晋、宋二品。

[19]吴郡：郡名。治吴縣，在今江蘇蘇州市。

[20]太保王弘每稱其清身潔己：據《宋書·何尚之傳》，此句下有“元嘉八年，卒”，知何尚之父於宋文帝元嘉八年（431）卒。太保，官名。與太宰、太傅並稱三上公。無實際職掌，多用作贈官，安置元老舊臣。宋一品。王弘，字休元，琅邪臨沂（今山東臨沂市）人。宋文帝元嘉九年（432），進位太保。本書卷二一、《宋書》卷四二有傳。

尚之少頗輕薄，好樗蒱，[1]及長，折節蹈道，[2]以操立見稱。[3]爲陳郡謝混所知，[4]與之游處。[5]家貧，初爲臨津令。[6]宋武帝領征西將軍，[7]補主簿。[8]從征長安，[9]以公事免，還都。[10]因患勞病積年，[11]飲婦人乳乃得差。[12]以從征之勞，賜爵都鄉侯。[13]

[1]樗（chū）蒱（pú）：亦作摴蒱。古代的一種博戲。以擲骰決勝負。晋時尤盛行。

[2]折節蹈道：改變平素輕薄之行，踐行正道。折節，改變平素志行。

[3]操立：操守。

[4]陳郡：郡名。治陳縣，在今河南周口市淮陽區。　謝混：字叔源，小字益壽，陳郡陽夏（今河南太康縣）人，謝安之孫，晋孝武帝之婿。歷中書令、中領軍、尚書左僕射。東晋安帝義熙八年（412）因黨附劉毅，被劉裕殺害。《晋書》卷七九有附傳。

[5]游處：交游，來往。

[6]臨津：縣名。治所在今江蘇宜興市西北。

[7]宋武帝：劉裕。字德輿，小名寄奴，彭城（今江蘇徐州市）綏輿里人。南朝宋建立者。晋安帝義熙十二年加領征西將軍。仕晋官至相國，封宋王。晋恭帝元熙二年（420）代晋稱帝，改元永初。本書卷一、《宋書》卷一至卷三有紀。　領：官制術語。於本官之外暫攝某官，常以卑官領高職。　征西將軍：官名。與征東、征南、征北將軍合稱四征將軍。多授予出鎮方面的持節都督，地位顯要。宋三品，若爲持節都督則進爲二品。

[8]補：官制術語。遞補，委任。　主簿：官名。主管所屬府內文書簿籍，經辦事務。品秩隨府主地位高低而不同。

[9]從征長安：指跟隨劉裕征討後秦事。晋安帝義熙十二年，後秦皇帝姚興去世，姚泓繼位，内部叛亂，劉裕借機征伐後秦，義

熙十三年，至長安，姚泓投降，後秦滅亡。長安，後秦都城。在今陝西西安市。

[10]都：東晋都城建康，在今江蘇南京市。

[11]勞病：癆症。中醫謂肺結核爲癆病。勞，通“癆”。

[12]差（chài）：病愈。《方言》云：“差、間、知，愈也。南楚病愈者謂之差，或謂之間，或謂之知。”

[13]都鄉侯：封爵名。東漢置。封邑在城郊或靠近城郊之地。位在縣侯之下，關内侯之上。晋、宋亦置，但多無封地。

少帝即位，[1]爲廬陵王義真車騎諮議參軍。[2]義真與司徒徐羡之、尚書令傅亮等不協，[3]每有不平之言。尚之諫戒不納。義真被廢，入爲中書侍郎，[4]遷吏部郎。[5]告休定省，[6]傾朝送别於冶渚。[7]及至郡，叔度謂曰：“聞汝來此，傾朝相送，可有幾客？”曰：[8]“殆數百人。”叔度笑曰：“此是送吏部郎耳，非關何彦德也。昔殷浩亦嘗作豫章定省，[9]送别者甚衆，及廢徙東陽，[10]船泊征虜亭積日，[11]乃至親舊無復相窺者。”

[1]少帝：南朝宋少帝劉義符。小字車兵，宋武帝長子。武帝永初三年（422）即位，次年改元。後被廢，幽禁於吴郡，徐羡之等使人將其殺害。本書卷一、《宋書》卷四有紀。

[2]廬陵王義真：劉義真。宋武帝之子。武帝永初元年，封廬陵王。少帝時，徐羡之等謀廢立，按次第義真當立。徐羡之等以其輕訬，不任主社稷，借其與少帝不和，奏廢爲庶人。後又遣人殺之。本書卷一三、《宋書》卷六一有傳。廬陵，郡名。治石陽縣，在今江西吉水縣東北。　車騎諮議參軍：官名。即車騎將軍府諮議參軍。諮議參軍，亦稱諮議參軍事。王公軍府屬官，掌咨詢謀議軍

事，位在諸參軍之上。宋諸府參軍七品。

[3]司徒：官名。與太尉、司空並稱三公。無實際職掌，多爲大臣加官，爲名譽宰相。宋一品。　徐羨之：字宗文，東海郯（今山東郯城縣）人。宋武帝死後控制朝政，廢少帝，立文帝，後爲文帝所殺。本書卷一五、《宋書》卷四三有傳。　尚書令：官名。尚書省長官，綜理全國政務，爲高級政務長官，參議大政，實權如宰相。如録尚書缺，則兼有宰相之名義。宋三品。　傅亮：字季友，北地靈州（今寧夏吴忠市北武市）人。與徐羨之同謀廢立，後被宋文帝所殺。本書卷一五、《宋書》卷四三有傳。

[4]中書侍郎：官名。南朝時擬詔出令之職仍歸中書省，但事權悉由中書舍人執掌，侍郎職閑官清，成爲諸王起家官，如缺監、令，或亦主持中書省務。宋五品。

[5]吏部郎：官名。尚書省吏部曹長官的通稱。屬吏部尚書，主管官吏選任、銓叙、調動之事。對五品以下官吏任免有建議權，如加“參掌大選”名義，可參議高級官吏的任免，職位高於尚書省諸曹郎。宋六品。

[6]告休：辭職或告假休息。此處應爲告假休息。　定省：泛指探望父母或尊長。

[7]冶渚：地名。在今江蘇南京市。

[8]曰：大德本、汲古閣本、殿本、百衲本、中華本作“答曰”。

[9]殷浩亦嘗作豫章定省：中華本校勘記云：“張森楷《南史校勘記》：‘作，疑當作“往”，字近而誤。’按張説蓋是。”按，殷浩父殷羡曾任豫章太守。“往豫章定省”似更爲妥。殷浩，字淵源，陳郡長平（今河南西華縣）人。《晋書》卷七七有傳。

[10]東陽：郡名。治長山縣，在今浙江金華市。

[11]征虜亭：東晋年間建，東晋、南朝京師三亭之一。在今江蘇南京市江寧區方山南。《讀史方輿紀要》卷二〇《南直二・江寧縣》：“在石頭塢。晋太元元年征虜將軍謝安止此亭，因名。《金陵記》：‘京師有三亭，新亭、冶亭、征虜亭也。’胡氏曰：‘征虜亭在

方山南。自玄武湖頭大路東出，至征虜亭。’”

後拜左衛將軍，[1]領太子中庶子。[2]尚之雅好文義，[3]從容賞會，[4]甚爲文帝所知。[5]元嘉十三年，[6]彭城王義康欲以司徒左長史劉斌爲丹楊尹，[7]上不許，乃以尚之爲之。立宅南郭外，立學聚生徒。[8]東海徐秀，[9]廬江何曇黄，[10]潁川荀子華，[11]太原孫宗昌、正延秀，[12]魯郡孔惠宣並慕道來游，[13]謂之南學。王球常云：[14]“尚之西河之風不墜。”[15]尚之亦云：“球正始之風尚在。”[16]

[1]左衛將軍：官名。西晋初分中衛將軍爲左、右衛將軍，負責宫禁宿衛，是禁衛軍主要統帥之一。權任很重，多由皇帝親信擔任。宋沿置，四品。

[2]太子中庶子：官名。東宫屬官。侍從太子，掌奏事、諫議，與太子中舍人共掌文翰。宋五品。

[3]文義：文辭。

[4]賞會：玩賞聚會。

[5]文帝：南朝宋文帝劉義隆。小字車兒，宋武帝第三子。本書卷二、《宋書》卷五有紀。

[6]元嘉：南朝宋文帝劉義隆年號（424—453）。

[7]彭城王義康：劉義康。小字車子，宋武帝之子。武帝永初元年（420），封彭城王。本書卷一三、《宋書》卷六八有傳。　司徒左長史：官名。司徒府僚屬。位在右長史上，與右長史並爲司徒府幕僚長，總管府内諸曹，管理州郡農桑、户籍及官吏考課。宋六品。按，大德本、汲古閣本、殿本、百衲本、中華本作“司徒長史”。《宋書》卷六六《何尚之傳》亦作“司徒左長史”。據本書卷

一三、《宋書》卷六八《彭城王義康傳》所載劉斌事，其自司徒右長史擢爲左長史，有“左”字是。　劉斌：南陽（今河南南陽市）人，與劉湛同宗。爲劉義康所知，自司徒右長史擢爲左長史。備受寵信，黨同伐異。劉義康爲其求丹陽尹，宋文帝不許，命爲吴郡守。文帝元嘉十七年，因黨附劉義康被誅。　丹楊尹：官名。京師所在丹陽郡行政長官，掌京師行政、詔獄。東晋、南朝皆以建康爲都城，建康在丹陽郡境内，故其長官稱尹，以區别於列郡太守。丹楊，郡名。即丹陽。治建康縣，在今江蘇南京市。

[8]立學聚生徒：《宋書·何尚之傳》作“置玄學，聚生徒”。

[9]東海：郡名。治郯縣，在今山東郯城縣。

[10]何曇黄：大德本、汲古閣本、殿本、百衲本同，《宋書·何尚之傳》作“何曇、黄回”。中華本據《宋書》補“回”字。馬宗霍《南史校證》云：“按《宋書》本傳‘黄’下有‘回’字，是何曇、黄回爲兩人也，似當從《宋書》。但《宋書·黄回傳》，回爲竟陵郡軍人，無游學之事，則彼之黄回與此無涉，此當别是一人。”（第514頁）其説可參。

[11]潁川：郡名。治許昌縣，在今河南許昌市東。

[12]太原：郡名。治晋陽縣，在今山西太原市西南。　正延秀：大德本、汲古閣本、殿本、百衲本、中華本“正”作“王”。《宋書·何尚之傳》亦作“王”。底本誤，應據諸本改。

[13]魯郡：郡名。治魯縣，在今山東曲阜市東北。

[14]王球：字蒨玉（《宋書》作“倩玉”），琅邪臨沂（今山東臨沂市）人。初仕晋，後仕宋官至尚書僕射。本書卷二三有附傳，《宋書》卷五八有傳。

[15]西河之風：指辦學教授之風。典出《史記》卷六七《仲尼弟子列傳》：“孔子既没，子夏居西河教授，爲魏文侯師。”

[16]正始之風：指崇尚清淡之風。正始爲三國魏齊王曹芳的年號（240—249），當時玄學逐漸興起，士人唯老、莊是宗，競尚清淡，世稱“正始之風”。《宋書·王球傳》云：“或人問史臣曰：‘王

惠何如？’答之曰：‘令明簡。’又問：‘王球何如？’答曰：‘倩玉淡。’”

尚之女適劉湛子黯，[1]而湛與尚之意好不篤。湛欲領丹楊，乃徙尚之爲祠部尚書，[2]領國子祭酒。[3]尚之甚不平。湛誅，遷吏部尚書。[4]

[1]劉湛：字弘仁，小字班虎，南陽涅陽（今河南鄧州市）人。先後爲劉義康、劉義真、劉義恭長史。後因結附劉義康，爲宋文帝所忌，被殺。本書卷三五、《宋書》卷六九有傳。　黯：劉黯。官大將軍從事中郎。與劉湛同被殺。

[2]祠部尚書：官名。尚書省祠部曹長官，領祠部、儀部二曹，與右僕射不並置。無祠部尚書，由右僕射兼領。宋三品。

[3]國子祭酒：官名。隸太常。主管國子學，掌教授生徒儒學，參議禮制。宋國子學不常置，而祭酒則常置。

[4]吏部尚書：官名。尚書省吏部曹長官。位居列曹尚書之首，主管官吏銓選、考課、獎懲。宋三品。

時左衛將軍范曄任參機密，[1]尚之察其意趣異常，白文帝：“宜出爲廣州，[2]若在内釁成，[3]不得不加以鈇鉞。[4]屢誅大臣，有虧皇化。”上曰：“始誅劉湛等，方欲引升後進。[5]曄事迹未彰，便豫相黜斥，萬姓將謂卿等不能容才，[6]以我爲信受讒説。但使共知如此，不憂致大也。”[7]曄後謀反伏誅，上嘉其先見。

[1]范曄：字蔚宗，小字塼，順陽（今河南淅川縣）人。宋文帝時爲左衛將軍、太子詹事，參與機要。後因彭城王劉義康謀反事

受牽連，被殺。本書卷三三有附傳，《宋書》卷六九有傳。

[2]廣州：州名。治番禺縣，在今廣東廣州市。

[3]釁：禍亂，禍患。

[4]鈇鉞：古代的刑具，斫刀和大斧。泛指刑戮。《漢書》卷六三《戾太子劉據傳》"忠臣竭誠不顧鈇鉞之誅"句，顔師古注曰："鈇，所以斫人，如今莝刃也。"

[5]後進：後輩、晚輩。指學識淺薄或晚入仕資歷較淺的人。《論語·先進》云："子曰：先進於禮樂，野人也。後進於禮樂，君子也。"邢昺疏云："後進，謂後輩仕進之人也。"

[6]萬姓：《宋書》卷六六《何尚之傳》作"萬方"。《建康實録》卷一二、《資治通鑑》卷一二三《宋紀五》文帝元嘉十七年皆作"人"。

[7]不憂致大也：《宋書·何尚之傳》作"不憂致大變也"，中華本據《宋書·何尚之傳》補"變"字。馬宗霍《南史校證》亦以爲"變"字"不當删"（第514頁）。所説是，有"變"字語意完整、明晰。

二十三年，爲尚書左僕射。[1]是歲，造玄武湖，[2]上欲於湖中立方丈、蓬萊、瀛洲三神山，[3]尚之固諫乃止。時又造華林園，[4]並盛暑役人。尚之又諫，上不許，曰："小人常日曝背，[5]此不足爲勞。"時上行幸，還多侵夜，[6]尚之又表諫，上優詔納之。

[1]二十三年，爲尚書左僕射：汲古閣本、殿本、百衲本同。中華本"二十三年"作"二十二年"，未出校勘記。《宋書》卷六六《何尚之傳》"尚書左僕射"作"尚書右僕射"。按，據本書卷二、《宋書》卷五《文帝紀》，文帝元嘉二十二年（445）七月，以何尚之爲尚書右僕射；元嘉二十五年九月，以尚書右僕射何尚之爲

尚書左僕射。《建康實録》卷一二、《資治通鑑》卷一二四《宋紀六》記載亦同。據此，何尚之任尚書左僕射爲文帝元嘉二十五年之事。此處叙述頗爲錯亂，時間、官職皆誤。據下文，此處應改作“二十二年，爲尚書右僕射”。尚書左僕射，官名。尚書省副長官，位在右僕射上，協助尚書令執行政務，參議大政，諫諍得失，監察糾彈百官，可封還詔旨，常受命主管選舉。宋三品。

[2]是歲，造玄武湖：據本書《宋文帝紀》，文帝元嘉二十三年“是歲，大有年。築北堤，立玄武湖於樂游苑北，興景陽山于華林園。”《宋書·文帝紀》、《建康實録》卷一二、《資治通鑑·宋紀六》記事時間皆同。按，上文“二十三年”改作“二十二年”，則“是歲”亦應隨改作“明年”。玄武湖，在今江蘇南京市東北。本名後湖，規模較今玄武湖大。據説宋文帝元嘉年間湖中見黑龍，故稱玄武湖。西北通長江，向南由青溪溝通淮水（秦淮河）。南朝時爲屯駐戰船、水軍演練之所。

[3]方丈、蓬萊、瀛洲：三神山名。《史記》卷六《秦始皇本紀》云：“齊人徐市等上書，言海中有三神山，名曰蓬萊、方丈、瀛洲，僊人居之。”

[4]華林園：宫苑名。本吴時宫苑，東晋稱華林園，以仿魏洛陽之華林園。在今江蘇南京市雞籠山南古臺城内。

[5]常日：《宋書·何尚之傳》作“常自”。

[6]侵夜：入夜，夜晚。

先是患貨少，[1]鑄四銖錢，人間頗盗鑄，多剪鑿古錢以取銅，上患之。二十四年，録尚書江夏王義恭議，[2]以一大錢當兩，以防翦鑿，議者多同。尚之議曰：“凡創制改法，宜順人情，未有違衆矯物而可久也。泉布廢興，[3]驟議。[4]前代赤仄、白金，[5]俄而罷息，六貨憒亂，人泣於市。良由事不畫一，難用遵行。自非急病權時，宜守長世之業。若今制遂行，富人之貲自倍，貧者彌增其困，懼非所以欲均之意。”中領軍沈演之以爲若以大當兩，[6]則國傳難朽之寶，家贏一倍之利，不俟加憲，巧源自絶。上從演之議，遂以一錢當兩。行之經時，公私非便，乃罷。[7]

［1］貨少：《宋書》卷六六《何尚之傳》作“貨重”。馬宗霍《南史校證》云：“觀下文，似‘重’字是。《通鑑》卷一二五亦作重。”（第514頁）貨，貨幣，錢。

［2］録尚書：官名。即録尚書事。多以公卿權重者居之，總領尚書省政務，位在三公上。宋孝武帝時不欲威權外假，遂省。後置省無常。齊始單拜，成爲正式官號。梁、陳以其威權過重，常闕不授。　江夏王義恭：劉義恭。宋武帝之子。諸子之中，最受寵愛。文帝元嘉元年（424），封江夏王。前廢帝狂悖無道，欲謀廢立，被前廢帝所殺。本書卷一三、《宋書》卷六一有傳。江夏，郡名。治夏口城，在今湖北武漢市武昌區。

［3］泉布：泉與布均爲貨幣，故統稱貨幣爲“泉布”。一説布即是泉，爲一物二名。《周禮·天官·外府》“掌邦布之入出”句鄭玄注：“布，泉也。布讀爲宣布之布。其藏曰泉，其行曰布，取名於水泉，其流行無不徧。”

［4］驟議：大德本、汲古閣本、殿本、百衲本同。《册府元龜》卷五〇〇亦作“驟議”。中華本作“未容驟議”，其校勘記云：“‘未容’二字各本並脱，據《通志》補。”中華本《宋書》亦據《通志》補。

［5］赤仄：亦作赤側。漢代一種外緣爲赤銅的錢幣。　白金：漢代的一種貨幣。《漢書·食貨志下》“又造銀錫白金”句顔師古注引如淳曰：“雜鑄銀錫爲白金。”赤仄、白金均是西漢政府爲改革幣制而鑄造的錢幣，但通行的時間都不長久，即廢。《漢書·食貨

志下》云:“郡國鑄錢,民多姦鑄,錢多輕,而公卿請令京師鑄官赤仄,一當五,賦官用非赤仄不得行。白金稍賤,民弗寶用,縣官以令禁之,無益,歲餘終廢不行……其後二歲,赤仄錢賤,民巧法用之,不便,又廢。”

[6]中領軍:官名。掌京師諸軍及禁軍。職與領軍同,資重者爲領軍,資輕者爲中領軍。宋三品。　沈演之:字臺真,吴興武康(今浙江德清縣)人。本書卷三六、《宋書》卷六三有傳。　以大當兩:大德本、汲古閣本、殿本、百衲本同。中華本作“以大錢當兩”,其校勘記云:“‘錢’字各本並脱,據《宋書》補。”

[7]“先是患貨少”至“乃罷”:高敏《南北史掇瑣》卷三〇云:“《何尚之傳》載元嘉二十四年江夏王義恭建議‘以一大錢當兩,以防翦鑿,議者多同’,而何尚之反對這一作法,其議在《宋書》卷六十六同人傳中記載甚詳,而《南史》僅保留數語,大部分被删。因此事涉及當時幣制,十分重要,《南史》删之不當。”(中州古籍出版社2003年版,第161頁)

二十八年,爲尚書令、太子詹事。[1]二十九年致仕,[2]於方山著《退居賦》以明所守,[3]而議者咸謂尚之不能固志。文帝與江夏王義恭詔曰:“羊、孟尚不得告謝,[4]尚之任遇有殊,便當未宜申許。”尚之還攝職。羊即羊玄保,[5]孟即孟顗。[6]

[1]太子詹事:官名。東宫屬官。掌東宫内外庶務。宋三品。

[2]致仕:辭官退休。

[3]方山:山名。即今江蘇南京市江寧區東南方山。《太平寰宇記》卷九〇《江南東道二・上元縣》云:“方山,在縣東南五十里。周迴二十里,高一百一十六丈。其山四面等方孤絶。《輿地志》云:‘湖熟西北有方山,頂方正,上有池水。齊武帝於此築苑。吴大

帝爲仙者葛玄立觀焉。’山謙之《丹陽記》:‘秦始皇鑿金陵，此山是其斷者。山形整聳，故名方山。’”

[4]告謝：辭職。

[5]羊玄保：泰山南城（今山東平邑縣）人。歷仕宋武帝、少帝、文帝、孝武帝，孝武帝大明八年（464）卒，年九十四。本書卷三六、《宋書》卷五四有傳。

[6]孟顗：字彦重，平昌安丘（今山東安丘市）人。宋文帝元嘉二十二年（445），與何尚之分别爲尚書左、右僕射。本書卷一九有附傳。顗，《宋書》卷六六《何尚之傳》同。大德本、汲古閣本、殿本、百衲本作“覬”。中華本據《宋書·何尚之傳》改，其校勘記云:“‘顗’各本作‘覬’，據《宋書》改。”底本不誤。

尚之既任事，上待之愈隆，於是袁淑乃録古來隱士有迹無名者，[1]爲《真隱傳》以嗤焉。[2]時復遣軍北侵，[3]資給戎旅，悉以委之。

[1]袁淑：字陽源，陳郡陽夏（今河南太康縣）人。本書卷二六有附傳，《宋書》卷七〇有傳。　古來隱士有迹無名者：《資治通鑑》卷一二六《宋紀八》文帝元嘉二十九年胡三省注云:“有迹無名，如晨門、荷蕢、荷蓧、野王二老、漢陰丈人之類。”

[2]爲《真隱傳》以嗤焉：《宋書》卷六六《何尚之傳》載何尚之退居方山後，袁淑與何尚之書。但未載何尚之復出仕後，袁淑撰《真隱傳》嗤之事。《資治通鑑·宋紀八》載同本書。

[3]時復遣軍北侵：大德本、汲古閣本、殿本、百衲本、中華本“復”作“或”。《宋書·何尚之傳》作“是時復遣軍北伐”。作“復”是。

元凶弑立，[1]進位司空、尚書令。[2]時三方興義，[3]

將佐家在都者，劭悉欲誅之。尚之誘説百端，並得全免。

[1]元凶：指劉劭。字休遠，宋文帝長子。殺文帝自立，孝武帝及南譙王義宣等諸方鎮舉義兵討伐，兵敗被殺。本書卷一四、《宋書》卷九九有傳。

[2]司空：官名。與太尉、司徒並稱三公。無實際職掌，爲名譽宰相。宋一品。

[3]三方興義：指天下方鎮紛紛起兵征討元凶劉劭。元凶弒立後，宋孝武帝及南譙王義宣、隨王誕諸方鎮並舉義兵。

孝武即位，[1]復爲尚書令。丞相南郡王義宣、車騎將軍臧質反，[2]義宣司馬竺超、質長史陸展兄弟並應從誅，[3]尚之上言於法爲重，超從坐者由是得原。

[1]孝武：宋孝武帝劉駿。字休龍，小字道民（本書作“道人”，避唐太宗李世民諱改），宋文帝第三子。本書卷二、《宋書》卷六有紀。

[2]丞相：官名。魏晋南北朝時省置無常，或分置左、右，或稱大丞相，多用以位置權臣。任之者權任極重，獨攬軍政大權，令由己出。宋一品。　南郡王義宣：劉義宣。宋武帝之子。文帝元嘉元年（424），封竟陵王。劉劭弒立，發兵助孝武帝入討。孝武帝即位，改封南郡王。孝武帝孝建元年（454），在臧質誘説下謀反，兵敗被殺。本書卷一三、《宋書》卷六八有傳。南郡，郡名。治江陵縣，在今湖北荆州市荆州區。　車騎將軍：官名。位次驃騎將軍，在諸名號大將軍上，又作爲軍府名號加授重臣及州郡長官。宋二品。　臧質：字含文，東莞莒（今山東莒縣）人。宋文帝元嘉末年，抵禦北魏有功。劉劭弒立，助孝武帝進討。孝武帝即位後，加

車騎將軍。居功自傲，陰有異圖，以劉義宣凡闇易於控制，欲立劉義宣爲帝。孝武帝孝建元年起兵反，兵敗被殺。本書卷一八有附傳，《宋書》卷七四有傳。

[3]司馬：官名。諸公軍府屬官，掌參贊軍務。宋六品至七品，隨府主地位高低而不等。　竺超：《宋書》卷六六《何尚之傳》作“竺超民”，本書《南郡王義宣傳》作“竺超人”。錢大昕《廿二史考異》卷三六云：“《南郡王義宣》、《張暢》、暢子《融傳》俱作‘竺超人’，考《宋書》，本名超民，《南史》避唐諱，或改‘民’爲‘人’，或去下一字。”　長史：官名。南朝時諸王公府、軍府置，爲府中幕僚之長，掌府中庶務。宋六品至七品，隨府主地位高低而不等。

時欲分荆州置郢州，[1]議其所居。江夏王義恭、蕭思話以爲宜在巴陵。[2]尚之議曰：“夏口在荆、江之中，[3]正對沔口，[4]通接雍、梁，[5]寔爲津要，於事爲允。”上從其議。荆、楊二州户口居江南之半，[6]江左以來，[7]楊州爲根本，委荆州以閫外，[8]至是並分，欲以削臣下之權。而荆、揚並因此虚耗。尚之建言宜復合二州，上不許。

[1]荆州：州名。治江陵縣，在今湖北荆州市荆州區。　郢州：州名。治夏口城，在今湖北武漢市武昌區。

[2]蕭思話：南蘭陵（今江蘇常州市武進區）人，宋孝懿皇后弟子。本書卷一八、《宋書》卷七八有傳。　巴陵：郡名。治巴陵縣，在今湖南岳陽市。

[3]夏口：城名。在今湖北武漢市武昌區。　江：州名。治柴桑縣，在今江西九江市西南。

[4]沔口：地名。沔水入長江之口，即今湖北漢江入長江之口。

[5]雍：州名。治襄陽縣，在今湖北襄陽市。　梁：州名。治南鄭縣，在今陝西漢中市東。

[6]楊：州名。亦作揚州。治建康縣，在今江蘇南京市。

[7]江左：此處專指東晋。東晋元帝司馬睿南遷，以建康爲都城，在長江以東建立基業，偏安一隅，故南朝人稱東晋爲江左。

[8]閫（kǔn）外：與朝廷相對而言，指外任將領管轄的區域。

大明二年，[1]以左光禄開府儀同三司，[2]侍中如故。[3]尚之在家，常著鹿皮帽。及拜開府，[4]天子臨軒，[5]百僚陪位，沈慶之於殿庭戲之曰：[6]“今日何不著鹿皮冠？”慶之累辭爵命，朝廷敦勸甚苦。尚之謂曰：“主上虚懷側席，[7]詎宜固辭。”[8]慶之曰：“沈公不效何公去而復還也。”尚之有愧色。

[1]大明：南朝宋孝武帝劉駿年號（457—464）。

[2]以左光禄開府儀同三司：大德本、汲古閣本、殿本、百衲本同。《宋書》卷六六《何尚之傳》作“以爲左光禄、開府儀同三司”，中華本據《宋書·何尚之傳》補“爲”字。按，據《宋書·何尚之傳》載，“世祖即位，復爲尚書令，領吏部，遷侍中、左光禄大夫，領護軍將軍。尋辭護軍，加特進。復以本官領尚書令”。據《宋書》卷六《孝武帝紀》，孝建元年春正月甲辰“以尚書令何尚之爲左光禄大夫、護軍將軍”，大明二年六月“丁亥，左光禄大夫何尚之加開府儀同三司”。可知，宋孝武即位初，何尚之已爲左光禄大夫，疑此不當再叙“以爲光禄大夫”。左光禄，官名。作爲在朝顯職的加官，以示優崇。或授予年老有病者爲致仕之官，亦常用爲卒後贈官，無職掌。其禮遇與特進同。以爲加官者，唯授章綬、禄賜、班位而已，不別給車服、吏卒。宋二品。　開府儀同三

司：官名。大臣加號。意謂與三司即太尉、司徒、司空禮制、待遇相同，許開設府署，自辟僚屬。宋一品。

［3］侍中：官名。門下侍中省長官。掌奏事，直侍左右，應對獻替。法駕出，則正直一人負璽陪乘。殿内門下衆事皆掌之。宋三品。

［4］拜：官制術語。按一定的禮儀、程序授予官職。

［5］天子臨軒：皇帝不坐正殿而御前殿。殿前堂陛之間近檐處兩邊有檻楯，如車之軒，故稱。爲最高規格的拜官儀式，所拜官職位至王公，纔可以享受這一特殊禮儀。《宋書·禮志一》云："凡遣大使拜皇后、三公，及冠皇太子，及拜蕃王，帝皆臨軒。"並記載當時臨軒之儀（參見周文俊《南朝官職除拜考述——以制度程序及過程爲中心》，武漢大學中國三至九世紀研究所編《魏晋南北朝隋唐史資料》第三十八輯，上海古籍出版社2018年版）。

［6］沈慶之：字弘先，吴興武康（今浙江德清縣）人。宋孝武帝孝建時，慶之以年滿七十請辭，孝武帝許之，以其爲侍中、左光禄大夫、開府儀同三司。固讓，孝武帝不許。表疏數十上，孝武帝許以郡公罷。大明元年，孝武帝又申前命，又固辭。本書卷三七、《宋書》卷七七有傳。

［7］虚懷：謙遜，虚心。　側席：不正坐，指謙恭以待賢者。《後漢書》卷三《孝章帝紀》"朕思遲直士，側席異聞"句李賢注云："側席謂不正坐，所以待賢良也。"

［8］詎（jù）：副詞，表反問。豈，難道。

尚之愛尚文義，老而不休。與太常顔延之少相好狎，[1]二人並短小，尚之常謂延之爲猨，[2]延之目尚之爲猴。同游太子西池，[3]延之問路人云："吾二人誰似猴？"路人指尚之爲似。延之喜笑，路人曰："彼似猴耳，君乃真猴。"

[1]太常：官名。南朝禮儀郊廟制度由尚書八座及儀曹裁定，太常位尊職閑。宋三品。　顔延之：字延年，琅邪臨沂（今山東臨沂市）人。本書卷三四、《宋書》卷七三有傳。　好狎（xiá）：親近熟悉而不敬重。《禮記·曲禮上》云："禮不踰節，不侵侮，不好狎。"鄭玄注："爲傷敬也。人則習近爲好狎。"朱子曰："狎，謂親褻。愚謂禮主於恭敬退讓，踰節則上僭，侵侮則不讓，好狎則不敬。"

[2]猨：同"猿"。似猴，比猴大，無尾。

[3]太子西池：三國吴宣明太子孫登所鑿。晋明帝爲太子時更加修繕，多養武士，於池内築土爲臺，時人呼爲太子西池。《讀史方輿紀要》卷二〇《南直二·江寧縣》"華林園"條云："又有西池，吴宣明太子孫登所鑿也。亦謂之太子西池，在宮西隅，因名。晋南渡後往往遊宴於此。"張敦頤《六朝事迹編類》卷五云："在城北六里，周回十里。"

有人嘗求爲吏部郎，尚之歎曰："此敗風俗也。官當圖人，人安得圖官。"延之大笑曰："我聞古者官人以才，今官人以勢，彼勢之所求，子何疑焉。"所與延之論議往反，並傳於世。[1]

[1]所與延之論議往反，並傳於世：《隋書·經籍志四》著録"有宋司空《何尚之集》十卷，亡"。

尚之立身簡約，車服率素，妻亡不娶，又無姬妾。執衡當朝，畏遠權柄，親故一無薦舉。既以此致怨，亦以此見稱。復以本官領中書令。[1]薨，年七十九，[2]贈司空，謚曰簡穆公。子偃。

[1]中書令：官名。中書省長官之一，掌納奏、擬詔、出令，後權歸中書舍人，中書令遂成爲秩高位尊的閑職，多用作重臣的加官。宋三品。

[2]薨，年七十九：據《宋書》卷六六《何尚之傳》，何尚之於宋孝武帝大明四年（460）去世。

偃字仲弘，元嘉中，位太子中庶子。元凶弑立，以偃爲侍中，掌詔誥。時尚之爲司空、尚書令，偃居門下。[1]父子並處權要，時爲寒心；而尚之及偃善攝機宜，曲得時譽。

[1]門下：官署名。魏晋南朝初爲門下諸省的泛稱。門下即黄門之下，其署設於宫禁中，其官得出入宫禁，爲皇帝的親近侍從。東晋時侍中省、散騎省、西省稱“門下三省”。宋改散騎省爲集書省。

會孝武即位，任遇無改。歷位侍中，領太子中庶子。時求讜言，[1]偃以爲“宜重農邺本，并官省事，考課以知能否，[2]增奉以除吏姦。[3]責成良守，久於其職；都督刺史，[4]宜别其任”。

[1]讜言：直言。《漢書》卷一〇〇上《叙傳上》顔師古注曰：“讜言，善言也。”

[2]考課：按一定標準對官吏進行考核，分别優劣。

[3]增奉：增加俸禄。奉，通“俸”。

[4]都督：官名。地方軍政長官，亦稱都督諸州軍事，領駐在州刺史，兼理民政，無固定品級，多帶將軍名號，分使持節、持

節、假節三種，職權各有不同。　刺史：官名。漢武帝時始置，無治所，奉詔巡行諸郡，省察治政。東漢時逐漸成爲比郡高一級的地方行政長官。權力增大，有干預地方行政之權，又擁有領兵權。三國魏州或置牧，或置刺史。置刺史則有領兵、有不領兵者。晋刺史三級：領兵且加都督者，領兵者，不領兵者。加都督者權頗重。南朝宋同。王鳴盛《十七史商榷》卷六四《都督刺史》云："《宋書·百官志》：'持節都督，無定員。前漢遣使，始有持節。光武建武初征伐四方，始權時置督軍御史，事竟罷。建安中，魏武帝爲相，始遣大將軍督軍。二十一年，征孫權還，夏侯惇督二十六軍是也。魏文帝黄初二年，始置都督諸州軍事，或領刺史。三年，上軍大將軍曹真都督中外諸軍事、假黄鉞，則總統外内諸軍矣。明帝太和四年，晋宣帝征蜀，加號大都督。高貴鄉公正元二年，晋文帝都督中外諸軍，尋加大都督。'《南齊書·百官志》：'魏晋世州牧隆重，刺史任重者爲使持節都督，輕者爲持節督，起漢順帝時，御史中丞馮赦討九江賊，督揚徐二州軍事，而何、徐《宋志》云起魏武遣諸州將督軍，王珪之《職儀》云起光武，並非也。晋太康中，都督知軍事，刺史治民，各用人。惠帝末，乃並任，非要州則單爲刺史。'愚案：二《志》不同，宋以爲起魏武帝，齊以爲起漢順帝，觀《齊志》，知《宋志》本之何承天、徐爰，沈約多襲取舊史，即此可見，但二説雖不同，而其疏解都督、刺史之所由起並佳。"

改領驍騎將軍，[1]親遇隆密，有加舊臣。轉吏部尚書。尚之去選未五載，偃復襲其迹，世以爲榮。侍中顔竣至是始貴，[2]與偃俱在門下，以文義賞會，相得甚歡。竣既任遇隆密，謂宜居重大，而位次與偃等未殊，意稍不悦。及偃代竣領選，竣逾憤懣，與偃遂隙。竣時權傾朝野，偃不自安，遂發悸病，[3]意慮乖僻。[4]上表解職，告靈不仕。[5]孝武遇偃既深，備加醫療乃得差。

［1］驍騎將軍：官名。與領軍、護軍、左右衛、游擊將軍合稱六軍，掌宿衛宫廷。宋四品。

［2］顔竣：字士遜，琅邪臨沂（今山東臨沂市）人，顔延之長子。初爲太學博士，太子舍人，出爲宋孝武帝撫軍主簿。元凶弑立，孝武帝入討，竣爲檄書，任總内外，備受信用。孝武帝即位後，歷侍中、左衛將軍、吏部尚書、驍騎將軍、丹陽尹，權重一時，奏無不可。竣自以爲藩邸舊臣，才能干時，常直言勸諫，無所迴避，漸失君心，出爲東揚州刺史。後受竟陵王劉誕謀反事牽連，下獄賜死。本書卷三四有附傳，《宋書》卷七五有傳。

［3］悸病：《宋書》卷五九《何偃傳》作“心悸病”。

［4］乖僻：反常，怪僻。

［5］告靈不仕：《宋書·何偃傳》作“告醫不仕”。馬宗霍《南史校證》云：“疑‘靈’字是，告靈者，猶王羲之之誓墓也。”（第516頁）《晋書》卷八〇《王羲之傳》云：“（王）述後檢察會稽郡，辯其刑政，主者疲於簡對。羲之深耻之，遂稱病去郡，於父母墓前自誓曰：‘維永和十一年三月癸卯朔，九日辛亥，小子羲之敢告二尊之靈……止足之分，定之於今。謹以今月吉辰肆筵設席，稽顙歸誠，告誓先靈。自今之後，敢渝此心，貪冒苟進，是有無尊之心而不子也。子而不子，天地所不覆載，名教所不得容。信誓之誠，有如皦日！’”

偃素好談玄，[1]注《莊子·逍遥篇》傳於時。[2]卒官，[3]孝武與顔竣詔，甚傷惜之。謚曰靖。子戢。

［1］談玄：談論玄理。魏晋時空談玄理的一種社會風氣。以《周易》《老子》《莊子》爲基本内容，用老莊思想解釋儒家經義，摒棄世務，專談本末、體用、有無、性命等抽象玄理。

［2］注《莊子·逍遥篇》傳於時：《隋書·經籍志一》著録

“《毛詩釋》一卷，宋金紫光禄大夫何偃撰”，《隋書·經籍志四》著録“梁有《楚辭》十一卷，宋何偃删王逸注，亡”，又“宋吏部尚書《何偃集》十九卷”。未見注《莊子·逍遥篇》的相關著作。

[3]卒官：按，據《宋書》卷五九《何偃傳》，何偃於宋孝武帝大明二年（458）卒於官，時年四十六。

戢字惠景，[1]選尚宋孝武長女山陰公主，[2]拜駙馬都尉。[3]累遷中書郎。景和世，[4]山陰主就帝求吏部郎褚彦回侍己，[5]彦回雖拘逼，終不肯從。與戢同居止月餘日，[6]由是特申情好。元徽初，[7]彦回參朝政，引戢爲侍中，時年二十九。戢以年未三十，苦辭内侍，改授司徒左長史。

[1]惠景：大德本、汲古閣本、殿本、百衲本同，中華本作“慧景”。

[2]山陰公主：劉楚玉。宋孝武帝之女，文穆王皇后所生，前廢帝劉子業同母姐。前廢帝時，改封會稽郡長公主。性淫恣，前廢帝曾爲立面首左右三十人。前廢帝被殺後，公主亦被明帝賜死。事見本書卷二《宋前廢帝紀》、卷一四《豫章王子尚傳》，《宋書》卷七《前廢帝紀》、卷八〇《豫章王子尚傳》等。山陰，縣名。治所在今浙江紹興市。

[3]駙馬都尉：官名。魏晋多用作宗室、外戚、功臣子、貴族、親近之臣的加官，或亦加於尚公主者。南朝隸集書省，無定員，無實職，尚公主者多加此號。宋六品。

[4]景和：南朝宋前廢帝劉子業年號（465）。

[5]褚彦回：褚淵。字彦回，本書避唐高祖李淵諱，以字行，河南陽翟（今河南禹州市）人。貌美。尚宋文帝女，拜駙馬都尉。宋明帝崩，受遺詔與尚書令袁粲輔幼主。後廢帝酷暴，其助蕭道成

建齊。本書卷二八有附傳，《南齊書》卷二三有傳。

［6］與戢同居止月餘日：《南齊書》卷三二《何戢傳》同，丁福林《南史考疑（二十七）》云："《建康實録》卷一六亦云'戢尚宋孝武山陰公主，主就帝求褚淵内侍，淵乃與戢同居月餘，終不從主意'。而《宋書》卷八〇《孝武十四王·豫章王子尚傳》則云'山陰主…… 以尚書吏部郎褚淵貌美，請自侍十日，廢帝許之'。《宋書》卷七《前廢帝紀》云'淵侍主十日，備見逼迫。誓死不回，終得免'。本書卷二八《褚裕之傳附褚彦回傳》云'帝召彦回西上閣宿十日，公主夜就之，備見逼迫，彦回整身而立，從夕至曉，不爲移志'。又皆記褚淵在山陰主處十日。考何戢乃山陰公主之夫，故褚淵入内侍主而得與其特申情好，然則一作'月餘日'，一作'十日'，二者相去甚遠。揆之情理，備受逼迫而不見從，終不當留之至月餘日。是《宋書》所記，當得其實，故《通鑑》卷一三〇從《宋書》，亦云'淵侍公主十餘日'也。本書作'月餘日'者，蓋褚淵，齊之功臣，子顯爲顯其志節，故爲張大之辭而云耳。《通鑑》從《宋書》，是也。《南史》未察，致使一作'月餘日'，一作'十日'，自相違拗，又何其謬也。"（載《江海學刊》2011年第2期）其説可從。

［7］元徽：南朝宋後廢帝劉昱年號（473—477）。

齊高帝爲領軍，[1]與戢來往，數申懽宴。高帝好水引䴵，[2]戢每設上焉。久之，復爲侍中。累遷高帝相國左長史。[3]建元元年，[4]遷散騎常侍、太子詹事。[5]尋改侍中，[6]詹事如故。上欲轉戢領選，問尚書令褚彦回，以戢資重，[7]欲加散騎常侍。彦回曰："宋時王球從侍中、中書令單作吏部尚書，資與戢相似，領選職方昔小輕，[8]不容頗加常侍。[9]聖旨每以蟬冕不宜過多，[10]臣與王儉既已左珥，[11]若復加戢，則八座便有三蟬，[12]若帖以驍、游，[13]亦不爲少。”迺以戢爲吏部尚書，加驍騎將軍。

[1]齊高帝：蕭道成。字紹伯，小諱鬭將，南蘭陵蘭陵（今江蘇常州市武進區）人。南朝齊的建立者。宋後廢帝元徽末，曾任中領軍。本書卷四，《南齊書》卷一、卷二有紀。　領軍：官名。領軍將軍的省稱。禁軍統帥，掌禁軍及京師諸軍。宋三品。

[2]水引䴵：又稱水引。冷肉汁和麵粉搓揉成筷子粗的條，一尺一斷浸在水中，然後再按拉成闊薄如韭菜葉的條，下沸水鍋煮熟。日本、韓國等國學者認爲“水引”是全世界麵條的“根”。

[3]相國左長史：官名。東漢末年曹操爲丞相時分置左、右長史，總掌相府各曹。魏晋南北朝相國府、丞相府皆置。

[4]建元：南朝齊高帝蕭道成年號（479—482）。

[5]散騎常侍：官名。集書省長官，侍從左右，掌圖書文翰，諫諍拾遺，以收納轉呈文書奏事爲主。齊官品不詳。

[6]侍中：官名。南朝齊、梁、陳時爲門下省長官。愈加顯貴。於侍奉生活起居、侍從左右、顧問應對、諫諍糾察等侍從本職外，兼掌出納、璽封詔奏，有封駁權，參預機密政務，上親皇帝，下接百官，官顯職重，時號“門下”，或以宰相目之。多選美姿容、有文才、與皇帝親近者任之。齊官品不詳。

[7]資：資歷。

[8]領選職方昔小輕：《太平御覽》卷六八八同。《南齊書》卷三二《何戢傳》“領”作“頃”。二字似皆可通，未知孰是。馬宗霍《南史校證》云：“按‘領’《南齊書》本傳作‘頃’。疑‘頃’字是，‘頃’與‘昔’相應，頃有未久之義，猶言近也，此謂近者選職比之於昔爲小輕也。”（第516頁）

[9]不容頗加常侍：大德本、汲古閣本、殿本、百衲本“頗”

作"頓"。《南齊書·何戢傳》亦作"頓"。疑"頓"是。

［10］蟬冕：蟬冠。以貂蟬爲飾之冠。此處指戴蟬冠的人，即任侍中、常侍之職者。《宋書·禮志四》云："武冠，昔惠文冠，本趙服也，一名大冠。凡侍臣則加貂蟬。應劭《漢官》曰：'説者以金取堅剛，百鍊不耗；蟬居高食潔，口在腋下；貂内勁悍而外温潤。'此因物生義，非其實也。其實趙武靈王變胡，而秦滅趙，以其君冠賜侍臣，故秦、漢以來，侍臣有貂蟬也。徐廣《車服注》稱其意曰：'北土寒涼，本以貂皮暖額，附施於冠，因遂變成首飾乎？'"

［11］王儉：字仲寶，琅邪臨沂（今山東臨沂市）人。本書卷二二有附傳，《南齊書》卷二三有傳。　左珥：官帽左邊插有貂尾等飾物，故稱。此處專指侍中之職。《宋書·禮志四》云："侍中左貂，常侍右貂。"據《南齊書》卷二三《褚淵傳》《王儉傳》，齊高帝建元元年，褚淵爲侍中。二年，王儉"加侍中，固讓，復散騎常侍"，四年，"上崩，遺詔以儉爲侍中"。本書叙齊高帝欲以戢領選事繫於高帝建元元年。則王儉並未有侍中或常侍之任。據《資治通鑑》卷一三五《齊紀一》，此事繫於齊高帝建元二年，"冬，十月，王儉固請解選職，許之；加儉侍中，以太子詹事何戢領選。上以戢資重，欲加常侍，褚淵曰：'聖旨每以蟬冕不宜過多。臣與王儉既已左珥，若復加戢，則八座遂有三貂；若帖以驍、游，亦爲不少。'"《南齊書·王儉傳》亦載高帝建元二年，王儉固請解選。據此，本書叙事時間有誤，《資治通鑑》叙此事更爲清晰。

［12］八座：亦作八坐。高級官員的合稱。東漢稱尚書令、尚書僕射、六曹尚書爲八座。魏晋南朝稱尚書令、左右僕射和五曹尚書爲爲八座。無論共有幾人，皆用其稱。　三蟬：三位戴蟬冠的人。即三位任侍中、常侍之職的人。《册府元龜》卷四六〇同。《南齊書·何戢傳》、《資治通鑑·齊紀一》高帝建元二年作"三貂"。二者於意均可。

［13］帖：官制術語。亦稱帶帖。指兼領他職。周一良《〈南齊書·丘靈鞠傳〉試釋兼論南朝文武官位及清濁》云："南朝官制大

抵視本官以及其人資之輕重而兼領他職，謂之帶帖。”（載《魏晋南北朝史論集》，中華書局 1963 年版，第 114 頁） 驍：官名。指驍騎將軍。齊官品不詳。 游：官名。指游擊將軍。與領軍、護軍、左右衛、驍騎將軍合稱六軍。掌宿衛宫廷。齊官品不詳。

戢美容儀，動止與褚彦回相慕，時人號爲“小褚公”。家業富盛，性又華侈，衣被服飾，極爲奢麗。出爲吴興太守。上頗好畫扇，宋孝武賜戢蟬雀扇，善畫者顧景秀所畫。時吴郡陸探微、顧彦先皆能畫，[1]歎其巧絶。戢因王晏獻之，[2]上令晏厚酬其意。卒，年三十六，[3]謚懿子。女爲鬱林王后，[4]以后父追贈侍中、右光禄大夫。[5]

[1]陸探微：南朝宋有名的畫家，與東晋顧愷之並稱“顧陸”。《梁書》卷四八《伏曼容傳》載有宋明帝使其畫嵇康像事。 顧彦先：西晋初人，並不與陸探微同時。《文選》載有陸機《贈尚書郎顧彦先二首》。此處應有誤。中華本改“彦”作“寶”，其校勘記云:“‘寶’各本作‘彦’，據《太平御覽》九四四引改。按《顧寶先附顧琛傳》，宋孝武帝大明中爲尚書水部郎，時正相接。本書卷二二《王曇首傳》子僧虔附傳稱‘吴郡顧寶先卓越多奇，自以伎能，僧虔乃作飛白以示之’，即其人。”所説是。

[2]王晏：字休默，一字士彦，琅邪臨沂（今山東臨沂市）人。本書卷二四有附傳、《南齊書》卷四二有傳。

[3]卒，年三十六：按，據《南齊書》卷三二《何戢傳》，何戢於齊高帝建元四年（482）卒。

[4]鬱林王后：何婧英。齊武帝永明二年（484），爲南郡王妃。鬱林王蕭昭業即位後，立爲皇后。鬱林王被廢後，貶爲王妃。

本書卷一一、《南齊書》卷二〇有傳。鬱林王，蕭昭業。字元尚，小字法身，齊文惠太子長子。本書卷五、《南齊書》卷四有紀。

[5]以后父追贈侍中、右光禄大夫：大德本、汲古閣本、殿本、百衲本無“以后”二字。中華本亦無二字，據《南齊書·何戢傳》改“父”作“又”。據《南齊書·何戢傳》，何戢卒時，“贈散騎常侍、撫軍，太守如故。謚懿子。女爲鬱林王后，又贈侍中、光禄大夫”。本書删節卒時贈官，各本又脱“以后”二字，導致句意不明。中華本因此據《南齊書》改“父”爲“又”，但“又”字與上文並無銜接。底本“以后父追贈侍中、右光禄大夫”，表述清晰，説明了追贈侍中、右光禄大夫的原因。右光禄大夫，官名。作爲在朝顯職的加官，以示優崇。或授予年老有病者爲致仕之官，亦常用爲卒後贈官，無職掌。其禮遇與特進同。以爲加官者，唯授章綬、禄賜、班位而已，不别給車服、吏卒。齊官品不詳。

求字子有，偃弟子也。父鑠，仕宋位宜都太守。[1]求元嘉末爲文帝挽郎。[2]歷位太子洗馬，[3]丹楊郡丞，[4]清退無嗜慾。後爲太子中舍人。[5]泰始中，[6]妻亡，還吴葬舊墓。除中書郎，不拜。仍住吴，隱居波若寺，[7]足不踰户，人莫見其面。

[1]宜都：郡名。治夷道縣，在今湖北枝江市。

[2]挽郎：皇帝或后妃死後，以少年牽引靈柩並唱挽歌，稱爲挽郎。均選品官子弟擔任。

[3]太子洗馬：官名。東宫屬官。職如謁者、秘書郎，掌圖書經籍，賓贊受事。太子出，則前驅導威儀。宋七品。洗馬，亦作先馬。即前驅。

[4]丹楊郡丞：《南齊書》卷五四《何求傳》作“丹陽、吴郡丞”。郡丞，官名。郡守副貳，佐郡守治郡事。宋八品。

[5]太子中舍人：官名。東宫屬官。選舍人中才學俱佳者爲之，與太子中庶子共掌東宫文翰，侍從規諫太子，綜典奏事文書等，位在太子中庶子下、洗馬上。

[6]泰始：南朝宋明帝劉彧年號（465—471）。

[7]波若寺：寺名。在今江蘇蘇州市。

宋明帝崩，[1]出奔國哀，除永嘉太守。[2]求時寄住南澗寺，[3]不肯詣臺，[4]乞於野外拜受，[5]見許。一夜忽乘小船逃歸吴，隱武丘山。[6]齊永明四年，[7]拜太中大夫，[8]不就，卒。[9]

[1]宋明帝：劉彧。字休炳，小字榮期，宋文帝第十一子。本書卷三、《宋書》卷八有紀。

[2]永嘉：郡名。治永寧縣，在今浙江温州市。

[3]南澗寺：寺名。具體位置不詳，應在今江蘇南京市。

[4]臺：一般指臺城。即都城建康之宫城，爲朝廷之所在。此處應指尚書臺。《隋書·百官志上》云："得詔官者，不必皆須待召。但聞詔出，明日，即與其親入謝後，詣尚書，上省拜受。若拜王公則臨軒。""得官者一般情况下是到尚書臺拜受新除官職，何求'乞於野外拜受'屬於特例"（參見周文俊《南朝官職除拜考述——以制度程序及過程爲中心》，武漢大學中國三至九世紀研究所編《魏晋南北朝隋唐史資料》第三十八輯，上海古籍出版社2018年版）。

[5]野外：《南齊書》卷五四《何求傳》作"寺"。

[6]武丘山：山名。《南齊書·何求傳》作"虎丘山"，本書避唐高祖李淵祖父李虎諱改。在今江蘇蘇州市。《讀史方輿紀要》卷二四《南直六·蘇州府》云："虎丘山，府西北七里。一名海湧山，相傳闔閭葬處。唐時諱"虎"，亦曰武丘。遠望之平田中一大阜耳。

中有泉石之勝，四面皆水流環遶，上爲浮屠，登眺則城邑川原，瞭如指掌，亦形勝處也。”

[7]永明：南朝齊武帝蕭賾年號（483—493）。

[8]太中大夫：官名。魏晋南北朝皆置，多用以安置老疾退免的九卿等大臣，無職事。齊官品不詳。

[9]卒：按，據《南齊書·何求傳》，何求於齊武帝永明七年卒，年五十六。

初，求父鑠素有風疾，[1]無故害求母王氏，坐法死，[2]求兄弟以此無宦情。求弟點。

[1]風疾：瘋病。精神失常。

[2]坐法：犯法獲罪。

點字子晳，年十一，居父母憂，[1]幾至滅性。[2]及長，感家禍，欲絶昏宦，尚之强爲娶琅邪王氏。[3]禮畢，將親迎，點累涕泣，求執本志，遂得罷。

[1]居父母憂：居父母的喪事。

[2]滅性：因居喪過度悲傷而毀滅生命。

[3]琅邪王氏：爲魏晋南北朝時高門世族。琅邪，郡名。治開陽縣，在今山東臨沂市北。

點明目秀眉，容皃方雅，真素通美，[1]不以門户自矜。博通群書，善談論。家本素族，[2]親姻多貴仕。點雖不入城府，性率到，[3]好狎人物。[4]遨遊人間，不簪不帶，以人地並高，[5]無所與屈，大言蹎踞，[6]公卿敬下之。[7]或乘柴車，躡草屩，恣心所適，致醉而歸。故世論以點爲孝隱士，弟胤爲小隱士，大夫多慕從之。時人稱重其通，號曰“游俠處士”。[8]兄求亦隱吴郡武丘山。求卒，點菜食不飲酒，訖于三年，腰帶減半。[9]

[1]真素：真率自然。　通美：豁達友善。

[2]素族：南朝時或與宗室、公侯顯貴相對而言，或即爲士族的異稱（詳見唐長孺《魏晋南北朝史論拾遺》，中華書局 1983 年版，第 249—253 頁）。《梁書》卷五一《何點傳》作“甲族”。

[3]率到：爽直。

[4]好狎人物：中華本《南齊書》卷五四《何點傳》作“鮮狎人物”，其校勘記云:“‘鮮’南監本、殿本、局本作‘好’。張元濟《校勘記》云:‘下文王儉欲候之，知不可見，乃止，竟陵王子良謂非吾所議，則作“鮮狎人物”爲是。’”丁福林《南齊書校議》卷五四云:“按‘狎’除親近之意外，又有輕侮之意，《尚書》卷十一《周書·泰誓下》:‘今商王受，狎侮五常，荒怠弗敬。’傳:‘輕狎五常之教，侮慢不行，大爲怠惰，不敬天地神明。’疏:‘正義曰:“鄭玄《論語注》云：狎，慣忽之言，慣見而忽也，意與侮同。”’是其例。尋下文云:‘建元中，褚淵、王儉爲宰相，點謂人曰:“我作《齊書》已竟，〔贊〕云：淵既世族，儉亦國華。不賴舅氏，惶恤外家。”’《南史》卷三十《何尚之傳附何點傳》云:‘點雖不入城府，性率到，好狎人物。遨遊人間，不簪不帶，以人地並高，無所與屈，大言蹀踞公卿，敬下。’乃其好輕侮人物之證。即如張氏校所舉之例，‘（王）儉欲候之，知不可見，乃止’，‘豫章王命駕造門，點從後門逃去。竟陵王子良聞之，曰:“豫章王尚不屈，非吾所議。”’亦其輕侮人物之例也。《南史》及南監本等諸本作‘好’，是也。”（中華書局 2010 年版，第 362—363 頁）其説可參。

[5]人地：品學門第。

［6］大言：大聲説話。　踑踞：坐時兩腿張開，似簸箕。表輕慢。

［7］敬下之：大德本、汲古閣本、殿本、中華本作“敬下”。《通志》卷一七八亦有“之”字。《南齊書·何點傳》《梁書·何點傳》無此語。

［8］游俠處士：《梁書·何點傳》稱“時人號爲‘通隱’”。

［9］“點明目秀眉”至“腰帶減半”：高敏《南北史掇瑣》云：“按：此段不見於《南齊書》卷五十四《何點傳》，但《梁書》卷五十一《何點傳》雖無此全文，却間有幾句相同。因此，就整體而言，此段可視爲《南史》超出《南齊書》與《梁書》同人傳者。不過，《南齊書》卷五十四《何點傳》所載何點事，亦可補《南史》删削之失；此段之‘游俠處士’，《梁書》本傳謂之‘通隱’；‘家本素族’語，《梁書》作‘家本甲族’，於此亦可見‘素族’之真實含義。諸如此類，《南史》校勘記均失校。”（第162頁）

宋大始末，[1]徵爲太子洗馬。齊初，累徵中書侍郎、太子中庶子，並不就。

［1］大始：大德本、汲古閣本、殿本作“太始”，中華本作“泰始”。《梁書》卷五一《何點傳》作“泰始”。“太”“大”通用，“太”通“泰”。泰始爲宋明帝的年號。

與陳郡謝瀹、吴國張融、會稽孔德璋爲莫逆友。[1]

［1］謝瀹：字義潔，陳郡陽夏（今河南太康縣）人。本書卷二〇有附傳，《南齊書》卷四三有傳。　吴國：東晋王國名。治吴縣，在今江蘇蘇州市。　張融：字思光，吴郡吴（今江蘇蘇州市）人。本書卷三二有附傳，《南齊書》卷四一有傳。　會稽：郡名。

治山陰縣，在今浙江紹興市。　孔德璋：孔稚珪。字德璋，會稽山陰（今浙江紹興市）人。本書卷四九、《南齊書》卷四八有傳。　莫逆：志同道合，友誼深厚。

點門世信佛，[1]從弟遁以東籬門園居之，[2]德璋爲築室焉。園有卞忠貞冢，[3]點植花於冢側，每飲必舉酒酹之。[4]招攜勝侶及名德桑門，[5]清言賦詠，[6]優游自得。

[1]門世：代代相承的世系。

[2]東籬門園：園名。因位於東籬門附近，故名。在今江蘇南京市朝天宫一帶。明代顧起元《客座贅語》卷五《古園》云："東籬門園，梁何點所寓，内有卞忠貞冢，即今冶城西地，一云即烏榜村。"卷一〇《宫城都邑二圖》又云："按舊志，陵陽門内有晋建鄴縣城，城西二里即唐縣城，縣城西即吴冶城，城内西北有卞將軍墓。齊何點所居東籬門乃東府之西，西州之東。"東籬門，都城建康之郊門。《讀史方輿紀要》卷二〇《南直二・上元縣》云："自晋以來，於秦淮南北兩岸設籬門五十六所，謂之'郊門'，亦曰'籬門'。"《太平御覽》卷一九七引《南朝宫苑記》云："建康籬門，舊南北兩岸籬門五十六所，蓋京邑之郊門也。如長安東都門，亦周之郊門。江左初立，並用籬爲之，故曰籬門。南籬門在國門西；三橋籬門在今光宅寺側；東籬門本名肇建籬門，在古肇建市之東；北籬門今覆舟東頭玄武湖東南角，今見有亭名籬門亭；西籬門在石頭城東，護軍府在西籬門外路北；白楊籬門外有石井籬門。"

[3]卞忠貞：卞壼。字望之，濟陰冤句（今山東曹縣）人。晋成帝時，蘇峻反，壼率軍力戰而死，謚忠貞。《晋書》卷七〇有傳。

[4]酹（lèi）：把酒灑在地上表示祭奠。《漢書》卷九七下《外戚傳下》顔師古注云："酹，以酒沃地也。"

[5]勝侣：良伴。　桑門：梵語的音譯，又譯作"沙門"。

僧人。

[6]清言：魏晋南北朝時士人以《周易》《老子》《莊子》爲三玄，善談玄理，稱爲清言或清談。

初，褚彦回、王儉爲宰相，點謂人曰："我作《齊書》已竟，[1]贊云'回既世族，儉亦國華，不賴舅氏，遑恤國家'。"[2]王儉聞之，欲候點，知不可見，乃止。豫章王嶷命駕造點，[3]點從後門遁去。司徒竟陵王子良聞之，[4]曰："豫章王尚望塵不及，吾當望岫息心。"[5]後點在法輪寺，[6]子良就見之，點角巾登席，[7]子良欣悦無已，遺點嵇叔夜酒盃、徐景山酒鎗。[8]

[1]《齊書》：《隋書·經籍志》未見著録。

[2]回既世族，儉亦國華，不賴舅氏，遑恤國家：馬宗霍《南史校證》云："《通鑑》卷一三五此條下云：'淵母宋始安公主，繼母吴郡公主，又尚巴西公主；儉母武康公主，又尚陽羨公主，故點云然。'"（第518頁）國家，《南齊書》卷五四《何點傳》作"外家"。

[3]豫章王嶷：蕭嶷。字宣儼，齊高帝第二子。高帝建元元年(479)，封豫章王。本書卷四二、《南齊書》卷二二有傳。豫章，郡名。治南昌縣，在今江西南昌市。

[4]竟陵王子良：蕭子良。字雲英，齊武帝第二子。高帝建元四年，武帝即位後，封爲竟陵王。本書卷四四、《南齊書》卷四〇有傳。竟陵，郡名。治萇壽縣，在今湖北鍾祥市。

[5]望岫（xiù）息心：意同望峰息心。喻指知難而退。岫，山。

[6]法輪寺：寺名。在今江蘇南京市。《讀史方輿紀要》卷

二〇《南直二·江寧縣》云:"在府城北覆舟山下。"

[7]角巾：隱士常戴的一種有棱角的方巾。

[8]嵇叔夜：嵇康。字叔夜，譙國銍（今安徽宿州市）人。仕魏至中散大夫，故又稱"嵇中散"。司馬氏掌權後，隱居不仕。後遭鍾會構陷，被司馬昭殺死。竹林七賢之一。《三國志》卷二一有附傳，《晉書》卷四九有傳。　徐景山：徐邈。三國魏燕國薊（今北京）人。初爲曹操軍謀掾，歷仕魏文帝、明帝、齊王，爲政有治績。齊王正始年間官至司空。《三國志》卷二七有傳。　酒鎗：古代一種温酒器。《資治通鑑》卷一三五《齊紀一》武帝永明元年胡三省注云:"鎗，楚庚翻，盛酒之器。"鎗，《南齊書·何點傳》同，《梁書》卷五一《何點傳》作"鐺"。馬宗霍《南史校證》云:"鐺爲三足温酒器，見《緯略》。鎗爲鼎類，見《廣韻》。皆假借字，非其本義。《廣韻》又以鐺爲鎗之俗，亦就酒器言之也。"（第518頁）高敏《南北史掇瑣》卷三〇云:"按:《南齊書》卷五十四《何點傳》'鎗'字後多'以通意'三字，句法較完整。"（第163頁）

點少時嘗患渴利，[1]積歲不愈。後在吴中石佛寺建講，[2]於講所晝寢，夢一道人，形貌非常，授丸一掬，夢中服之，自此而差，時人以爲淳德所感。

[1]渴利：飲水後隨即小便的病症。

[2]吴中：指今江蘇蘇州市吴中區一帶。亦泛指吴地。

性通悦好施，[1]遠近致遺，[2]一無所逆，隨復散焉。嘗行經朱雀門街，[3]有自車後盗點衣者，見而不言，旁人禽盗與之，點乃以衣施盗。盗不敢受，點令告有司，盗懼乃受之。

[1]通悦：汲古閣本同，大德本、百衲本、中華本“悦”作“倪”，殿本作“脱”，《梁書》卷五一《何點傳》作“脱”。通倪，同“通脱”，放達不拘小節之意。《三國志》卷二一《魏書·王粲傳》裴松之注：“通倪者，簡易也。”按，據文意，“通倪”更爲恰當。

[2]遺（wèi）：餽贈。

[3]朱雀門：又名大航門。建康城南門，南臨淮水（秦淮河），北對都城宣陽門，爲南北御道之南端。在今江蘇南京市中華門内秦淮河北岸。

點雅有人倫鑒，[1]多所甄拔。知吴興丘遲於幼童，[2]稱濟陽江淹於寒素，[3]悉如其言。哀樂過人。嘗行逢葬者，歎曰：“此哭者之懷，豈可思邪。”於是悲動不能禁。[4]

[1]人倫鑒：鑒識人物的能力。指能識人、知人。《梁書》卷五一《何點傳》作“人倫識鑒”。

[2]丘遲：字希範，吴興烏程（今浙江湖州市）人。八歲能作文，何點見而異之。歷仕齊、梁。詩賦行於世。本書卷七二有附傳、《梁書》卷四九有傳。

[3]濟陽：郡名。治濟陽縣，在今河南蘭考縣東北。　江淹：字文通，濟陽考城（今河南民權縣）人。少時孤貧，宋時起家南徐州從事，後歷仕齊、梁。梁武帝天監元年（502），爲散騎常侍、左衛將軍，封臨沮縣開國伯。後又以疾遷金紫光禄大夫。本書卷五九、《梁書》卷一四有傳。

[4]悲動：大德本、汲古閣本、殿本、百衲本、中華本作“悲慟”。動，通“慟”。《周禮·春官·大祝》“四曰振動”句鄭玄注云：“動，讀爲哀慟之慟。”

老又娶魯國孔嗣女，[1]嗣亦隱者。點雖昏，[2]亦不與妻相見，築別室以處之，人莫諭其意。吴國張融少時免官，[3]而爲詩有高言，[4]點答詩曰："昔聞東都日，[5]不在簡書前。"[6]雖戲，而融久病之。及點後昏，融始爲詩贈點曰："惜哉何居士，薄暮遘荒淫。"點亦病之。

[1]魯國：王國名。在今山東曲阜市。

[2]昏：通"婚"。

[3]吴國張融：錢大昕《廿二史考異》卷三六云："按，上文已有吴國張融，此又舉其望，重複非法。"《梁書》卷五一《何點傳》亦同。

[4]高言：《梁書·何點傳》作"高尚之言"。

[5]東都日：指辭官之時。典出《漢書》卷七一《疏廣傳》，漢宣帝時，疏廣與侄疏受二人同時辭官，公卿大夫餞别於東都門外。後即以"東都"或"東都門"指致仕或餞行之處。本書卷一五《徐孝嗣傳》有："武帝問儉曰：'誰可繼卿？'儉曰：'臣東都之日，其在徐孝嗣乎。'"

[6]簡書：用於告誡、策命、盟誓、徵召等事的文書。

永元中，[1]崔惠景圍城，[2]人間無薪，點悉伐園樹以贍親黨。惠景性好佛義，先慕交點，點不顧之。至是乃逼召點，點裂裳爲袴，[3]往赴其軍，終日談説，不及軍事。其語默之迹如此。[4]惠景平後，東昏大怒，[5]欲誅之。王瑩爲之懼，[6]求計於蕭暢。[7]暢謂茹法珍曰：[8]"點若不誘賊共講，未必可量，以此言之，乃應得封。"東昏乃止。

[1]永元：南朝齊東昏侯蕭寶卷年號（499—501）。

[2]崔惠景：字君山，清河東武城（今河北清河縣）人。初仕宋，齊高帝建齊，封樂安縣子。東昏侯永元二年，裴叔業降北魏，慧景率軍征討。至廣陵後反，奉蕭寶玄進軍京師，圍城十二日。後兵敗被殺。本書卷四五、《南齊書》卷五一有傳。按，大德本、汲古閣本、殿本、百衲本同，中華本作“崔慧景”。本書卷四五本傳作“崔慧景”。

[3]裂裘爲袴：《梁書》卷五一《何點傳》無此文，《南齊書》卷五四《何點傳》作“結裳爲袴”。洪頤煊《諸史考異》云：“案《劉穆之傳》，及武帝剋京城，穆之反室，壞布裳爲袴往見帝。《方言》：袴，齊魯之間謂之襱，或謂之襱，關西謂之袴，今世有襱袴之稱。蓋軍中兵士所服。”

[4]語默：指出仕或隱居。《易·繫辭上》云：“君子之道，或出或處，或默或語。”

[5]東昏：齊東昏侯蕭寶卷。字智藏，齊明帝第二子。明帝建武元年（494），立爲皇太子。永泰元年（498）即位，東昏侯永元二年，蕭衍起兵，次年圍建康，被雍州刺史王珍國、侍中張稷入殿殺害。本書卷五、《南齊書》卷七有紀。

[6]王瑩：字奉光，琅邪臨沂（今山東臨沂市）人。尚宋臨淮公主，拜駙馬都尉。仕齊至太子詹事、中領軍。曾率軍抵禦崔惠景。仕梁歷官尚書令、左衛將軍、光禄大夫等。本書卷二三有附傳，《梁書》卷一六有傳。

[7]蕭暢：梁文帝第四子，梁武帝弟。有美名，仕齊位太常。齊明帝建武中卒。梁武帝天監元年（502），追贈開府儀同三司，封衡陽郡王。本書卷五一有傳。

[8]茹法珍：會稽（今浙江紹興市）人。備受齊東昏侯寵信，呼其爲“阿丈”。權過人主，佐成昏亂。梁武帝平建康，與諸佞幸同被殺。本書卷七七有傳。

梁武帝與點有舊，[1]及踐祚，[2]手詔論舊，賜以鹿皮巾等，[3]并召之。點以巾褐引入華林園，[4]帝贈詩酒，[5]恩禮如舊，仍下詔徵爲侍中。[6]捋帝鬚曰："乃欲臣老子。"辭疾不起。復下詔詳加資給，並出在所，日費所須，太官別給。[7]

[1]梁武帝：蕭衍。字叔達，小字練兒，南蘭陵（今江蘇常州市武進區）中都里人。南朝梁開國皇帝。本書卷六、卷七，《梁書》卷一至卷三有紀。

[2]踐祚：登上皇位。

[3]鹿皮巾：鹿皮做的頭巾。爲隱士所戴。

[4]巾褐：頭巾褐衣。平民所穿服裝。

[5]帝贈詩酒：《梁書》卷五一《何點傳》作"賦詩置酒"。

[6]侍中：官名。梁十二班。

[7]太官：官署名。亦爲官名。掌皇帝飲食、宴會。《梁書·何點傳》叙梁武帝與徵召何點事較本書爲詳，載有梁武帝手詔内容，及徵其爲侍中、下詔給予優待兩次詔書的内容。

天監二年卒，[1]詔給第一品材一具，[2]喪事所須，内監經理。[3]點弟胤。

[1]天監二年卒：《梁書》卷五一《何點傳》作"天監三年，卒，時年六十八"。天監，南朝梁武帝蕭衍年號（502—519）。

[2]材一具：大德本、汲古閣本、殿本、百衲本作"材具"。中華本、《梁書·何點傳》作"材一具"。

[3]内監：南北朝時對殿中監、内殿中監近侍小臣的稱呼。

胤字子季，出繼叔父曠，故更字胤叔。年八歲，居憂，毁若成人。[1]及長，輕薄不羈，晚乃折節好學，師事沛國劉瓛，[2]受《易》及《禮記》《毛詩》。又入鍾山定林寺聽内典，[3]其業皆通。而縱情誕節，[4]時人未之知也，唯瓛與汝南周顒深器異之。[5]

[1]毁：特指居喪過於哀傷而毁壞身體。

[2]沛國：東漢王國名。治相縣，在今安徽濉溪縣西北。　劉瓛：字子珪，小名阿稱，沛國相（今安徽濉溪縣）人。博通《五經》，儒學冠於當時，聚徒講學，受業者衆多。《隋書·經籍志》載其著作。本書卷五〇、《南齊書》卷三九有傳。

[3]鍾山：山名。一名蔣山。即今江蘇南京市中山門外紫金山。　内典：指佛經。

[4]誕節：放縱不拘。《漢書》卷一〇〇下《叙傳下》"陳湯誕節"句顔師古注云："誕節，言其放縱不拘也。"

[5]汝南：郡名。治上蔡縣，在今河南上蔡縣西南。　周顒：字彦倫，汝南安成（今河南汝南縣）人。初仕宋，後仕齊官至國子博士，兼著作。通音律，長於佛理，兼善《老子》《周易》。本書卷三四有附傳，《南齊書》卷四一有傳。

仕齊爲建安太守，[1]政有恩信，人不忍欺。每伏臘放囚還家，[2]依期而反。

[1]建安：郡名。治建安縣，在今福建建甌市。

[2]伏臘：伏祭與臘祭之日。或泛指節日。

歷黄門侍郎，[1]太子中庶子。尚書令王儉受詔撰新禮，未就而卒。又使特進張緒續成，[2]緒又卒，屬在司徒竟陵王子良。子良以讓胤，乃置學士二十人佐胤撰録。[3]

[1]黄門侍郎：官名。爲門下省次官，與侍中俱掌門下衆事。職在平省尚書奏事，可出入禁中。齊官品不詳。

[2]特進：官名。漢代時爲對勳臣的一種優待。加此者朝會時班次可在三公下。魏晋南北朝時成爲正式加官名號，用以安置閑退大臣或用作卒後贈官。齊官品不詳。 張緒：字思曼，吴郡吴（今江蘇蘇州市）人。初仕宋，後仕齊官至吏部尚書，國子祭酒，卒後追贈散騎常侍、特進、金紫光禄大夫。長於《周易》，言精理奥。本書卷三一有附傳，《南齊書》卷三三有傳。

[3]學士：官名。魏晋南北朝時皆置，多用文學之士充任。掌典禮、編纂、修史等。趙翼《陔餘叢考》卷二六《學士》云："六朝時，或省或觀或殿或館隨所用各置學士。第其時所謂學士者，無定員，無定品。"

後以國子祭酒與太子中庶子王瑩並爲侍中。時胤單作祭酒，疑所服。陸澄博古多該，[1]亦不能據，遂以玄服臨試。爾後詳議，乃用朱服。祭酒朱服，自此始也。

[1]陸澄：字彦淵（本書避唐高祖李淵諱作"彦深"），吴郡吴（今江蘇蘇州市）人。本書卷四八、《南齊書》卷三九有傳。 博古多該：言其通曉古今，知識廣博。多該，《後漢書》卷七〇《孔融傳》云："性好學，博涉多該覽。"蓋引其意。

及鬱林嗣位，胤爲后族，甚見親待。爲中書令，[1]

領臨海、巴陵王師。[2]胤雖貴顯，常懷止足。[3]建武初，[4]已築室郊外，恒與學徒游處其内。至是，遂賣園宅，欲入東。[5]未及發，聞謝朏罷吴興郡不還，[6]胤恐後之，乃拜表解職，[7]不待報輒去。明帝大怒，[8]使御史中丞袁昂奏收胤。[9]尋有詔許之。

[1]中書令：官名。齊官品不詳。據《南齊書》卷五四《何胤傳》："隆昌中，爲中書令，以皇后從叔見親寵。明帝即位，胤賣園宅，將遂本志。建武四年，爲散騎常侍、巴陵王師。"又據《南齊書》卷五〇《巴陵王昭秀傳》，蕭昭秀封巴陵王在齊明帝建武二年(495)。按，何胤爲中書令在鬱林王時，爲巴陵王師應在明帝時。《梁書》卷五一《何胤傳》與本書同誤。

[2]臨海、巴陵王：蕭昭秀。字懷尚，齊文惠太子第三子，鬱林王弟。鬱林王即位，封臨海郡王，二千户。明帝建武二年，改封巴陵王。永泰元年（498）被殺。年十六歲。本書卷四四、《南齊書》卷五〇有傳。臨海，郡名。治章安縣，在今浙江台州市椒江區章安街道。　師：官名。王國屬官。掌輔導諸王。

[3]止足：知止知足。此處指辭官歸隱。《老子》云："知足不辱，知止不殆，可以長久。"

[4]建武：南朝齊明帝蕭鸞年號（494—498）。

[5]欲入東：《梁書·何胤傳》作"欲入東山"。據下文"乃敕何子朗、孔壽等六人於東山受學"，應以《梁書》爲是。

[6]謝朏：字敬沖，陳郡陽夏（今河南太康縣）人。齊明帝建武四年，徵其爲侍中、中書令，抗表不應徵召。本書卷二〇有附傳，《梁書》卷一五有傳。

[7]拜表解職：上奏章辭職。

[8]明帝：南朝齊明帝蕭鸞。字景栖，小諱玄度，始安王蕭道生子。少孤，被齊高帝撫養，恩過諸子。本書卷五、《南齊書》卷

六有紀。

[9]御史中丞：官名。南朝時亦稱南司。御史臺長官，掌監察執法，糾彈百官。齊官品不詳。　袁昂：字千里，陳郡陽夏（今河南太康縣）人。本書卷二六有附傳，《梁書》卷三一有傳。

胤以會稽山多靈異，[1]往游焉，居若邪山雲門寺。[2]初，胤二兄求、點並棲遁，[3]求先卒，至是胤又隱，世號點爲"大山"，胤爲"小山"，亦曰"東山"。兄弟發迹雖異，克終皆隱，世謂何氏三高。

[1]會稽山：山名。在今浙江紹興市。《史記》卷二《夏本紀》云："或言禹會諸侯江南，計功而崩，因葬焉，命曰會稽。會稽者，會計也。"裴駰集解引《皇覽》云："禹冢在山陰縣會稽山上。會稽山本名苗山，在縣南，去縣七里。《越傳》曰禹到大越，上苗山，大會計，爵有德，封有功，因而更名苗山曰會稽。"《太平寰宇記》卷九六《江南東道八·會稽縣》云："會稽山，在縣東南十里。《山海經》云：'會稽之山四方，上多金玉，下多砆石。'秦始皇東巡，立石刻銘，即李斯篆書。"

[2]若邪山：亦作若耶山。在今浙江紹興市。《太平寰宇記·江南東道八·會稽縣》云："若耶山，在縣東南四十四里。昔葛玄道成所隱，桐几化成白鹿，三足共行，兩頭更食。山下有潭，潭傍有石，時人謂之葛仙公石。"

[3]棲遁：大德本、汲古閣本、殿本作"棲遁"。底本誤，應據諸本改。棲遁，避世隱居。

永元中，徵爲太常、太子詹事，並不就。梁武帝霸朝建，[1]引爲軍謀祭酒，[2]并與書，胤不至。[3]及帝踐阼，詔爲特進、光禄大夫,[4]遣領軍司馬王杲之以手敕諭意,[5]并徵謝朏。

[1]霸朝：同霸府。權臣府署機構的代稱，控制皇帝和朝廷，實爲國家權力中心。南朝時霸府府主往往有三公、丞相、諸大將軍、都督中外諸軍事等頂級官爵頭銜，集軍政大權於一身，行廢立禪代之事（參見陶賢都《魏晋南北朝霸府與霸府政治研究》，湖南人民出版社 2007 年版）。《資治通鑑》卷一二八《宋紀十》孝武帝大明元年胡三省注云:“晋、宋之間，郡曰郡朝，府曰府朝，藩王曰藩朝。宋武帝爲宋王，齊高帝爲齊王，時曰霸朝。”《梁書》卷五一《何胤傳》作“霸府”。據《梁書》卷一五《謝朏傳》云“及高祖平京邑，進位相國，表請朏、胤”。高祖進位相國在齊和帝中興二年（502）正月，二月進爵梁王。召何胤爲軍謀祭酒事即在和帝中興二年。

[2]軍謀祭酒：官名。漢獻帝時曹操置，掌參軍律。晋朝修史避司馬師諱，改稱“軍謀祭酒”“軍祭酒”“軍諮祭酒”。

[3]并與書，胤不至：大德本、汲古閣本、殿本、百衲本“胤”作“詔”，作“詔”則屬上句讀。中華本亦作“詔”，其校勘記云:“時梁武帝未即位，不得言詔，疑此‘詔’字衍文。《通志》無‘詔’字。”按，《梁書·何胤傳》載有梁武帝與何胤書的全部内容，並於其後云“胤不至”。正與底本相符。底本是。其他版本應爲版本流傳過程中傳抄致誤。

[4]特進：官名。梁十五班。　光禄大夫：官名。作爲在朝顯職的加官，以示優崇。或授予年老有病者爲致仕之官，亦常用爲卒後贈官，無職掌。梁十三班。《梁書·何胤傳》作“右光禄大夫”。右光禄大夫梁爲十六班。

[5]領軍司馬：官名。領軍將軍府司馬。參贊軍務，位在領軍長史之下。　王杲之：《梁書·何胤傳》作“王果”。本書卷二〇

《謝朏傳》作“遣領軍司馬王果敦譬朏”。下文“杲之”《梁書·何胤傳》皆作“果”。

杲之先至胤所，胤恐朏不出，先示以可起，乃單衣鹿皮巾執經卷，[1]下牀跪受。詔出，就席伏讀。胤因謂杲之曰：“吾昔於齊朝欲陳三兩條事：一者欲正郊丘，二者欲更鑄九鼎，[2]三者欲樹雙闕。[3]世傳晋室欲立闕，王丞相指牛頭山云，[4]‘此天闕也’。是則未明立闕之意。闕者謂之象魏，懸法於其上，浹日而收之。[5]象者法也，魏者當塗而高大貌也。鼎者神器，有國所先。圓丘國郊，[6]舊典不同。南郊祠五帝靈威仰之類，[7]圓丘祠天皇大帝、北極大星是也。[8]往代合之郊丘，先儒之巨失。今梁德告始，不宜遂因前謬。卿宜陳之。”杲之曰：“僕之鄙劣，豈敢輕議國典，此當敬俟叔孫生耳。”[9]及杲之從謝朏所還，問胤以出期。胤知朏已應召，答杲之曰：“吾年已五十七，月食四斗米不盡，何容復有宦情？”杲之失色不能答。胤反謂曰：“卿何不遣傳詔還朝拜表，留與我同游邪？”杲之愕然曰：“古今不聞此例。”胤曰：“《檀弓》兩卷，[10]皆言物始。自卿而始，何必有例？”胤、朏俱前代高士，胤處名譽尤邁矣。

[1]單衣：士大夫的禮服。上下一體，無衣裳之别。南北朝時，頭戴巾幘，身穿單衣，是重要的禮服裝束，同時也是文人士大夫身份的象徵（參見張玉安《朱衣、單衣及袴褶之意味》，《藝術探索》2015年第5期）。《資治通鑑》卷一〇三《晋紀二十五》孝武帝咸安元年胡三省注云：“單衣，江左諸人所以見尊者之服，所謂巾

禓也。”

［2］九鼎：相傳夏禹以九州貢金鑄造九個鼎，象徵九州。夏商周三代視爲象徵國家政權的寶器。

［3］闕：又稱觀、象魏。立於宫門兩旁的樓觀。因在門兩旁相對爲雙，故稱雙闕。周制，懸法於其上，使民得以觀之。《周禮·春官·大宰》云：“正月之吉，始和布治于邦國都鄙，乃縣治象之灋于象魏，使萬民觀治象，挾日而斂之。”鄭玄注云：“鄭司農云：‘象魏，闕也。故魯灾，季桓子御公立于象魏之外，命藏象魏，曰：舊章不可忘。’”孫詒讓正義云：“象魏也，闕也，觀也，以魯制言之，三者蓋異名而同物。”

［4］王丞相：王導。字茂弘，琅邪臨沂（今山東臨沂市）人。《晋書》卷六五有傳。　牛頭山：山名。在今江蘇南京市西南。《元和郡縣圖志》卷二五《江南道一·上元縣》云：“在縣南四十里。山有二峰，東西相對，名爲‘雙闕’。晋氏初過江，無闕，王導指山鑿兩峰，即此，名天闕山。”

［5］浹（jiā）日：十日。古代以天干紀日，從甲至癸十日爲“浹日”。《左傳》成公九年孔穎達疏云：“謂周甲癸十日。”浹，義同“匝”。周，周遍。

［6］圓丘：亦作圜丘。古代祭天的圓形高臺。　國郊：大德本、汲古閣本、殿本、百衲本同，中華本作“南郊”。《梁書》卷五一《何胤傳》亦作“國郊”，《梁書》中華本校勘記云：“‘國郊’疑當作‘南郊’。《册府元龜》八一〇即作‘南郊’。”

［7］五帝：指五方天帝。黄帝含樞紐在太微宫中，東方蒼帝靈威仰，南方赤帝赤熛怒，西方白帝白昭矩，北方黑帝叶光紀。

［8］天皇大帝：又稱昊天上帝。天神。　北極大星：太一。

［9］叔孫生：叔孫通。薛（今山東滕州市）人。秦時爲博士，後逃歸薛。初依項梁，後歸劉邦。劉邦稱帝後，與其弟子及魯國諸儒生雜采古禮及秦代禮儀制度，共立儀制。《史記》卷九九、《漢書》卷四三有傳。

［10］《檀弓》：《禮記》中的一篇。

杲之還，以胤意奏聞，有敕給白衣尚書禄。[1] 胤固辭。又敕山陰庫錢月給五萬，又不受。乃敕何子朗、孔壽等六人於東山受學。[2] 太守衡陽王元簡深加禮敬，[3] 月中常命駕式閭，[4] 談論終日。

［1］白衣尚書：東漢章帝時，鄭均致仕家居，章帝東巡至其家，敕賜尚書禄終其身。時人稱其爲"白衣尚書"。

［2］何子朗：字世明，東海郯（今山東郯城縣）人。本書卷七二、《梁書》卷五〇有附傳。　東山：山名。在今浙江紹興市。《資治通鑑》卷一四七《梁紀三》梁武帝天監十一年胡三省注云"胤隱會稽東山。"

［3］衡陽王元簡：蕭元簡。字熙遠，梁武帝弟蕭暢之子。武帝天監三年（504）襲封衡陽郡王，除中書郎，遷會稽太守。《梁書》卷二三有傳。

［4］式閭：典出《尚書・武成》："釋箕子囚，封比干墓，式商容閭。"孔穎達疏云："式者，車上之横木，男子立乘，有所敬則俯而憑式，遂以式爲敬名。《説文》云：'閭，族居里門也。'武王過其閭而式之，言此内有賢人，式之禮賢也。"後以"式閭"爲禮敬賢者之意。此處引申爲登門拜訪。式，通"軾"。古代車前欄上或車箱中部用作扶手的横木。閭，里巷的大門。

胤以若邪處勢迫隘，不容學徒，乃遷秦望山。[1] 山有飛泉，迺起學舍，[2] 即林成援，[3] 因巖爲堵；[4] 別爲小閣室，寢處其中，躬自啓閉，僮僕無得至者。山側營田二頃，講隙從生徒游之。胤初遷將築室，忽見二人著玄冠，[5]容貌甚偉，問胤曰："君欲居此邪？"乃指一處云："此中殊吉。"忽不復見。胤依言而卜焉。[6]尋而山發洪水，樹木皆倒拔，[7]唯胤所居室巋然獨存。元簡乃命記室參軍鍾嶸作《瑞室頌》，[8]刻石以旌之。

[1]秦望山：山名。在今浙江紹興市。《太平寰宇記》卷九六《江南東道八·會稽縣》云："秦望山，在縣南二十七里。《史記》云：'始皇登之，以望南海。'孔曄記云：'秦望爲衆峰之傑，入境便見。始皇刻石于此。'"

[2]廼起學舍：《梁書》卷五一《何胤傳》作"西起學舍"。

[3]即林成援：以周圍的樹木作爲學舍的衛護。援，籬笆，以樹木組成的園林圍護物。

[4]因巖爲堵：利用巖石爲墻。堵，墻。

[5]玄冠：黑色禮冠。

[6]胤依言而卜焉：《梁書·何胤傳》作"胤依其言而止焉"。

[7]樹木：大德本、汲古閣本、殿本作"樹石"。《梁書·何胤傳》亦作"樹石"。《通志》卷一七八作"木石"。

[8]記室參軍：官名。亦稱記室參軍事，或省稱記室。王公軍府屬官，掌書記。梁六班至二班，皆依府主地位高低而不同。　鍾嶸：字仲偉，潁川長社（今河南長葛市）人。衡陽王蕭元簡出守會稽，引爲寧朔記室，專掌文翰。本書卷七二、《梁書》卷四九有傳。

及元簡去郡，入山與胤別。胤送至都賜埭，[1]去郡三里，因曰："僕自棄人事，交游路斷，自非降貴山藪，豈容復望城邑。此埭之游，於今絶矣。"執手涕零。

[1]都賜埭：堤壩名。在今浙江紹興市。

何氏過江，自晋司空充並葬吴西山。[1]胤家世年皆不永，唯祖尚之至七十二。[2]胤年登祖壽，乃移還吴，作《别山詩》一首，言甚悽愴。

[1]充：何充。字次道。《晋書》卷七七有傳。　西山：山名。在今江蘇蘇州市。《太平寰宇記》卷九一《江南東道三·吴縣》云："在岝崿山東一里，有晋司空何充墓。"

[2]唯祖尚之至七十二：《梁書》卷五一《何胤傳》同。據本卷上文《何尚之傳》，何尚之卒年七十九，《宋書》卷六六《何尚之傳》亦云卒年爲七十九。本書不審，致同卷所述牴牾。

至吴，居武丘山西寺講經論，[1]學僧復隨之。[2]東境守宰經途者，莫不畢至。胤常禁殺，有虞人逐鹿，[3]鹿徑來趨胤，伏而不動。又有異鳥如鶴紅色，集講堂，馴狎如家禽。[4]

[1]武丘山：大德本、汲古閣本、百衲本同，殿本作"虎丘山"。　經論：佛教以經藏、論藏、律藏爲三藏。經，總説根本教義。論，闡明經義。律，記述戒規威儀。此即經藏、論藏。

[2]學僧：《梁書》卷五一《何胤傳》作"學徒"。

[3]虞人：古官名。西周、春秋戰國時置。掌川澤、苑囿之官。

[4]馴狎：順服可以親近。

初，開善寺藏法師與胤遇於秦望山，[1]後還都，卒於鍾山。死日，胤在波若寺見一名僧，[2]授胤香爐奩并函書，云："貧道發自揚都，[3]呈何居士。"言訖失所在。胤開函，乃是《大莊嚴論》，[4]世中未有。訪之香爐，乃藏公所常用。又於寺内立明珠柱，柱乃七日七夜放光。太守何遠以狀啓昭明太子，[5]太子欽其德，遣舍人何思澄致手令以褒美之。[6]中大通三年卒，[7]年八十六。

[1]開善寺：寺名。在今江蘇南京市鍾山南麓。《讀史方輿紀要》卷二〇《南直二·江寧縣》云："靈谷寺，在外城内鍾山之陽。《金陵記》：'蔣山寺舊在山南，本名道林寺，梁曰開善寺，宋曰太平興國寺，後爲蔣山寺，明因孝陵奠焉，乃移於東麓，賜名靈谷寺。'"　藏法師：釋智藏。據唐釋道宣《續高僧傳》卷五《梁鍾山開善寺沙門釋智藏傳》，姓顧，本名净藏，吴郡吴（今江蘇蘇州市）人。梁武帝普通三年（522）卒。

[2]波若寺：《梁書》卷五一《何胤傳》作"般若寺"。

[3]揚都：梁都城建康。建康屬揚州，故稱。

[4]《大莊嚴論》：亦稱《大莊嚴論經》《大莊嚴經》。古印度高僧馬鳴菩薩著，後秦時鳩摩羅什譯。

[5]何遠：字義方，東海郯（今山東郯城縣）人。本書卷七〇、《梁書》卷五三有傳。　昭明太子：蕭統。字德施，梁武帝長子。武帝天監元年（502）立爲太子，中大通三年（531）卒。謚曰昭明。本書卷五三、《梁書》卷八有傳。

[6]舍人：官名。此爲太子舍人。東宫屬官，掌文章書記等事。梁三班。　何思澄：字元静，東海郯（今山東郯城縣）人。本書卷七二、《梁書》卷五〇有傳。　手令：親筆指令、告諭。

[7]中大通：南朝梁武帝蕭衍年號（529—534）。

先是胤疾，妻江氏夢神告曰："汝夫壽盡，既有至德，應獲延期，爾當代之。"妻覺說焉，俄得患而卒，胤疾乃瘳。[1]至是胤夢見一神女并八十許人，並衣帢，[2]

行列在前，俱拜牀下，覺又見之，便命營凶具。既而疾困不復瘳。

[1]瘳（chōu）：病愈。

[2]帢：一種便帽，以縑帛爲之。《三國志》卷一《魏書·武帝紀》裴松之注引《傅子》云："魏太祖以天下凶荒，資財乏匱，擬古皮弁，裁縑帛以爲帢，合于簡易隨時之義，以色别其貴賤，于今施行，可謂軍容，非國容也。"

初，胤侈於味，食必方丈，[1]後稍欲去其甚者，猶食白魚、䱇脯，[2]糖蟹，[3]以爲非見生物。疑食蚶蠣，[4]使門人議之。學生鍾岏曰：[5]"䱇之就脯，[6]驟於屈申，蟹之將糖，躁擾彌甚。仁人用意，深懷如怛。[7]至於車螯蚶蠣，[8]眉目内闕，慙渾沌之奇，[9]礦殼外緘，[10]非金人之慎。[11]不悴不榮，[12]曾草木之不若，無馨無臭，與瓦礫其何算。[13]故宜長充庖厨，永爲口實。"[14]竟陵王子良見岏議大怒。汝南周顒與胤書，勸令食菜，曰："變之大者，莫過死生，生之所重，無逾性命。性命之於彼極切，滋味之在我可賒。[15]若云三世理誣，則幸矣良快，如使此道果然，而受形未息，一往一來，生死常事，則傷心之慘，行亦自及。丈人於血氣之類，雖不身踐，至於晨鳧夜鯉，[16]不能不取備屠門。財貝之經盜手，猶爲廉士所棄，生性之一啓鑾刀，寧復慈心所忍。騶虞雖飢，[17]非自死之草不食，聞其風者，豈不使人多媿。丈人得此有素，聊復片言發起耳。"故胤末年遂絶血味。

［1］食必方丈：謂食物之豐盛。《孟子·盡心下》云："食前方丈，侍妾數百人，我得志弗爲也。"趙岐注云："極五味之饌食列於前，方一丈。"

［2］白魚、䱇脯：白魚乾，鱔魚乾。朱季海《南齊書校議》卷四一云："《齊民要術·脯腊》第七十五：'浸四五日，嘗味徹，便出置箔上陰乾。火炙熟搥，亦名瘃腊，亦名瘃魚，亦名魚腊。'疑胤之所食，正是此爾。"（中華書局 2013 年版，第 144 頁）䱇，同"鱔"。

［3］糖蟹：用糖等醃漬的螃蟹。《齊民要術》卷八《作醬等法》："九月内，取母蟹，得則著水中，勿令傷損及死者。一宿則腹中净。先煮薄餹，著活蟹於冷餹甕中一宿。煮蓼湯，和白鹽，特須極鹹。待冷，甕盛半汁，取餹中蟹内著鹽蓼汁中，便死，泥封二十日，出之，舉蟹齊，著薑末，還復齊如初。内著坩甕中，百箇各一器，以前鹽蓼汁澆之，令没。密封，勿令漏氣，便成矣。"又《夢溪筆談》卷二四《雜誌一》："宋明帝好食蜜漬鱁鮧，一食數升。鱁鮧乃今之烏鰂魚也，如何以蜜漬食之？大業中，吴郡貢蜜蟹二千頭、蜜擁劍四甕。又何胤嗜糖蟹。大抵南人嗜鹹，北人嗜甘。魚蟹加糖蜜，蓋便於北俗也。"

［4］蚶蠣：朱季海《南齊書校議》卷四一云："《廣韻·四十五厚》'母，莫厚切十四'下有'牡'。母蠣即'牡蠣'，疑原本作母蠣，後人不知是'牡'字之借，故改作'蚶'爾。"（第 144 頁）

［5］鍾岏：字長丘（《梁書》卷四九《鍾嶸傳》作"長岳"），潁川長社（今河南長葛市）人，鍾嶸兄。位建康令。著《良吏傳》十卷。本書卷七二有附傳。

［6］䱇：大德本、汲古閣本作"鮔"，殿本、百衲本作"䱉"。據上文，應爲"䱇"。䱇，同"䱉"。

［7］怛：悲傷。

［8］車螯：一種蛤類。殼色紫，璀燦如玉，有斑點，棲息於淺海海邊，以浮游性藻類爲食。其肉可食。

[9]渾沌：傳説中的一種神獸。《太平御覽》卷九一三引東方朔《神異經》云："崑崙西有獸，其狀如犬，有兩目而不見，兩耳而不聞，有腹而無五藏，有腸直而不旋，食而徑過，人有德行，而往抵觸之，人有凶惡，而往依憑之。天使其然，名曰渾沌。一名無耳，一名無心，所居無常，咋尾回轉，向天而笑。"

[10]緘：閉口，封閉。

[11]金人之慎：金人不能言，譬喻慎言。典出《孔子家語·觀周》："孔子觀周，遂入太祖后稷之廟。堂右階之前，有金人焉，三緘其口，而銘其背曰：'古之慎言人也。戒之哉！無多言，多言多敗。無多事，多事多患……'。"

[12]悴：衰。

[13]何算：猶何別。

[14]口實：口中的食物。

[15]賒：緩。

[16]鳧：野鴨。

[17]騶虞：傳説中的義獸。《詩·召南·騶虞》"于嗟乎騶虞"句毛亨傳云："騶虞，義獸也。白虎黑文，不食生物，有至信之德則應之。"按，此段内容《梁書》卷五一《何胤傳》未有記載，《南齊書》卷四一《周顒傳》有相關記載，本書有所删節。

胤注《百論》《十二門論》各一卷，[1]注《周易》十卷，《毛詩總集》六卷，《毛詩隱義》十卷，《禮記隱義》二十卷，《禮答問》五十五卷。[2]子撰亦不仕，有高風。

[1]《百論》：佛教典籍。提婆著，後秦時鳩摩羅什譯。與《中論》《十二門論》稱爲"三論"。大德本、百衲本同，汲古閣本、殿本作"百法論"。《百法論》誤。《百法論》爲《大乘百法明

門論》的省稱，世親著，唐玄奘譯，爲瑜伽行派重要論典，南北朝時尚未傳入中國。　《十二門論》：佛教典籍。龍樹著，後秦時鳩摩羅什譯。

［2］“注《周易》十卷”至“《禮答問》五十五卷”：《隋書·經籍志一》載何胤有：“《周易》十卷，梁處士何胤注”，“《毛詩總集》六卷，《毛詩隱義》十卷，並梁處士何胤撰。亡”，“《答問》五十卷，何胤撰”，“《政禮儀注》十卷，何胤撰。梁有何胤《士喪儀注》九卷，亡”。

何炯字士光，胤從弟也。父撙，太中大夫。炯年十五，從胤受業，一朞並通《五經》章句。[1]白皙美容貌，從兄求、點每曰：“叔寶神清，杜乂膚清，[2]今觀此子，復見衛、杜在目。”從兄戢謂人曰：“此子非止吾門之寶，亦爲一代偉人。”

［1］一朞：一年。　《五經》：五部儒家經典的合稱。分別爲《詩》《尚書》《禮記》《易》《春秋》。

［2］叔寶神清，杜乂膚清：叔寶精神清朗，杜乂皮膚白皙。語出《晋書》卷三六《衛玠傳》：“劉惔、謝尚共論中朝人士，或問：‘杜乂可方衛洗馬不？’尚曰：‘安得相比，其間可容數人。’惔又云：‘杜乂膚清，叔寶神清。’”叔寶，即衛玠。字叔寶，河東安邑（今山西夏縣）人。《晋書》卷三六有附傳。杜乂，字弘治（《晋書》避唐太宗李治民諱作“弘理”），成恭皇后之父。王羲之稱其“膚若凝脂，眼如點漆，此神仙人也”。《晋書》卷九三有傳。《梁書》卷四七《何炯傳》“杜乂”作“弘治”。按，上句衛玠稱字，按文例，下句仍應稱字，本書避唐高宗李治諱稱名。

炯常慕恬退，[1]不樂進仕。從叔昌寓謂曰："求、點皆已高蹈，[2]汝無宜復爾。且君子出處，[3]亦各一途。"

[1]恬退：淡泊退讓。

[2]高蹈：比喻隱居。

[3]出處：出仕與退隱。《易·繫辭上》云："君子之道，或出或處，或默或語。"

年十九，解褐揚州主簿，[1]舉秀才，累遷梁仁威南康王限内記室，[2]書侍御史。[3]以父疾陳解。炯侍疾踰旬，衣不解帶，頭不櫛沐，[4]信宿之間，[5]形貌頓改。及父卒，號慟不絶聲，藉地腰脚虚腫。[6]醫云："須服猪蹄湯。"炯以有肉味不肯服，親友請譬，[7]終於不回，遂以毁卒。

[1]解褐：脱去平民衣服。指開始做官。　揚州主簿：官名。典領文書簿籍，經辦事務，爲刺史喉舌耳目。梁二班。揚州，州名。治建康縣，在今江蘇南京市。

[2]仁威：官名。仁威將軍的省稱。與智威、勇威、信威、嚴威將軍並稱五威將軍。梁十六班。　南康王：蕭績。字世謹，小字四果，梁武帝第四子。武帝天監七年（508），封南康郡王。十年，進號仁威將軍。本書卷五三、《梁書》卷二九有傳。南康，郡名。治贛縣，在今江西贛州市東北。　限内：官制術語。南朝一些官職，有定員，有員外。定員之内的官吏稱限内，定員外官吏稱限外。

[3]書侍御史：官名。即治書侍御史。《梁書》卷四七《何炯傳》作"治書侍御史"。本書避唐高宗李治諱删"治"字。魏晋南

北朝爲御史中丞佐貳，御史臺要職，分領侍御史諸曹，監察、彈劾較高級官員，亦奉命出使，收捕犯官等。南朝時不爲世族所重，梁武帝始重其選。梁六班。

[4]櫛沐：梳洗。

[5]信宿：兩三日。《詩·大雅·有客》"有客宿宿，有客信信"句毛傳云："一宿曰宿，再宿曰信。"《後漢書》卷六〇下《蔡邕傳》"信宿三遷"句李賢注云："謂三日之閒，位歷三臺也。"

[6]藉地腰脚虚腫：《梁書·何炯傳》作"枕凷藉地，腰虚脚腫"。《梁書》文意更爲完整。

[7]譬：勸導。

先是謂家人曰："王孫、玄晏所尚不同，[1]長魚、慶緒於事爲得。[2]必須儉而中禮，[3]無取苟異。[4]月朝十五日，可置一甌麄粥，如常日所進。"又傷兩兄並淡仕進，故禄所不及，恐而今而後，温飽無資。乃潸然下泣，[5]自外無所言。

[1]王孫：楊王孫。漢武帝時人。學黄老之術。反對厚葬，遺令其子將其裸葬，以身親土。《漢書》卷六七有傳。　玄晏：皇甫謐，字士安，幼名静，安定朝那（今寧夏固原市）人，自號玄晏先生。反對厚葬，亦推崇以身親土。《晋書》卷五一有傳。《晋書·皇甫謐傳》云："故吾欲朝死夕葬，夕死朝葬，不設棺槨，不加纏斂，不修沐浴，不造新服，殯唅之物，一皆絶之。吾本欲露形入阬，以身親土，或恐人情染俗來久，頓革理難，今故觕爲之制。奢不石槨，儉不露形。氣絶之後，便即時服，幅巾故衣，以籧篨裹尸，麻約二頭，置尸牀上。擇不毛之地，穿阬深十尺，長一丈五尺，廣六尺，阬訖，舉牀就阬，去牀下尸。平生之物，皆無自隨，唯齎《孝經》一卷，示不忘孝道。籧篨之外，便以親土。土與地

平，還其故草，使生其上，無種樹木、削除，使生迹無處，自求不知。”

[2]長魚：樊儵。字長魚，南陽湖陽（今河南唐河縣）人。《後漢書》卷三二有傳。 慶緒：孔休源。字慶緒，會稽山陰（今浙江紹興市）人。梁武帝中大通四年（532）卒，遺令薄葬，節朔薦蔬菲而已。本書卷六〇、《梁書》卷三六有傳。

[3]中禮：符合禮制。

[4]苟異：任意地標新立異。

[5]濯然：垂淚貌。

何昌寓字儼望，尚之弟子也。父佟之，位侍中。[1]昌寓少而清靖，[2]獨立不群，所交者必當世清名，是以風流籍甚。[3]仕宋爲尚書儀曹郎、建平王景素征北南徐州府主簿，[4]以風素見重。[5]母老求禄，出爲湘東太守。[6]還爲齊高帝驃騎功曹。[7]

[1]父佟之，位侍中：《南齊書》卷四三《何昌寓傳》作“父佟之，太常”，《梁書》卷三七《何敬容傳》云：“祖攸之，宋太常卿。”《宋書》卷六六《何尚之傳》云：“尚之弟悠之，義興太守，侍中，太常……悠之子顒之，尚太祖第四女臨海惠公主。太宗世，官至通直常侍。”中華本校勘記云：“張森楷《南史校勘記》：‘《南齊書》作“父佟之，太常”。’按‘佟’當作‘攸’，《梁書·何敬容傳》作‘攸之’。《宋書·江湛傳》有‘侍中何攸之’，即其人也；《何尚之傳》又作‘悠之位太常、侍中’。何佟之别一人，見《梁書·儒林傳》。”以爲“何攸之”是。但錢大昕《廿二史考異》卷二六又以爲“何佟之”是，“祖攸之，宋太常卿。按：《南史》敬容之祖佟之，位侍中，與此異。《南齊書》亦作佟之，疑此傳誤也。《儒林傳》有何佟之，蓋别是一人同姓名者”。王鳴盛《十七史商

權》卷六〇亦以爲“何佟之”是。

[2]清靖：清静，清净。《南齊書·何昌寓傳》作“淹厚”。

[3]風流籍甚：美名流於天下。《文選》卷五八王儉《褚淵碑文》“光昭諸侯，風流籍甚”句，劉良注云：“言其風美之聲流下天下甚多也。籍甚，言多也。”籍甚，盛大，盛多。

[4]尚書儀曹郎：官名。尚書省儀曹長官通稱。掌車服、羽儀、朝覲、郊廟、饗宴等吉凶禮制。宋六品。　建平王景素：劉景素。宋文帝之孫。後廢帝元徽二年（474），由鎮北將軍、南徐州刺史進號征北將軍，並開府儀同三司。本書卷一四、《宋書》卷七二有附傳。建平，郡名。治巫縣，在今重慶巫山縣。　征北：官名。征北將軍的省稱。與征東、征西、征南將軍合稱四征將軍。多授予出鎮方面的持節都督，地位顯要。宋三品，若爲持節都督則進爲二品。　南徐州：州名。治京口城，在今江蘇鎮江市。

[5]風素：風采素養。

[6]湘東：郡名。治臨烝縣，在今湖南衡陽市。

[7]驃騎功曹：官名。即驃騎將軍府功曹史。掌府吏選用事。

昌寓在郡，景素被誅，昌寓痛之，至是啓高帝理其冤，又與司空褚彦回書極言之。高帝嘉其義。歷位中書郎、王儉衛軍長史，[1]儉謂昌寓曰：“後任朝事者，非卿而誰？”

[1]衛軍：官名。即衛將軍。南朝多作爲軍府名號，以加授大臣或重要州郡長官。

臨海王昭秀爲荆州，以昌寓爲西中郎長史、南郡太守，[1]行荆州事。[2]明帝將踐祚，先使裴叔業齎旨詔昌寓，[3]令以便宜從事。昌寓拒之曰："國家委身以上流之重，[4]付身以萬里之事，臨海王未有失，寧得從君單詔邪？[5]即時自有啓聞，[6]須反更議。"叔業曰："若爾便是拒詔，拒詔，軍法行事耳。"[7]答曰："能見殺者君也，能拒詔者僕也。君不能見殺，政有沿流之計耳。"[8]昌寓素有名德，叔業不敢逼而退。上聞而嘉之，昭秀由此得還都。

[1]西中郎：官名。即西中郎將。東、西、南、北四中郎將之一，帥師征伐，或鎮守某地南朝多兼豫州刺史。宋、齊多以宗室諸王任之。　南郡：郡名。治江陵縣，在今湖北荆州市荆州區。

[2]行荆州事：官名。亦稱荆州行事。行事爲南北朝職官制度，亦作行某州（或某府）事。始於東晋末年，指以他官代行某官職權。南朝多以較低官階代行較高官職，如以長史、司馬、太守代行刺史職權等。除行府州事外，還有行郡事、行國事等。南朝時期，在以將軍、刺史身份出鎮宗王普遍年幼的情況下，以其長史等爲行事，實際負責軍府和州府的軍政事務，故行事權力很大，對南朝出鎮幼王兼有輔佐和防範的職能（參見魯力《南朝"行事"考》，《武漢大學學報》2008年第6期）。

[3]裴叔業齎旨詔昌寓：大德本、百衲本作"裴叔業賫旨詔昌寓"，汲古閣本作"裴叔業賫旨詔昌寓"，殿本作"裴叔業往密敕昌寓"。"齎""賫"二字同。《南齊書》卷四三《何昌寓傳》"裴叔業"作"徐玄慶"。未知孰是。《南齊書》卷五一《裴叔業傳》未載此事。

[4]國家委身以上流之重：大德本、汲古閣本、百衲本同，殿本作"國家委身以六尺之孤"。

[5]寧得從君單詔邪：大德本、汲古閣本、百衲本同，殿本無"邪"字。

[6]即時自有啓聞：大德本、汲古閣本、百衲本同，殿本作“行事吾自有啓聞”。

[7]軍法行事耳：大德本、汲古閣本、百衲本同，殿本作“恐非佳事耳”。

[8]政：大德本、汲古閣本、百衲本同，殿本作“僕”。

昌寓後爲吏部尚書，嘗有一客姓閔求官。昌寓謂曰：“君是誰後？”答曰：“子騫後。”[1]昌寓團扇掩口而笑，謂坐客曰：“遥遥華胄。”[2]

[1]子騫：閔損。字子騫，春秋時魯國人，孔子弟子。以德行見稱。

[2]遥遥華胄：時間久遠的名人後裔。嘲諷人自誇出自名門。

昌寓不雜交游，通和汎愛，[1]歷郡皆以清白稱。後卒於侍中，[2]領驍騎將軍。贈太常，謚曰簡子。子敬容。

[1]通和：開朗平和。　汎愛：博愛。汎，廣。

[2]後卒於侍中：按，據《南齊書》卷四三《何昌寓傳》，卒於齊明帝建武四年（497），年五十一。

敬容字國禮，弱冠尚齊武帝女長城公主，[1]拜駙馬都尉。梁天監中，爲建安内史，[2]清公有美績，吏人稱之。累遷守吏部尚書，[3]銓序明審，[4]號爲稱職。出爲吴郡太守，爲政勤恤人隱，辯訟如神，視事四年，政爲天下第一。吏人詣闕請樹碑，詔許之。復爲吏部尚書、侍中，領太子中庶子。[5]

[1]弱冠：古代男子二十成人，初加冠，因未及壯年，故稱“弱冠”。《禮記·曲禮》“二十曰弱冠”句孔穎達疏云：“二十成人，初加冠，體猶未壯，故曰弱也。” 齊武帝：蕭賾。字宣遠，小諱龍兒，齊高帝長子。本書卷四、《南齊書》卷三有紀。 長城公主：長城爲公主封地。長城，縣名。治所在今浙江長興縣東。

[2]内史：官名。王國行政長官，掌治民，職如太守。

[3]守：官制術語。低級官員代理、臨時代理高級官員職位。 吏部尚書：官名。梁十四班。

[4]銓序：考量官員的資歷、勞績，確定其升降級別與職事。

[5]太子中庶子：官名。梁十一班。

敬容身長八尺，[1]白皙美鬚眉，性矜莊，[2]衣冠鮮麗。武帝雖衣浣衣，[3]而左右衣必須潔。嘗有侍臣衣帶卷摺，帝怒曰：“卿衣帶如繩，欲何所縛。”敬容希旨，[4]故益鮮明。常以膠清刷鬚，[5]衣裳不整，伏牀熨之，或暑月背爲之焦。每公庭就列，容止出人。爲尚書右僕射，[6]參掌選事。遷左僕射、丹楊尹，[7]並參掌大選如故。

[1]八尺：南朝度制，一尺約合今 24.5 釐米。身高八尺約爲 196 釐米。

[2]矜莊：嚴肅莊敬。

[3]浣衣：舊衣。

[4]希旨：迎合君上的旨意。

[5]膠清：流動性大，清澈没有渣滓的膠。《齊民要術》卷九《煮膠》云：“近盆末下，名爲‘笨膠’，可以建車。近盆末上，即是‘膠清’，可以雜用。最上，膠皮如粥膜者，膠中之上，第一

粘好。"

[6]尚書右僕射：官名。尚書省次官，或單置，或並置左、右。南朝尚書令爲宰相之任，位尊權重，不親庶務，尚書省由僕射主持，諸曹奏事由左、右僕射審議聯署。兼領祠部（一般與祠部不並置）、儀曹二曹。梁、陳時尚書令常缺，僕射實爲尚書省主官。梁十五班。

[7]左僕射：官名。位在右僕射之上，又領殿中、主客二郎曹。梁十五班。

敬容接對賓朋，言詞若訥，[1]詶答二宫，[2]則音韻調暢。大同中，[3]朱雀門災，武帝謂群臣曰："此門制狹，我始欲改構，遂遭天火。"相顧未答，敬容獨曰："此所謂先天而天不違。"[4]時以爲名對。

[1]訥：説話遲鈍，口才不好。

[2]詶答：應答，應對。　二宫：此處應指皇帝與太子。

[3]大同：南朝梁武帝蕭衍年號（535—546）。

[4]先天而天不違：語出《易·乾卦》："先天而天弗違，後天而奉天時。"

五年，改爲尚書令，[1]參選事如故。敬容久處臺閣，[2]詳悉晉魏以來舊事，且聰明識達，勤於簿領，[3]詰朝理事，[4]日旰不休。[5]職隆任重，專預機密，而拙於草隸，[6]淺於學術，通包苴餉餽，[7]無賄則略不交語。自晉宋以來，宰相皆文義自逸，敬容獨勤庶務，貪恡爲時所嗤鄙。

[1]尚書令：官名。尚書省長官。守宰相之任，位尊權重，不親庶務。南朝梁、陳時常缺而不置，尚書省日常政務通常由僕射主持。梁十六班。

[2]臺閣：指尚書臺。

[3]簿領：官府記事的簿册或文書。

[4]詰朝：清晨。《左傳》成公二年"詰朝請見"句杜預注云："詰朝，平旦。"

[5]日旰（gàn）：日暮。

[6]草隸：草書、隸書。

[7]包苴：賄賂。　餉餽：餽贈。

其署名"敬"字，則大作"苟"，小爲"文"，"容"字大爲"父"，小爲"口"。[1]陸倕戲之曰：[2]"公家'苟'既奇大，'父'亦不小。"敬容遂不能答。又多漏禁中語，[3]故嘲誚日至。[4]嘗有客姓吉，敬容問："卿與邴吉遠近？"[5]答曰："如明公之與蕭何。"[6]時蕭琛子巡頗有輕薄才，[7]因製卦名、離合等詩嘲之，[8]亦不屑也。

[1]大爲"父"，小爲"口"：大德本、汲古閣本、百衲本作"大爲口"，殿本作"大作父小爲口"，中華本據《册府元龜》補作"大爲父小爲口"，其校勘記云："各本脱'爲父小'三字，據《册府元龜》九五四補。按下陸倕云'父亦不小'，則作'大爲父小爲口'爲是。"底本不誤。

[2]陸倕：字佐公，吴郡吴（今江蘇蘇州市）人。本書卷四八有附傳，《梁書》卷二七有傳。

[3]禁中：天子所居住的宫苑。因不得隨便出入，故稱。

[4]嘲誚（qiào）：嘲弄譏誚。

[5]邴吉：一作丙吉。字少卿，魯國（今山東曲阜市）人。《漢書》卷七四有傳。

[6]蕭何：沛郡豐邑（今江蘇豐縣）人。秦末從劉邦起兵，劉邦稱帝後，論功第一。任相國，封酇侯。《史記》卷五三有世家，《漢書》卷三九有傳。

[7]蕭琛：字彦瑜，南蘭陵（今江蘇常州市武進區）人。本書卷一八有附傳，《梁書》卷二六有傳。

[8]卦名：此處指以《周易》卦名入句寫成的詩。　離合：雜體詩名。拆合文字以成詩文。《資治通鑑》卷二〇一《唐紀十七》高宗乾封二年胡三省注云："離合詩，離析字畫，合之成文，以見其意。"《藝文類聚》卷五六載有梁蕭巡《離合詩贈尚書令何敬容》，詩云："伎能本無取，支葉復單貧。柯條謬承日，木石豈知晨。狗馬誠難盡，犬羊非易馴。效嚬既不似，學步孰能真。實由紊朝典，是曰斁彝倫。俗化於兹鄙，人途自此分。"

帝嘗夢具朝服入太廟拜伏悲感，[1]旦於延務殿説所夢。敬容對曰："臣聞孝悌之至，通於神明。陛下性與天道，[2]故應感斯夢。"上極然之，便有拜陵之議。

[1]太廟：天子祭祀祖先的廟宇。

[2]天道：大德本同，汲古閣本、殿本、百衲本、中華本作"天通"。《梁書》卷三七《何敬容傳》未載此事。《通志》卷一四二、《册府元龜》卷一八九皆作"天通"。據上下文意，疑應作"天通"是。

後坐妾弟費惠明爲導倉丞夜盜官米，[1]爲禁司所執，送領軍府。[2]時河東王譽爲將軍，[3]敬容以書解惠明。譽前經屬事不行，因此即封書以奏。帝大怒，付南司推劾。[4]御史中丞張綰奏敬容協私罔上，[5]合棄市。詔特免職。到溉謂朱异曰：[6]"天時便覺開霽。"[7]其見嫉如此。

[1]費惠明：大德本、汲古閣本、殿本、百衲本同，中華本作"慧明"。　導倉丞：官名。大德本、汲古閣本、殿本、百衲本同，中華本"導"作"䆃"。《梁書》卷三七《何敬容傳》亦作"導"。據《隋書·百官志上》叙梁官制云："司農卿，位視散騎常侍，主農功倉廩。統太倉、導官、籍田、上林令，又管樂遊、北苑丞，左右中部三倉丞，莢庫、荻庫、箬庫丞，湖西諸屯主。"梁有導官令，左右中部三倉丞，未見有導倉丞。宋、齊均有導官丞，亦未見有導倉丞。《宋書·百官志上》云："䆃官令，一人。丞一人。掌舂御米。漢東京置。䆃，擇也。擇米令精也。"

[2]領軍：官名。領軍將軍省稱。梁十五班。

[3]河東王譽：蕭譽。字重孫，梁昭明太子第二子。武帝普通二年（521），封枝江縣公。中大通三年（531），改封河東郡王。大同九年（543），爲領軍將軍。本書卷五三、《梁書》卷五五有傳。河東，郡名。治松滋縣，在今湖北松滋市西北。　將軍：大德本、百衲本同，汲古閣本、殿本、中華本作"領軍"。《梁書·何敬容傳》作"領軍將軍"。據上文"送領軍府"，此似應爲"領軍"。

[4]南司：御史中丞的别稱。南北朝時御史臺在尚書省南，稱南臺，御史中丞爲御史臺長官，故稱"南司"。

[5]御史中丞：官名。梁十一班。　張綰：字孝卿，范陽方城（今河北固安縣）人。本書卷五六、《梁書》卷三四有附傳。

[6]到溉：字茂灌，彭城武原（今江蘇邳州市）人。本書卷二五有附傳，《梁書》卷四〇有傳。　朱异：字彦和，吴郡錢唐（今

浙江杭州市）人。本書卷六二、《梁書》卷三八有傳。

［7］開霽：雨雪過後，天氣轉晴。

初，沙門釋寶誌嘗謂敬容曰：[1]“君後必貴，終是‘何’敗耳。”[2]及敬容爲宰相，謂何姓當爲其禍，故抑没宗族，無仕進者，至是竟爲河東所敗。[3]

［1］釋寶誌：僧人。梁武帝天監十三年（514）卒。本書卷七六有傳。

［2］終是‘何’敗耳：《梁書》卷三七《何敬容傳》作“然終是何敗何耳”。據下文“爲河東所拜”，《梁書》於文意表達更爲清晰。

［3］河東：指河東王蕭譽。

中大同元年三月，[1]武帝幸同泰寺講《金字三惠經》，[2]敬容啓預聽，敕許之。又起爲金紫光禄大夫，[3]未拜，又加侍中。敬容舊時賓客門生諠譁如昔，冀其復用。會稽謝郁致書戒之曰：

［1］中大同：南朝梁武帝蕭衍年號（546—547）。

［2］同泰寺：建於梁武帝大通元年（527）。在今江蘇南京市雞籠山雞鳴寺附近。　《金字三惠經》：佛教經典。晋佚名譯。大德本、汲古閣本、殿本、百衲本同，中華本作“金字三慧經”。

［3］金紫光禄大夫：官名。梁十四班。

草萊之人，[1]聞諸道路，君侯已得瞻望朝夕，[2]出入禁門。醉尉將不敢呵，灰然不無其漸，[3]甚休！

敢賀於前，又將吊也。

[1]草萊：鄉野，民間。

[2]瞻望朝夕：謂早晚朝見皇帝。

[3]醉尉將不敢呵，灰然不無其漸：二句皆喻指失勢之人被重新起用。“醉尉將不敢呵”典出《史記》卷一〇九《李將軍列傳》，李廣被貶爲庶人後，家居數年，“廣家與故潁陰侯孫屏野居藍田南山中射獵。嘗夜從一騎出，從人田閒飲。還至霸陵亭，霸陵尉醉，呵止廣。廣騎曰：‘故李將軍。’尉曰：‘今將軍尚不得夜行，何乃故也！’止廣宿亭下。居無何，匈奴入殺遼西太守，敗韓將軍，後韓將軍徙右北平。於是天子乃召拜廣爲右北平太守。廣即請霸陵尉與俱，至軍而斬之”。“灰然不無其漸”典出《史記》卷一〇八《韓長孺列傳》：“安國坐法抵罪，蒙獄吏田甲辱安國。安國曰：‘死灰獨不復然乎？’田甲曰：‘然即溺之。’居無何，梁内史缺，漢使使者拜安國爲梁内史，起徒中爲二千石。田甲亡走。安國曰：‘甲不就官，我滅而宗。’甲因肉袒謝。安國笑曰：‘可溺矣！公等足與治乎？’卒善遇之。”漸，徵兆。

昔流言裁至，公旦東奔，[1]燕書始來，子孟不入。[2]夫聖賢被虚過以自斥，[3]未有嬰時疊而求親者也。[4]且暴鰓之魚，不念杯酌之水；[5]雲霄之翼，豈顧籠樊之糧。[6]何者？所託已盛也。昔君侯納言加首，[7]鳴玉在腰，[8]回豐貂以步文昌，[9]聳高蟬而趨武帳，[10]可謂盛矣。不以此時薦才拔士，少報聖主之恩，今卒如爰絲之説，[11]受責見過，方復欲更窺朝廷，觖望萬分，[12]竊不爲左右取也。昔竇嬰、楊惲亦得罪明時，[13]不能謝絶賓客，猶交黨援，[14]卒無後福，終益前禍。僕之所吊，實在於斯。

［1］流言裁至，公旦東奔：典出《尚書·金縢》："武王既喪，管叔及其群弟乃流言於國，曰：'公將不利於孺子。'周公乃告二公曰：'我之弗辟，我無以告我先王。'周公居東二年，則罪人斯得。"流言裁至，《梁書》卷三七《何敬容傳》作"流言裁作"。裁，通"纔"。剛剛。公旦，周公旦。西周文王之弟，輔佐周武王伐紂滅商。

［2］燕書始來，子孟不入：典出《漢書》卷六八《霍光傳》："燕王旦自以昭帝兄，常懷怨望。及御史大夫桑弘羊建造酒榷鹽鐵，爲國興利，伐其功，欲爲子弟得官，亦怨恨光。於是蓋主、上官桀、安及弘羊皆與燕王旦通謀，詐令人爲燕王上書，言'……光專權自恣，疑有非常。臣旦願歸符璽，入宿衛，察姦臣變'。候司光出沐日奏之。桀欲從中下其事，桑弘羊當與諸大臣共執退光。書奏，帝不肯下。明旦，光聞之，止畫室中不入。上問'大將軍安在？'左將軍桀對曰：'以燕王告其罪，故不敢入。'"燕，指燕王劉旦。漢武帝之子。後謀奪帝位，事敗自殺。《漢書》卷六三有傳。子孟，即霍光。字子孟。受漢武帝遺命輔佐少主。昭帝死後，又迎立昌邑王劉賀爲帝，旋即廢劉賀，立宣帝。執政二十餘年。

［3］虚過：毫無依據的過錯。　斥：驅逐，擯斥，疏遠。

［4］嬰：遭受，遭遇。

［5］暴鰓之魚，不念杯酌之水：欲躍上龍門之魚，不會惦記杯勺之水。暴鰓，亦作曝鰓。傳説集於龍門之魚，得上者成龍，不得上者暴鰓於龍門。《太平御覽》卷四〇云："《三秦記》曰：河津，一名龍門，巨靈迹猶在，去長安九百里，江海大魚洎集門下數千，不得上，上則爲龍，故云曝鰓龍門。"《梁書·何敬容傳》作"曝鰓之鱗，不念杯杓之水"。馬宗霍《南史校證》云："按《梁書》本傳'魚'作'鱗'，'酌'作'杓'皆是也。'鱗'與下文之'翼'

對，視‘魚’字爲工。《説文》：‘勺，挹取也。’爲杯杓本字，‘酌’則通用字也。”（第 524 頁）

[6]雲霄之翼，豈顧籠樊之糧：飛上雲霄的鵬鳥，不會顧念鳥籠裏的食物。籠樊，鳥籠。

[7]納言：尚書等近臣所用的幘巾。《續漢書·輿服志》云：“尚書幘收，方三寸，名曰納言，示以忠正，顯近職也。”

[8]鳴玉：腰間的佩玉。

[9]豐貂：珍貴的貂尾。帝王近侍的冠飾。

[10]高蟬：蟬冠。帝王侍從官員之冠以貂尾蟬文爲飾。

[11]爰絲：袁盎，又作爰盎。字絲，楚人。《史記》卷一〇一、《漢書》卷四九有傳。

[12]觖望：企求，希望。

[13]竇嬰：字王孫，漢文帝竇皇后侄。文帝時爲吴相，病免。景帝時爲大將軍，封魏其侯。武帝時，爲丞相。因得罪竇太后，以侯家居。與灌夫相善，交惡於丞相田蚡，最終遭陷害被殺。《史記》卷一〇七、《漢書》卷五二有傳。　楊惲：字子幼，華陰（今陝西華陰市）人。母爲司馬遷女。漢宣帝封平通侯，遷中郎將。後因與太僕戴長樂不和，被其誣告，免爲庶人。居家治産業，起室宅，其友人孫會宗與書戒之，“爲言大臣廢退，當闔門惶懼，爲可憐之意，不當治産業，通賓客，有稱譽”。後有告其驕奢不悔過，按驗時得其答孫會宗書，有惡語怨上，被處腰斬。《漢書》卷六六有傳。

[14]黨援：黨與。

人人所以頗猶有踵君侯之門者，[1]未必皆感惠懷仁，有灌夫、任安之義，[2]乃戒翟公之大署，[3]冀君侯之復用也。夫在思過之日，而挾復用之意，未可爲智者説矣。夫君侯宜杜門念失，[4]無有所通，築茅茨於鍾阜，[5]聊優游以卒歲，[6]見可憐之意，著待終之情，復仲尼能改之言，[7]惟士貞更也之譬，[8]少戢言於衆口，[9]微自救於竹帛，[10]所謂“失之東隅，收之桑榆”。[11]如此，令明主聞知，尚有冀也。

[1]踵：到，至。

[2]灌夫：字仲孺，潁陰（今河南許昌市）人。漢武帝時，爲淮陽太守，入爲太僕。因醉酒失禮，徙爲燕相。後坐法免官家居。魏其侯竇嬰失勢家居後，諸賓客多不與交游，唯灌夫如故。與丞相田蚡交惡，後田蚡借酒宴中灌夫謾罵事，劾其罵坐不敬，被殺。事見《史記》卷一〇七《魏其武安侯列傳》，《漢書》卷五二有傳。任安：字少卿，滎陽（今河南滎陽市）人。初爲將軍衛青舍人，漢武帝元狩年間，驃騎將軍霍去病日益顯貴，大將軍衛青門下故人多趨附驃騎將軍，皆得官爵，唯任安不肯。事見《史記》卷一〇四《田叔列傳》“褚先生曰”部分内容。

[3]翟公之大署：典出《史記》卷一二〇《汲鄭列傳》：“太史公曰：夫以汲、鄭之賢，有勢則賓客十倍，無勢則否，况衆人乎！下邽翟公有言，始翟公爲廷尉，賓客闐門；及廢，門外可設雀羅。翟公復爲廷尉，賓客欲往，翟公乃大署其門曰：‘一死一生，乃知交情。一貧一富，乃知交態。一貴一賤，交情乃見。’”

[4]杜門：閉門。

[5]茅茨：茅屋。　鍾阜：山名。即鍾山。

[6]聊：姑且。　優游：悠閑自得。

[7]仲尼能改之言：或指《論語·述而》所云：“子曰：‘德之不修，學之不講，聞義不能徙，不善不能改，是吾憂也。’”

[8]惟士貞更也之譬：大德本、汲古閣本、殿本、百衲本、中華本“士貞”作“子貢”。《梁書》卷三七《何敬容傳》亦作“子貢”。《論語·子張》云：“子貢曰：‘君子過也，如日月之食焉：過也，人皆見之；更也，人皆仰之。’”疑底本誤。

[9]戢：止息。

[10]竹帛：古時無紙，用竹簡和絹書寫。此代指史籍。

[11]失之東隅，收之桑榆：比喻此處雖有所失，但彼時終有所得。據《後漢書》卷一七《馮異傳》，東漢光武帝時，馮異大敗赤眉軍，"璽書勞異曰：'赤眉破平，士吏勞苦，始雖垂翅回谿，終能奮翼黽池，可謂失之東隅，收之桑榆。方論功賞，以答大勳。'"東隅，日出之處。桑榆，落日所照之處。《後漢書·馮異傳》李賢注云："桑榆，謂晚也。"

僕東皋鄙人，[1]入穴幸無銜寠，[2]耻天下之士，不爲執事道之，[3]故披肝膽，示情素，君侯豈能鑒焉。

[1]東皋：田園，原野。　鄙人：淺陋的人。

[2]入穴幸無銜寠：如鼠入穴没有任何妨礙。比喻行事没有任何牽絆。典出《漢書》卷六六《楊惲傳》："惲曰：'事何容易！脛脛者未必全也。我不能自保，真人所謂鼠不容穴銜寠數者也。'"顏師古注云："李奇曰：'真人，正人也。'如淳曰：'所以不容穴，坐銜寠數自妨，故不得入穴。'師古曰：'寠數，戴器也。寠音其羽反。數音山羽反。解在《東方朔傳》。惲自云今之讒人，亦於己有妨。'"寠，即寠數。《漢書》卷六五《東方朔傳》顏師古注云："寠數，戴器也，以盆盛物戴於頭者，則以寠數薦之，今賣白團餅人所用者是也。"

[3]執事：對對方的敬稱。此處爲謝郁對何敬容的敬稱。

太清元年，[1]遷太子詹事，[2]侍中如故。二年，侯景襲建鄴，[3]敬容自府移家臺内。[4]初，景於渦陽退敗，[5]

未得審實，傳者乃云其將暴顯反，[6]景身與衆並没。朝廷以爲憂。敬容尋見東宫，[7]簡文謂曰："淮北始更有信，侯景定得身免。"敬容曰："得景遂死，深是朝廷之福。"簡文失色，問其故，對曰："景翻覆叛臣，終當亂國。"

［1］太清：南朝梁武帝蕭衍年號（547—549）。

［2］太子詹事：官名。梁十四班。

［3］侯景：字萬景，懷朔鎮（今内蒙古固陽縣）人。初仕北魏，梁武帝太清元年降梁，封河南王。二年，舉兵反，圍建康，梁武帝餓死。先後立簡文帝、豫章王蕭棟，後又殺簡文帝、廢蕭棟，自立爲帝。史稱"侯景之亂"。本書卷八〇、《梁書》卷五六有傳。建鄴：又稱建業、建康，在今江蘇南京市。

［4］臺内：臺城之内。

［5］景於渦陽退敗：大德本、汲古閣本、殿本、百衲本、中華本無"於"字。《梁書》卷三七《何敬容傳》亦有。渦陽，縣名。治所在今安徽蒙城縣。

［6］暴顯：字思祖，魏郡斥邱（今河北安成縣）人。《北齊書》卷四一、《北史》卷五三有傳。

［7］東宫：指簡文帝蕭綱。字世纘，小字六通，梁武帝第三子，昭明太子母弟。武帝中大通三年（531）昭明太子死後，立爲太子。本書卷八、《梁書》卷四有紀。

是年，簡文頻於玄圃自講《老》《莊》二書，[1]學士吴孜時寄詹事府，[2]每日入聽。敬容謂孜曰："昔晋氏喪亂，頗由祖尚虚玄，[3]胡賊遂覆中夏。[4]今東宫復襲此，殆非人事，其將爲戎乎。"俄而侯景難作，其言有徵也。三年，卒于圍内。

[1]玄圃：齊文惠太子所建。位於東宫之內。《資治通鑑》卷一六一《梁紀十七》武帝太清二年胡三省注云："自蕭齊以來，東宫有玄圃。崐崙之山三級，下曰樊桐，二曰玄圃，三曰層城，太帝之所居。東宫次於帝居，故立玄圃。"

[2]詹事府：官署名。南北朝設。以詹事爲長官，管理東宫事務。東宫内外大小衆務及輔翊太子之職皆屬之，職權甚重。

[3]虚玄：《梁書》卷三七《何敬容傳》作"玄虚"。

[4]胡賊遂覆中夏：《梁書·何敬容傳》作"胡賊殄覆中夏"。中夏，指中原地區。

何氏自晋司空充、宋司空尚之奉佛法，並建立塔寺，至敬容又捨宅東爲伽藍，[1]趨權者因助財造構，敬容並不拒，故寺堂宇頗爲宏麗。時輕薄者因呼爲"衆造寺"。及敬容免職出宅，止有常用器物及囊衣而已，[2]竟無餘財貨，時亦以此稱之。

[1]伽藍：梵語音譯僧伽藍摩的省稱。指僧衆居住的庭院。後因指寺院。

[2]囊衣：一囊衣物。指其居官不蓄財。《漢書》卷七二《王吉傳》"所載不過囊衣"句顔師古注云："一囊之衣也。有底曰囊，無底曰橐。"

敬容特爲從兄胤所親愛，[1]胤在若邪山嘗疾篤，[2]有書云："田疇館宇悉奉衆僧，書經並歸從弟敬容。"其見知如此。敬容唯有一子，年始八歲。在吴，臨還，與胤别，胤問名，敬容曰："仍欲就兄求名。"胤即命紙筆，名曰瑴。曰："《書》云兩玉曰瑴，吾與弟二家共此一子，所謂轂也。”位秘書丞，[3]早卒。

[1]敬容特爲從兄胤所親愛：以下至“所謂轂也”，《梁書》卷三七《何敬容傳》無此段内容。《通志》卷一四二有，但“從兄胤”作“從兄允”，其下“胤”皆爲“允”。

[2]疾篤：病重。

[3]秘書丞：官名。秘書省屬官，佐秘書監掌國家典籍圖書。南朝出仕者多爲僑姓高門，爲清要之官，當時稱爲“天下清官”。梁八班。

論曰：尚之以雅道自居，用致公輔，[1]行己之迹，[2]動不踰閑。[3]及乎洗閤取譏，[4]皮冠獲誚，貞粹之地，高人未之全許。然父子一時並處權要，雖經屯詖，[5]咸以功名自卒，古之所謂巧宦，[6]此之謂乎。點、胤弟兄俱云遁逸，求其蹈履，[7]則非曰山林，[8]察其持身，[9]則未捨名譽。觀夫子晳之赴惠景，[10]子秀之矯敬沖，[11]以迹以心，居然可測。而高自摽致，[12]一代歸宗，以之入用，未知所取。斯殆虚勝之風，[13]江東所尚，[14]不然何以至於此也？昌寓雅仗名節，殆曰人望。[15]敬容材實幹蠱，[16]賄而敗業，惜乎。

[1]公輔：古代有三公、四輔。代指位高權重之臣。

[2]行己：立身行事。

[3]動不踰閑：行事舉動不逾越禮法。踰閑，《論語·子張》云：“子夏曰：大德不踰閑。”孔安國云：“閑，猶法也。”

[4]洗閤取譏：指元凶弑立後，何尚之爲司空、尚書令，何偃爲侍中，父子並處權要，遂塗黄其府之門。據《宋書·禮志二》，

天子朱門，三公黄閤，以别於天子。後義師討伐元凶，又洗黄閤事。此事載於本書卷三二《張暢傳》:“孝武宴朝賢，暢亦在坐。何偃因醉曰:‘張暢故是奇才，同義宣作賊，亦能無咎，非才何以致此?’暢乃厲聲曰:‘太初之時，誰黄其閤?’帝曰:‘何事相苦。’初，元凶時，偃父尚之爲元凶司空，義師至新林，門生皆逃，尚之父子與婢妾共洗黄閤，故暢譏之。”趙翼《十七史商榷》卷六〇云:“《何尚之傳論》‘洗閤取譏’，傳中無所謂洗閤事，乃别見《張暢傳》，但此事何不直載入《尚之傳》邪?此傳論不相應，殊爲非體。”

[5]屯詖：艱難險阻。

[6]巧宦：善於鑽營趨附的官員。

[7]蹈履：踐行，實行。

[8]山林：借指隱居。

[9]持身：立身，修身。

[10]惠景：指崔惠景。大德本、汲古閣本、殿本、百衲本同，中華本作“慧景”。

[11]子秀之矯敬沖：大德本、汲古閣本、殿本、百衲本同，中華本“秀”作“季”。其校勘記云:“‘子季’各本作‘子秀’，據《何胤傳》改。按子季，何胤之字；敬沖，謝朏之字。”應據改。

[12]摽致：風格。摽，同“標”。

[13]虚勝之風：愛好虚譽的風氣。

[14]江東：又稱江左。晋元帝司馬睿南遷，以建康爲都城，在長江以東建立基業，偏安一隅，故南朝人稱東晋爲江左。

[15]人望：衆人仰望之人。

[16]幹蠱：即幹父之蠱。有才能堪承父業之人。《易·蠱卦》云:“初六：幹父之蠱，有子，考无咎，厲終吉。”王弼注云:“處事之首，始見任者也。以柔巽之質，幹父之事，能承先軌，堪其任者也。”蠱，事。

南史　卷三一

列傳第二十一

張裕 子永[1] 岱 岱兄子緒 緒子完 充 永子瓌 瓌子率 率弟盾 瓌弟稷 稷子嵊 稷從子種[2]

[1]永：大德本、殿本、百衲本同，汲古閣本作“演”。

[2]稷從子種：大德本、汲古閣本、百衲本同，殿本作“永從孫種”。

張裕字茂度，吴郡吴人也，[1]名與宋武帝諱同，[2]故以字稱。曾祖澄，晋光禄大夫。[3]祖彭祖，廣州刺史。[4]父敞，侍御史，[5]度支尚書，[6]吴國内史。[7]

[1]吴郡：郡名。治吴縣，在今江蘇蘇州市。　吴：縣名。治所在今江蘇蘇州市。

[2]宋武帝：劉裕。字德興，小名寄奴，彭城（今江蘇徐州市）綏輿里人。南朝宋建立者。晋安帝義熙十二年（416）加領征西將軍。仕晋官至相國，封宋王。晋恭帝元熙二年（420）代晋稱帝，改元永初。本書卷一、《宋書》卷一至卷三有紀。

[3]光禄大夫：官名。作爲在朝顯職的加官，以示優崇。或授

予年老有病者爲致仕之官，亦常用爲卒後贈官，無職掌。晋三品。

[4]廣州：州名。治番禺縣，在今廣東廣州市。

[5]侍御史：官名。御史臺屬官，分曹治事。西晋員九人，掌吏曹、課第曹、直事曹、印曹、中都督曹、外都督曹、媒曹、符節曹、水曹、中壘曹、營軍曹、法曹、算曹十三曹。東晋初，省課第曹，置庫曹，掌廄牧牛馬市租，後分庫曹，置外左庫、内左庫二曹。晋六品。

[6]度支尚書：官名。尚書省度支曹長官。掌全國財賦收支會計及事役漕運物價屯田等政令。晋三品。《宋書》卷五三《張茂度傳》作“尚書”。

[7]内史：官名。王國行政長官，掌治民，職如太守。

茂度仕爲宋武帝太尉主簿、楊州中從事，[1]累遷别駕。[2]武帝西伐劉毅，[3]北伐關洛，[4]皆居守留任州事。出爲都督、廣州刺史、平越中郎將，[5]綏静百越，[6]嶺外安之。[7]

[1]太尉主簿：官名。太尉府主簿。主簿，主管府内文書簿籍，經辦事務。　楊州：州名。治建康縣，在今江蘇南京市。　中從事：官名。即治中從事史。本書避唐高宗李治諱省“治”字，又簡稱中從事。州刺史屬官。掌文書案卷衆事。《宋書》卷五三《張茂度傳》作“治中從事史”。

[2]别駕：官名。州的佐吏，因從刺史行部，别乘傳車，故稱“别駕”。位居州吏之首，州事無所不統，秩輕任重。

[3]西伐劉毅：指晋安帝義熙八年（412），劉裕西征劉毅事。劉毅，字希樂，彭城沛（今江蘇沛縣）人。先與劉裕共討桓玄，興復晋室。後懷異心，與劉裕不和。劉裕出兵征討，於江陵兵敗自縊。《晋書》卷八五有傳。

[4]北伐關洛：指晋安帝義熙十二年，後秦皇帝姚興去世，姚泓即位，後秦内部叛亂，劉裕趁機北討，並於次年滅後秦。關洛，關中、洛陽。此處代指後秦政權。

[5]都督：官名。地方軍政長官，亦稱都督諸州軍事，領駐在州刺史，兼理民政，無固定品級，多帶將軍名號，分使持節、持節、假節三種，職權各有不同。據《宋書·張茂度傳》，“高祖北伐關洛，復任留州事。出爲使持節、督廣交二州諸軍事、建武將軍、平越中郎將、廣州刺史”，知張茂度此時並未爲都督諸軍，而是督諸軍，位低於都督諸軍。《宋書·百官志上》云：“晋世則都督諸軍爲上，監諸軍次之，督諸軍爲下。使持節爲上，持節次之，假節爲下。使持節得殺二千石以下；持節殺無官位人，若軍事得與使持節同；假節唯軍事得殺犯軍令者。”本書於都督、監、督諸軍事之官記載多删節添改，訛誤甚多。王鳴盛《十七史商榷》卷六四《都督刺史》云：“《南史》於都督諸州者，或添加都督，或謂之都督某州刺史，間或於監諸州、督諸州之督而亦云加都督，又或因監、督與都督不同，故監、督則竟直書某州刺史，而使持節等遂抹去之。”　平越中郎將：官名。西晋武帝置，掌南越事務。居廣州，多兼任廣州刺史。

[6]百越：中國古代南方越人的總稱。因部族衆多，故稱。

[7]嶺外：五嶺以南的地區。

元嘉元年，[1]爲侍中、都督、益州刺史。[2]帝討荆州刺史謝晦，[3]詔益州遣軍襲江陵。[4]晦平，西軍始至白帝。[5]茂度與晦素善，議者疑其出軍遲留。弟邵時爲湘州刺史，[6]起兵應大駕。[7]上以邵誠節，故不加罪。累遷太常，[8]以脚疾出爲義興太守。[9]上從容謂曰：“勿以西蜀介懷。”[10]對曰：“臣不遭陛下之明，墓木拱矣。”[11]

[1]元嘉：南朝宋文帝劉義隆年號（424—453）。

[2]侍中：官名。門下侍中省長官。掌奏事，直侍左右，應對獻替。法駕出，則正直一人負璽陪乘。殿内門下衆事皆掌之。宋三品。據《宋書》卷五三《張茂度傳》，宋文帝元嘉元年，其所任官職無侍中一職。　都督：據《宋書·張茂度傳》“出爲使持節、督益寧二州梁州之巴西梓潼宕渠南漢中秦州之懷寧安固六郡諸軍事”，此又爲督諸軍，非都督。　益州：州名。治成都縣，在今四川成都市。

[3]荆州：州名。治江陵縣，在今湖北荆州市荆州區。　謝晦：字宣明，陳郡陽夏（今河南太康縣）人。宋少帝即位後，與徐羡之、傅亮共輔朝政。後共謀廢少帝，立文帝。出鎮荆州。文帝誅徐羡之、傅亮後，發兵征討。兵敗，執送京師，被誅。本書卷一九、《宋書》卷四四有傳。

[4]江陵：縣名。治所在今湖北荆州市荆州區。

[5]白帝：城名。在今重慶奉節縣白帝山上。

[6]邵：張邵。字茂宗。宋初以佐命功，封臨沮伯。分荆州立湘州，以爲刺史。本書卷三二、《宋書》卷四六有傳。　湘州：州名。治臨湘縣，在今湖南長沙市。

[7]大駕：天子的車駕，此處代指皇帝。皇帝出行，儀仗隊規模最大者爲大駕，在法駕、小駕之上。

[8]太常：官名。南朝禮儀郊廟制度由尚書八座及儀曹裁定，太常位尊職閑。宋三品。

[9]義興：郡名。治陽羡縣，在今江蘇宜興市。

[10]勿以西蜀介懷：《宋書·張茂度傳》“上以邵誠節，故不加罪”句後，有“被代還京師”一句。據此，宋文帝雖未治張裕出軍遲留之罪，但仍免其益州刺史之職。“勿以西蜀介懷”應即指因出軍遲留被代還京師事。本書删節，衹云“故不加罪”，導致“介懷”無有所指。

[11]墓木拱矣：墓地種植的樹木有兩隻手合圍起來那麽粗了。

拱，兩手合圍。《左傳》僖公三十二年云："爾墓之木拱矣。" 杜預注云："合手曰拱。"

後爲都官尚書，[1]以疾就拜光禄大夫，[2]加金章紫綬。[3]茂度内足於財，自絶人事，經始本縣之華山爲居止。[4]優游野澤，如此者七年。十八年，除會稽太守。[5]素有吏能，職事甚理。卒於官，[6]謚曰恭子。

[1]都官尚書：官名。尚書省都官曹長官。掌管都官、水部、庫部、功論四曹。職掌刑獄徒隸、水利庫藏等。宋三品。

[2]光禄大夫：官名。宋三品。

[3]金章紫綬：金色印章，紫色絲帶。

[4]經始：開始經營，營建。《詩·大雅·靈臺》云："經始靈臺，經之營之。" 毛亨傳云："經，度之也。"　華山：山名。在今江蘇蘇州市。《太平寰宇記》卷九一《江南東道三·吴縣》云："華山，在縣西六十三里。《華山精舍記》并老子《枕中記》云：'吴西界有華山，可以度難。父老云山頂北有池，上生千葉蓮華，服之人羽化，因曰華山。長林森天，荒楚蔽日。'"

[5]會稽：郡名。治山陰縣，在今浙江紹興市。

[6]卒於官：按，據《宋書》卷五三《張茂度傳》，卒於宋文帝元嘉十九年（442），年六十七。

子演，位太子中舍人。[1]演四弟鏡、永、辯、岱俱知名，[2]時謂之張氏五龍。

[1]太子中舍人：官名。東宮屬官。選舍人中才學俱佳者爲之，與太子中庶子共掌東宮文翰，侍從規諫太子，綜典奏事文書等，位

在太子中庶子下、洗馬上。

[2]鏡：《宋書》卷五三《張茂度傳》同。王鳴盛《十七史商榷》卷六一《敷演鏡暢》云："《宋書·張邵傳》：'子敷、演、敬，有名於世。'又：'邵，兄偉之子。'《暢傳》亦云：'暢少與從兄敷、演、敬齊名。'考《南齊書》第四十一卷暢之子《融傳》云：'張氏知名，前有敷、演、鏡、暢，後有充、融、卷、稷。'《南史》三十二卷《融傳》與《南齊》同，'敬'皆作'鏡'。案：《宋史·太祖本紀》：'太祖姓趙氏，諱匡胤，祖名敬。'此當爲宋人校者避諱而改。"李慈銘《宋書札記·張邵傳》云："子敷、演、敬有名於世。慈銘案：《南史》'敬'作'鏡'，蓋趙宋避太祖之祖諱'敬'，故改爲'鏡'，《宋書》則改之未盡也。官本乃俱改爲'鏡'。又載之於《考證》，以示其校改之精。豈知爾時人無有以鏡爲名者乎。"二説是，當本名爲"敬"，宋時校書者避宋太祖趙匡胤祖父趙敬諱改。但改未盡，故"鏡""敬"雜出。

鏡少與光禄大夫顔延之鄰居，[1]顔談義飲酒，喧呼不絶，而鏡静默無言聲。後鏡與客談，延之從籬邊聞之，取胡牀坐聽，[2]辭義清玄。延之心服，謂客曰："彼有人焉。"由是不復酣叫。仕至新安太守。[3]演、鏡兄弟中名最高，餘並不及。

[1]顔延之：字延年，琅邪臨沂（今山東臨沂市）人。本書卷三四、《宋書》卷七三有傳。

[2]胡牀：亦稱交床、繩床。一種可折疊的輕便坐具。約在東漢末年傳入中國，魏晋時逐漸普及。《資治通鑑》卷九七《晋紀十九》穆帝永和三年胡三省注云："胡牀，蓋今交椅之類。孔穎達曰：今之交牀，制本自虜來，隋以讖有胡，改名交牀。"

[3]新安：郡名。治始新縣，在今浙江淳安縣西北。

初，裕曾祖澄當葬父，郭璞爲占墓地，[1]曰："葬某處，年過百歲，位至三司，[2]而子孫不蕃。[3]某處年幾減半，位裁卿校，[4]而累世貴顯。"澄乃葬其劣處。位光禄，年六十四而亡，[5]其子孫遂昌云。[6]

[1]郭璞：字景純，河東聞喜（今山西聞喜縣）人。精五行、天文、卜筮。《晋書》卷七二有傳。

[2]三司：即三公。太尉、司徒、司空。

[3]蕃：衆多，興旺。

[4]裁：通"纔"。僅僅。　卿校：指諸卿、諸校尉級别官員。

[5]亡：大德本、汲古閣本、殿本同，百衲本訛作"云"。

[6]遂：大德本、殿本、百衲本同，汲古閣本作"蕃"。

永字景雲，初爲郡主簿，累遷尚書中兵郎。[1]先是尚書中條憲繁雜，[2]元嘉十八年，欲加脩撰，徙永爲删定郎，[3]掌其任。二十二年，除建康令，[4]所居皆有稱績。又除廣陵王誕北中郎録事參軍。[5]

[1]尚書中兵郎：官名。尚書省中兵曹長官。屬五兵尚書，掌都城畿内軍隊政令軍務。宋六品。

[2]憲：大德本、汲古閣本、殿本、百衲本作"制"。《宋書》卷五三《張永傳》亦作"制"。

[3]删定郎：官名。尚書省删定曹長官。屬吏部尚書，掌制定律令法規。宋六品。

[4]建康：縣名。治所在今江蘇南京市。

[5]廣陵王誕：劉誕。字休文，宋文帝第六子。文帝元嘉二十年（443），封廣陵王。二十一年，任北中郎將。二十六年，改封隨

郡王。三十年，助孝武帝討伐元凶劉劭，改封竟陵王。本書卷一四、《宋書》卷七九有傳。　北中郎録事參軍：官名。即北中郎將府録事參軍。録事參軍，公府、將軍府、州刺史開軍府者皆置，爲録事曹長官，掌總録衆曹文簿，舉彈善惡，位在列曹參軍上。

永涉獵書史，能爲文章，善隸書，騎射雜藝，觸類兼善。[1]又有巧思，益爲文帝所知。[2]紙墨皆自營造，上每得永表啓，輒執玩咨嗟，自嘆供御者了不及也。二十三年，造華林園、玄武湖，[3]並使永監統。凡所制置，皆受則於永。永既有才能，每盡心力，文帝謂堪爲將。二十九年，以永爲揚威將軍、冀州刺史，[4]加都督。王玄謨、申坦等諸將經略河南，[5]進攻碻磝，[6]累旬不拔，爲魏軍所殺甚衆。永即夜撤圍退軍，不報告諸將，衆軍驚擾，爲魏所乘，死敗塗地。永及申坦並爲統府撫軍將軍蕭思話所收，[7]繫於歷城獄。[8]文帝以屢征無功，諸將不可任，詔責永等與思話。[9]又與江夏王義恭書曰：[10]"早知諸將輩如此，恨不以白刃驅之，今者悔何所及。"

[1]觸類：接觸相類似的事物。

[2]文帝：南朝宋文帝劉義隆。小字車兒，宋武帝第三子。本書卷二、《宋書》卷五有紀。

[3]華林園：宫苑名。本吴時宫苑，東晋稱華林園，以仿魏洛陽之華林園。在今江蘇南京市雞籠山南古臺城内。　玄武湖：在今江蘇南京市東北。本名後湖，規模較今玄武湖大。據説宋文帝元嘉年間湖中見黑龍，故稱玄武湖。西北通長江，向南由青溪溝通淮水(秦淮河)。南朝時爲屯駐戰船、水軍演練之所。

[4]揚威將軍：官名。與建威、振威、奮威、廣威將軍並稱五

威將軍。宋四品。丁福林《宋書校議》卷五三云:“‘揚威將軍’《南史·張裕傳》同。今考之本書《蕭思話傳》又載思話於元嘉二十九年‘統揚武將軍、冀州刺史張永衆軍圍碻磝’,記是時張永爲揚武將軍,與此作‘揚威將軍’有異。今復考之《蕭思話傳》有‘永司馬崔訓’之語,是崔訓時乃張永軍府司馬也。《通鑑》卷一二六載是時事有云:‘諸軍攻碻磝,治三攻道:張永等當東道,濟南太守申坦當西道,揚武司馬崔訓當南道。’則崔訓既爲張永揚武府司馬,是時張永必爲揚武將軍無疑。《蕭思話傳》是也。此‘揚威’,乃‘揚武’之訛。”(上海古籍出版社2002年版,第217頁)其説是。 冀州:州名。南朝宋文帝元嘉九年(432)僑置,治歷城縣,在今山東濟南市。宋明帝泰始六年(470)與青州合僑置於鬱洲,在今江蘇連雲港市東雲臺山一帶。

[5]加都督。王玄謨、申坦等諸將經略河南:據《宋書》卷五三《張永傳》:“二十九年,以永督冀州青州之濟南樂安太原三郡諸軍事、揚威將軍、冀州刺史,督王玄謨、申坦等諸將,經略河南。”馬宗霍《南史校證》云:“按依《宋書》本傳,‘都督’下當重出‘督’字,分屬下文。《南史》省去,非是。”(湖南教育出版社2008年版,第527頁)馬説是,“王玄謨”前應補“督”字。加都督,據《宋書·張永傳》,此時張永爲督諸軍。王玄謨,字彦德,太原祁(今山西祁縣)人。本書卷一六、《宋書》卷七六有傳。申坦,魏郡魏(今河北大名縣)人。本書卷七〇、《宋書》卷六五有附傳。

[6]碻磝:城名。在今山東聊城市茌平區西南古黄河南岸。

[7]統府:據《宋書》卷七八《蕭思話傳》,宋文帝元嘉二十七年,蕭思話“爲持節、監徐兖青冀四州豫州之梁郡諸軍事、撫軍將軍、兖徐二州刺史。二十九年,統揚武將軍、冀州刺史張永衆軍圍碻磝”。錢大昕《廿二史考異》卷二四云:“時永爲冀州刺史,而思話以徐兖二州刺史、持節監徐兖青冀四州,故云‘統府’。《褚叔度傳》‘交州刺史杜慧度以事言統府’,時叔度以廣州刺史都督

交廣二州也。”　撫軍將軍：官名。與中軍將軍、鎮軍將軍位比四鎮將軍。主要爲中央軍職，亦可出任地方，並領刺史兼理民政。宋三品。　蕭思話：南蘭陵（今江蘇常州市武進區）人。宋孝懿皇后弟子。本書卷一八、《宋書》卷七八有傳。

[8]歷城：縣名。治所在今山東濟南市。

[9]詔責永等與思話：《宋書·張永傳》作“責永等與思話詔曰”，且下載有詔書之語。馬宗霍《南史校證》云：“按《宋書》本傳作‘責永等與思話詔曰云云’，則當以責永等爲一句，《南史》删去詔文，而移詔字於上，遂失原文之意。”（第527頁）其説是。《資治通鑑》卷一二六《宋紀八》文帝元嘉二十九年記此事亦云“賜思話詔”。

[10]江夏王義恭：劉義恭。宋武帝之子。諸子之中，最受寵愛。文帝元嘉元年封江夏王。前廢帝狂悖無道，欲謀廢立，爲前廢帝所殺。本書卷一三、《宋書》卷六一有傳。江夏，郡名。治夏口城，在今湖北武漢市武昌區。

三十年，元凶弑立，[1]起永爲青州刺史。[2]及司空南譙王義宣起義，[3]又改永爲冀州刺史，加都督。[4]永遣司馬崔勳之、中兵參軍劉宣則二軍馳赴國難。[5]時蕭思話在彭城，[6]義宣慮二人不相諧緝，[7]與思話書，勸與永坦懷。又使永從兄長史張暢與永書勗之，[8]使遠慕廉、藺在公之德，[9]近效平、勃亡私之美。[10]事平，召爲江夏王義恭大司馬從事中郎，[11]領中兵。[12]

[1]元凶：劉劭。字休遠，宋文帝長子。殺文帝自立，孝武帝及南譙王劉義宣等諸方鎮舉義兵討伐，兵敗被殺。本書卷一四、《宋書》卷九九有傳。

[2]青州：州名。治東陽城，在今山東青州市。宋孝武帝孝建三年（456）移治歷城，在今山東濟南市歷城區；大明八年（464）還治東陽城。

[3]司空：官名。與太尉、司徒並稱三公。無實際職掌，多爲大臣加官，爲名譽宰相。宋一品。　南譙王義宣：劉義宣。宋武帝之子。文帝元嘉元年（424），封竟陵王。十年，改封南譙王。劉劭弒立，發兵助孝武帝孝入討。孝武帝即位，改封南郡王。孝武帝孝建元年，在臧質誘説下謀反，兵敗被殺。本書卷一三、《宋書》卷六八有傳。南譙，郡名。治山桑縣，在今安徽巢湖市東南。

[4]又改永爲冀州刺史，加都督：據《宋書》卷五三《張永傳》載"司空南譙王義宣起義，又板永爲督冀州青州之濟南樂安太原三郡諸軍事、輔國將軍、冀州刺史"，此時張永爲冀州刺史非朝廷任命，而是劉義宣板授。馬宗霍《南史校證》云："按'又改'之'改'，《宋書》本傳作'板'。上文'起永爲青州刺史'，是元凶起之也，本文'板永爲冀州刺史'，是義宣以板令行之也。《南史》易'板'爲'改'，非是，《通鑑》卷一二七亦作'板'。"（第527頁）其説是。

[5]司馬：官名。諸公、軍府屬官，掌參贊軍務。宋六品至七品，隨府主地位高低而不等。　中兵參軍：官名。南北朝時諸公、軍府僚屬之一。掌本府中兵曹事務，兼備參謀咨詢。東晉末劉裕爲相時，合中兵、直兵置一參軍，並掌中兵、直兵二曹事務。宋七品。　劉宣則：《宋書·張永傳》作"劉則"。未知孰是。

[6]彭城：郡名。治彭城縣，在今江蘇徐州市。

[7]諧緝：和諧、和睦。緝，通"輯"。和睦、安定。

[8]長史：官名。南朝時諸王公府、軍府置，爲府中幕僚之長，掌府中庶務。宋六品至七品，隨府主地位高低而不等。　張暢：字少微。本書卷三二、《宋書》卷四六有附傳。　勗：勉勵。

[9]廉、藺在公之德：指戰國時趙國大臣廉頗、藺相如以國家利益爲重，摒棄私怨，將相和睦之事。事見《史記》卷八一《廉

頗藺相如列傳》。廉，指廉頗。趙國名將。藺，指藺相如。以“完璧歸趙”“澠池之會”之事，拜爲上卿。

［10］平、勃亡私之美：指西漢時陳平、周勃摒棄私怨，共謀誅殺吕氏，迎立文帝之事。事見《史記》卷五六《陳丞相世家》、卷五七《絳侯周勃世家》，《漢書》卷四〇《張陳王周傳》。亡，《宋書·張永傳》作“忘”。平，陳平。陽武（今河南原陽縣）户牖鄉人。先從項羽爲都尉。楚漢戰争時，投奔劉邦。漢朝建立，封曲逆侯。惠帝、吕后時任丞相。吕后死，與周勃定計誅殺諸吕。勃，周勃。沛（今江蘇沛縣）人。秦末從劉邦起義，漢朝建立，封絳侯。陳平初歸漢時，曾於劉邦前説陳平壞話。惠帝、吕后時，任太尉。吕后死，與陳平定計誅殺諸吕。

［11］大司馬從事中郎：官名。大司馬府僚屬。大司馬，掌全國軍事。南朝時不常授，多用作贈官。宋一品。從事中郎，南朝時公府屬官。職掌依府而異，或主吏，或分掌諸曹，或掌機密，或參謀議，地位較高。宋六品。

［12］領：官制術語。於本官之外暫攝某官，常以卑官領高職。

孝武孝建元年,[1]臧質反,[2]遣永輔武昌王渾鎮京口。[3]大明三年,[4]累遷廷尉。[5]上謂曰:“卿既與釋之同姓,[6]欲使天下復無冤人。”永曉音律，太極殿前鍾聲嘶,[7]孝武嘗以問永。永答鍾有銅滓，乃扣鍾求其處，鑿而去之，聲遂清越。[8]

［1］孝武：宋孝武帝劉駿。字休龍，小字道民（本書作“道人”，避唐太宗李世民諱改），宋文帝第三子。本書卷二、《宋書》卷六有紀。　孝建：南朝宋孝武帝劉駿年號（454—456）。

［2］臧質：字含文，東莞莒（今山東莒縣）人。宋文帝元嘉末年，抵禦北魏有功。劉劭弒立，助孝武帝進討。孝武帝即位，加車

騎將軍。居功自傲，陰有異圖，以劉義宣凡闇易於控制，欲立劉義宣爲帝。孝武帝孝建元年起兵反，兵敗被殺。本書卷一八有附傳，《宋書》卷七四有傳。

[3]武昌王渾：劉渾。字休淵（本書作“休深”，避唐高祖李淵諱改），宋文帝第十子。文帝元嘉二十四年（447）封爲汝陰王。二十九年，改封武昌王。本書卷一四、《宋書》卷七九有傳。　京口：城名。在今江蘇鎮江市。

[4]大明：南朝宋孝武帝劉駿年號（457—464）。

[5]廷尉：官名。諸卿之一，爲中央最高司法審判機構長官。宋三品。

[6]釋之：張釋之。字季，南陽堵陽（今河南方城縣）人。西漢文帝時任廷尉，持法平允。《史記》卷一〇二、《漢書》卷五〇有傳。

[7]太極殿：建康皇宫正殿。

[8]清越：清脆悠揚。

明帝即位，[1]爲青冀二州刺史，監四州諸軍事，[2]統諸將討徐州刺史薛安都，[3]累戰剋捷。破薛索兒。[4]又還鎮軍將軍，[5]尋爲南兖州刺史，[6]加都督。[7]

[1]明帝：南朝宋明帝劉彧。字休炳（本書作“休景”，避唐高祖李淵父李昞諱改），小字榮期，宋文帝第十一子。本書卷三、《宋書》卷八有紀。

[2]監四州諸軍事：據《宋書》卷五三《張永傳》，“還使持節、監青冀幽并四州諸軍事”。

[3]徐州：州名。治彭城縣，在今江蘇徐州市。　薛安都：字休達，河東汾陰（今山西萬榮縣）人。初仕北魏，宋文帝元嘉二十三年（446）降宋。孝武帝時，累官徐州刺史。明帝即位，舉兵應

晋安王子勛反，兵敗後又降魏。本書卷四〇、《宋書》卷八八、《魏書》卷六一、《北史》卷三九有傳。

[4]薛索兒：薛安都侄子。宋前廢帝時，爲前軍將軍。明帝時，以爲左軍將軍。與薛安都同謀反，兵敗被殺。事見本書、《宋書》之《薛安都傳》。

[5]鎮軍將軍：官名。與中軍將軍、撫軍將軍位比四鎮將軍。主要爲中央軍職，亦可出任地方，並領刺史兼理民政。宋三品。

[6]南兖州：州名。東晋僑立兖州，宋時改爲南兖州，初治京口，在今江蘇鎮江市。宋文帝元嘉八年移治廣陵縣，在今江蘇揚州市西北蜀岡上。

[7]加都督：據《宋書·張永傳》，"遷散騎常侍、鎮軍將軍、太子詹事，權領徐州刺史。又都督徐、兖、青、冀四州諸軍事，又爲使持節、都督南兖徐二州諸軍事、南兖州刺史，常侍、將軍如故"，則其在爲南兖州刺史前，已爲都督。

時薛安都據彭城請降，而誠心不款。明帝遣永與沈攸之重兵迎之，[1]加督前鋒諸軍事，[2]進軍彭城。安都招引魏兵既至，永狼狽引軍還，爲魏軍追大敗，復遇寒雪，士卒離散。永脚指斷落，僅以身免，失其第四子。

[1]沈攸之：字仲達，吴興武康（今浙江德清縣）人。本書卷三七有附傳，《宋書》卷七四有傳。

[2]加督前鋒諸軍事：大德本、殿本同，汲古閣本、百衲本、中華本"加督"作"加都督"。《宋書》卷五三《張永傳》作"加督前鋒軍事"。

三年，徙會稽太守，加都督，[1]將軍如故。以北行失律，[2]固求自貶，降號左將軍。[3]永痛悼所失之子，有兼常哀，[4]服制雖除，[5]猶立靈坐，飲食衣服，待之如生。每出行，常别具名車好馬，號曰侍從。有軍事，輒語左右報郎君知也。以破薛索兒功，封孝昌縣侯。[6]在會稽，賓客有謝方童、阮須、何達之等竊其權，贓貨盈積。[7]方童等坐下獄死，[8]永又降號冠軍將軍。[9]

[1]加都督：據《宋書》卷五三《張永傳》，"都督會稽東陽臨海永嘉新安五郡諸軍事"。

[2]北行失律：《宋書·張永傳》作"北討失律"。失律，軍隊無紀律。

[3]左將軍：官名。漢朝時與前、後、右將軍並位上卿。東晋、南朝時成爲軍府名號，用作加官。宋三品。

[4]有兼常哀：意爲超過通常的哀痛。兼，兩倍或兩倍以上。

[5]服制雖除：指服喪期已滿。

[6]孝昌縣侯：據《宋書·張永傳》，食邑千户。孝昌，縣名。治所在今湖北孝昌縣北。

[7]贓：大德本、殿本、百衲本同，汲古閣本作"達"。

[8]坐下獄死：大德本、殿本、百衲本同，汲古閣本作"坐贓下獄死"。

[9]冠軍將軍：官名。將軍名號。宋三品。

廢帝即位，[1]爲右光禄大夫、侍中，[2]領安成王師。[3]出爲吴郡太守。元徽二年，[4]爲征北將軍、南兗州刺史，[5]加都督。[6]永少便驅馳，志在宣力，其爲將帥，能與士卒同甘苦。朝廷所給賜脯饌，[7]必棋坐齊割，手自頒賜。年雖已老，志氣未衰，優游閑任，意甚不樂。

及有此授，喜悦非常，即日命駕還都。未之鎮，遇桂陽王休範作亂，[8]永率所領屯白下。[9]休範至新亭，[10]前鋒攻南掖門，[11]永遣人覘賊，[12]既反，唱言臺城陷，[13]永衆潰，棄軍還。以舊臣不加罪，上免官削爵。[14]以愧發病卒。[15]

[1]廢帝：南朝宋後廢帝劉昱。字德融，小字慧震，宋明帝長子。明帝泰始二年（466），立爲太子。殘忍嗜殺，後被左右楊玉夫等人殺死。太后令貶爲蒼梧郡王。本書卷三、《宋書》卷九有紀。

[2]右光禄大夫：官名。作爲在朝顯職的加官，以示優崇。或授予年老有病者爲致仕之官，亦常用爲卒後贈官，無職掌。其禮遇與特進同。以爲加官者，唯授章綬、禄賜、班位而已，不别給車服、吏卒。

[3]安成王：劉準。即宋順帝。字仲謀（《宋書》作“仲謀”），小字智觀，宋明帝第三子。明帝泰始七年（471），封安成王。後廢帝死後，即皇帝位。本書卷三、《宋書》卷一〇有紀。師：官名。王國屬官。掌輔導諸王。

[4]元徽：南朝宋後廢帝劉昱年號（473—477）。

[5]征北將軍：官名。與征東、征西、征南將軍合稱四征將軍。多授予出鎮方面的持節都督，地位顯要。宋三品，若爲持節都督則進爲二品。

[6]加都督：據《宋書》卷五三《張永傳》，“遷使持節、都督南兖徐青冀益五州諸軍事”。

[7]脯鱠：乾肉和生肉。

[8]桂陽王休範：劉休範。宋文帝第十八子。孝武帝孝建三年（456），封順陽王。大明元年（457），改封桂陽王。後廢帝元徽二年舉兵反，被屯騎校尉黄回與越騎校尉張敬兒斬殺。本書卷一四、《宋書》卷七九有傳。桂陽，郡名。治郴縣，在今湖南郴州市。

[9]白下：城名。在今江蘇南京市北金川門外，幕府山南麓。

[10]新亭：軍壘名。在今江蘇南京市西南。當時軍事與交通要道。

[11]南掖門：建康宫城（臺城）南門之一。宫城南面有二門，正門爲大司馬門，東側即南掖門。

[12]覘：偵察。

[13]臺城：東晋、南朝中央政府與皇宫的所在地。"臺"指以尚書臺爲主的中央政府。因尚書臺位於宫城之内，故稱"臺城"。在今江蘇南京市雞籠山南。

[14]上免官削爵：大德本、汲古閣本、殿本、百衲本、中華本"上"作"止"，《宋書·張永傳》亦作"止"。據文意，應作"止"。底本誤，應據諸本改。

[15]以愧發病卒：按，據《宋書·張永傳》，於宋後廢帝元徽三年卒，年六十六。

岱字景山，州辟從事，[1]累遷東遷令。[2]時殷沖爲吴興太守，[3]謂人曰："張東遷親貧須養，所以棲遲下邑。[4]然名器方顯，終當大至。"[5]

[1]辟：徵召。　從事：官名。州部屬吏。亦稱從事史。爲州部長官自辟。

[2]東遷：縣名。治所在今浙江湖州市東。宋後廢帝元徽四年（476）改爲東安縣，順帝昇明元年（477）復改爲東遷縣。

[3]殷沖：字希遠，陳郡長平（今河南西華縣）人。爲元凶劉劭所知遇，後被孝武帝賜死。本書卷二七、《宋書》卷五九有附傳。

[4]棲遲：滯留。

[5]大至：顯達。

後爲司徒左西曹掾。[1]母年八十，籍注未滿，[2]岱便去官，從實還養。有司以岱違制，將欲糾舉。宋孝武曰："觀過可以知仁，不須案也。"

[1]司徒左西曹掾：官名。司徒府左西曹長官。一人，掌左西曹。左西曹爲司徒府特設屬曹，位在諸曹上。

[2]籍注：東晋、南朝時將服官役者的姓名、年限載入用黄紙書寫的户籍總册，謂之籍注。類似今户籍登記。錢大昕《廿二史考異》卷三六云："按《何子平傳》，母本側庶，籍注失實，實未及養，而籍年已滿，便去職歸家。顧覬之謂曰：'尊上年實未滿八十，親故所知，州中差有微禄，當啓相留。'據此二文，則古者父母年八十，有歸養之令也。"

累遷山陰令，[1]職事閑理。巴陵王休若爲北徐州，[2]未親政事，以岱爲冠軍諮議參軍，[3]領彭城太守，行府、州、國事。後臨海王爲征虜將軍廣州，[4]豫章王爲車騎楊州，[5]晋安王爲征虜南兖州，[6]岱歷爲三府諮議、三王行事，[7]與典籤主帥共事，[8]事舉而情得。或謂岱曰："主王既幼，執事多門，而每能緝和公私，云何致此？"岱曰："古人言，一心可以事百君。我爲政端平，待物以禮，悔吝之事，無由而及；明闇短長，更是才用多少耳。"

[1]山陰：縣名。治所在今浙江紹興市。

[2]巴陵王休若：劉休若。宋文帝第十九子。孝武帝孝建三年（456），封巴陵王。明帝泰始七年（471），被賜死。本書卷一四、《宋書》卷七二有傳。巴陵，郡名。治巴陵縣，在今湖南岳陽市。

北徐州：州名。治彭城縣，在今江蘇徐州市。

[3]冠軍諮議參軍：官名。即冠軍將軍府諮議參軍。諮議參軍，亦稱諮議參軍事。王公軍府屬官，掌咨詢謀議軍事，位在諸參軍之上。宋諸府參軍七品。

[4]臨海王：劉子頊。字孝烈（《宋書》作"孝列"），宋孝武帝第七子。孝武帝大明四年（460），封歷陽王。五年，改封臨海王，任征虜將軍、廣州刺史。本書卷一四、《宋書》卷八〇有傳。臨海，郡名。治章安縣，在今浙江台州市椒江區章安街道。　征虜將軍：官名。將軍名號，亦可作爲高級文職官員的加官。宋三品。

[5]豫章王：劉子尚。字孝師，宋孝武帝第二子。孝武帝孝建三年，封西陽王。遷揚州刺史。大明五年，改封豫章王。七年，進號車騎將軍。本書卷一四、《宋書》卷八〇有傳。豫章，郡名。治南昌縣，在今江西南昌市。　車騎：官名。車騎將軍省稱。位次驃騎將軍，在諸名號大將軍上，又作爲軍府名號加授重臣及州郡長官。宋二品。

[6]晋安王：劉子勛。字孝德，宋孝武帝第三子。孝武帝大明四年，封晋安王，任征虜將軍、南兖州刺史。本書卷一四、《宋書》卷八〇有傳。晋安，郡名。治候官縣，在今福建福州市。

[7]岱歷爲三府諮議、三王行事：丁福林《南齊書校議》據《宋書》卷六《孝武帝紀》、卷八〇《孝武十四王傳》等考證認爲：張岱入晋安王征虜府在入豫章王車騎府之前。"豫章王爲車騎楊州"與"晋安王爲征虜南兖州"順序互倒（中華書局 2010 年版，第 219 頁）。諮議，官名。諮議參軍省稱。行事，官名。爲南北朝職官制度，亦作行某州（或某府）事。始於東晋末年，指以他官代行某官職權。南朝多以較低官階代行較高官職，如以長史、司馬、太守代行刺史職權等。除"行府州事"之外，還有"行郡事""行國事"等。南朝時期，在以將軍、刺史身份出鎮宗王普遍年幼的情況下，以其長史等爲行事，實際負責軍府和州府的軍政事務，故行事權力很大，對南朝出鎮幼王兼有輔佐和防範的職能（參見魯力《南

朝“行事”考》,《武漢大學學報》2008年第6期)。

[8]典籤:官名。亦稱典籤帥或籤帥、主帥。州府王國屬吏,由皇帝派遣並直接向皇帝匯報地方情況,故品級雖不高,但實權在長史之上。

入爲黄門郎。[1]新安王子鸞以盛寵爲南徐州,[2]割吴郡屬焉。高選佐史,孝武召岱謂曰:“卿美效夙著,兼資宦已多,[3]今欲用卿爲子鸞别駕,總刺史之任,無謂小屈,終當大申也。”

[1]黄門郎:官名。給事黄門郎、黄門侍郎的省稱。爲門下省次官,與侍中俱掌門下衆事。職在平省尚書奏事,可出入禁中。宋五品。

[2]新安王子鸞:劉子鸞。字孝羽,宋孝武帝第八子。孝武帝大明四年(460),封襄陽王。其年,又改封新安王。因其母殷淑儀寵傾後宫,故子鸞在諸子中最受寵愛。本書卷一四、《宋書》卷八〇有傳。　南徐州:州名。治京口城,在今江蘇鎮江市。

[3]資宦:做官的經歷。

帝崩,累遷吏部郎。[1]泰始末,[2]爲吴興太守。元徽中,爲益州刺史,[3]加都督。[4]數年,益土安其政。累遷吏部尚書。[5]王儉爲吏部郎,[6]時專斷曹事,岱每相違執。及儉爲宰相,以此頗不相善。

[1]吏部郎:官名。尚書省吏部曹長官的通稱。屬吏部尚書,主管官吏選任、銓叙、調動之事。對五品以下官吏任免有建議權,如加“參掌大選”名義,可參議高級官吏的任免,職位高於尚書省

諸曹郎。宋六品。

[2]泰始：南朝宋明帝劉彧年號（465—471）。

[3]元徽中，爲益州刺史：丁福林《南齊書校議》據《宋書》卷九《後廢帝紀》、萬斯同《宋方鎮年表》認爲：張岱爲益州刺史在宋後廢帝泰豫元年（472）五月，不在元徽中（第219—220頁）。

[4]加都督：據《南齊書》卷三二《張岱傳》，“督益寧二州軍事”，爲督諸軍，非都督諸軍。

[5]吏部尚書：官名。尚書省吏部曹長官。位居列曹尚書之首，主管官吏銓選考課獎懲。宋三品。

[6]王儉：字仲寶，琅邪臨沂（今山東臨沂市）人。本書卷二二有附傳，《南齊書》卷二三有傳。

兄子瓌、弟恕誅吴郡太守劉遐，[1]齊高帝欲以恕爲晋陵郡。[2]岱曰：“恕未閑從政，[3]美錦不宜濫裁。”[4]高帝曰：“恕爲人，我所悉，其又與瓌同勳，[5]自應有賞。”岱曰：“若以家貧賜禄，此所不論；語功推事，[6]臣門之耻。”加散騎常侍。[7]

[1]劉遐：字彦道。宋明帝時歷黄門侍郎，都官尚書，吴郡太守。順帝昇明元年（477），其兄劉秉與袁粲等謀殺齊王蕭道成，事敗被殺，其亦被殺。本書卷一三、《宋書》卷五一有附傳。

[2]齊高帝：蕭道成。字紹伯，小諱鬬將，南蘭陵蘭陵（今江蘇常州市武進區）人。南朝齊的建立者。本書卷四，《南齊書》卷一、卷二有紀。　晋陵：郡名。治晋陵縣，在今江蘇常州市。

[3]閑：通“嫻”。嫻習，熟練。

[4]美錦不宜濫裁：以美錦不能給人用來學習裁剪，比喻不能任用不嫻習政事之人做官。典出《左傳》襄公三十一年：“子有美錦，不使人學製焉。大官大邑，身之所庇也，而使學者製焉，其爲

美錦不亦多乎。僑聞學而後入政，未聞以政學者也。若果行此，必有所害。”杜預注云:“製，裁也。”

[5]其又與瓌同勳:《南齊書》卷三二《張岱傳》作“且又與瓌同勳”。

[6]推事：推薦任事。

[7]散騎常侍：官名。集書省長官，侍從左右，掌圖書文翰，諫諍拾遺，以收納轉呈文書奏事爲主。宋三品。

建元元年，[1]中詔序朝臣，[2]欲以右僕射擬岱。[3]褚彦回謂“得此過優，若别有忠誠，特宜升引者，别是一理”。[4]詔更量。

[1]建元：南朝齊高帝蕭道成年號（479—482）。

[2]中詔：不經詔書主管官署直接發出的皇帝詔書。《資治通鑑》卷一二四《宋紀六》文帝元嘉二十一年胡三省注云:“詔自中出，不經門下者，謂之中詔，今之手詔是也。”王鳴盛《十七史商榷》卷六一《中詔》云:“《南齊書·張緒傳》末引建元初中詔。案：沈約自序自注云:‘事見文帝中詔。凡中詔今悉在臺，猶法書典書也。’然則此乃當時記録之名。”

[3]右僕射：官名。尚書省次官，或單置，或並置左、右，右僕射位在左僕射下。南朝尚書令爲宰相之任，位尊權重，不親庶務，尚書省由僕射主持，諸曹奏事由左、右僕射審議聯署。兼領祠部（一般與祠部不並置）、儀曹二曹。齊官品不詳。

[4]褚彦回：褚淵。字彦回，本書避唐高祖李淵諱，以字行，河南陽翟（今河南禹州市）人。貌美。尚宋文帝女，拜駙馬都尉。宋明帝崩，受遺詔與尚書令袁粲輔幼主。後廢帝酷暴，其助蕭道成建齊。仕齊官至尚書令。本書卷二八有附傳，《南齊書》卷二三有傳。

出爲吴郡太守。高帝知岱歷任清直，至郡未幾，手敕曰：[1]“大郡任重，[2]乃未欲回换，但總戎務殷，宜須望實。[3]今用卿爲護軍。[4]加給事中。”[5]岱拜竟，詔以家爲府。

[1]手敕：皇帝親筆詔書。

[2]大郡任重：《南齊書》卷三二《張岱傳》作“大邦任重”。

[3]望實：有威望和實力之人。

[4]護軍：官名。護軍將軍省稱。與領軍、驍騎、左右衛、游擊將軍合稱六軍，掌宿衛宫廷。諸爲將軍官，皆敬領、護。齊官品不詳。

[5]給事中：官名。南朝隸集書省，地位漸低，常侍從皇帝左右，收發轉達諸奏聞文書，亦掌修史等事。齊官品不詳。

武帝即位，[1]復爲吴興太守。[2]岱晚節在吴興，更以寬恕著名。遷南兗州刺史，未拜，卒。[3]

[1]武帝：南朝齊武帝蕭賾。字宣遠，小諱龍兒，齊高帝長子。本書卷四、《南齊書》卷三有紀。

[2]吴興：郡名。治烏程縣，在今浙江湖州市。

[3]卒：按，據《南齊書》卷三二《張岱傳》，卒年七十一。

岱初作遺命，分張家財，封置箱中，家業張減，隨復改易，如此十數年。謚曰貞子。

緒字思曼，岱兄子也。父演，宋太子中舍人。緒少知名，清簡寡欲，從伯敷及叔父鏡、從叔暢並貴異之。[1]鏡比之樂廣，[2]敷云“是我輩人”。暢言於孝武帝，用爲尚書倉部郎。[3]都令史諮詳郡縣米事，[4]緒蕭然直視，[5]不以經懷。[6]宋明帝每見緒，輒歎其清淡。

［1］敷：張敷。字景胤，張邵子。本書卷三二、《宋書》卷四六有附傳。

［2］樂廣：字彦輔，南陽淯陽（今河南南陽市）人。善清言，官至尚書令。《晉書》卷四三有傳。

［3］尚書倉部郎：官名。尚書省倉部曹長官。隸度支尚書，掌倉儲事。宋六品。

［4］都令史：官名。位在令史上，屬尚書省。協助尚書左、右丞管理都省事務，監督諸曹尚書、尚書郎。　諮詳：詢問審察。《南齊書》卷三三《張緒傳》作“諮”。

［5］蕭然：瀟灑，悠閑。

［6］經懷：經心。

轉太子中庶子、本州大中正，[1]遷司徒左長史。[2]吏部尚書袁粲言於帝曰：[3]“臣觀張緒有正始遺風，[4]宜爲宫職。”復轉中庶子。後爲侍中，遷吏部郎，參掌大選。元徽初，東宫官罷，[5]選曹擬舍人王儉爲格外記室。[6]緒以儉人地兼美，[7]宜轉秘書丞。[8]從之。緒又遷侍中，嘗私謂客曰：“一生不解作諾。”[9]有以告袁粲、褚彦回者，由是出爲吴郡太守，緒初不知也。

［1］太子中庶子：官名。東宫屬官。侍從太子，掌奏事、諫議，與太子中舍人共掌文翰。宋五品。　大中正：官名。州中正稱大中正。負責評定士族内部品第的官員。州大中正由司徒選授，本州内“鄉品”二品的士族高門可以參預其推舉，出任者皆爲鄉品二品的

士族高門，許多家族世代相襲。

[2]司徒左長史：官名。司徒府僚屬。位在右長史上，與右長史並爲司徒府幕僚長，總管府内諸曹，管理州郡農桑、户籍及官吏考課。宋六品。

[3]袁粲：字景倩，陳郡陽夏（今河南太康縣）人。本書卷二六有附傳，《宋書》卷八九有傳。

[4]正始遺風：指三國魏齊王正始年間遺留下來的風氣，即崇尚清淡之風。正始爲三國魏齊王曹芳的年號（240—249），當時玄學逐漸興起，士人唯老、莊是宗，競尚清淡，世稱“正始之風”。

[5]東宫官罷：據《宋書》卷九《後廢帝紀》，宋後廢帝劉昱生於孝武帝大明七年（463），於泰豫元年（472）四月即位，年僅十歲。於即位次年正月改爲元徽元年（473），此時尚無太子，故罷東宫官。《南齊書》卷三三《張緒傳》作“東宫罷”。丁福林《南齊書校議》認爲：“子顯爲文求簡，乃曰‘東宫罷’，《南史》加字，雖曰易曉，然已非子顯本貌。”（第231—232頁）

[6]舍人：官名。即太子舍人。東宫屬官，掌文章書記等事。宋七品。　記室：官名。亦稱記室參軍、記室參軍事。王公軍府屬官，掌書記。宋七品。

[7]人地：人品門第。

[8]秘書丞：官名。秘書省屬官，佐秘書監掌國家典籍圖書。南朝出仕者多爲僑姓高門，爲清要之官，當時稱爲“天下清官”。宋六品。

[9]作諾：順從。

昇明二年，[1]自祠部尚書爲齊高帝太傅長史。[2]建元元年，爲中書令。[3]緒善談玄，深見敬異。僕射王儉嘗云：[4]“緒過江所未有，北士可求之耳。[5]不知陳仲弓、黄叔度能過之不？”[6]

[1]昇明：南朝宋順帝劉準年號（477—479）。

[2]祠部尚書：官名。尚書省祠部曹長官。領祠部、儀部二曹，與右僕射不並置。無祠部尚書，由右僕射兼領。宋三品。

[3]中書令：官名。中書省長官之一，掌納奏、擬詔、出令，後權歸中書舍人，中書令遂成爲秩高位尊的閑職，多用作重臣的加官。齊官品不詳。

[4]僕射：官名。即尚書僕射。尚書省次官，或單置，或並置左、右。南朝尚書令爲宰相之任，位尊權重，不親庶務，尚書省由僕射主持，諸曹奏事由左、右僕射審議聯署。齊官品不詳。

[5]過江所未有，北士可求之耳：《南齊書》卷三三《張緒傳》作“北士中覓張緒，過江未有人”。李慈銘《南史札記》以爲：“謂北士過江以來，未有如緒者，故下云‘不知陳仲弓、黄叔度能過之不’，陳、黄皆漢末北士最有名者也,《南史》改之，語意便不明。”

[6]陳仲弓：陳寔。字仲弓，潁川許（今河南許昌市）人。《後漢書》卷六二有傳。　黄叔度：黄憲。字叔度，汝南慎陽（今河南正陽縣）人。《後漢書》卷五三有傳。陳寔、黄叔度二人在當時士大夫中均享有盛譽。

駕幸莊嚴寺聽僧達道人講《維摩》,[1]坐遠不聞，緒言，上難移緒，乃還僧達以近之。時帝欲用緒爲右僕射，以問王儉。儉曰:“緒少有清望，誠美選也。南士由來少居此職。”褚彦回曰:“儉少年或未憶耳，江左用陸玩、顧和,[2]皆南人也。”儉曰:“晋氏衰政，不可爲則。”先是緒諸子皆輕俠,[3]中子充少時又不護細行,[4]儉又以爲言，乃止。

[1]莊嚴寺：在建康宣陽門外。東晋穆帝永和四年（348），鎮西將軍謝尚捐捨其宅，造莊嚴寺。南朝宋孝武帝大明中，路太后於宣陽門外太社西藥園造莊嚴寺，舊莊嚴寺遂改名爲謝鎮西寺。《維摩》：佛教經典。亦稱《維摩經》《維摩詰經》，後秦時鳩摩羅什譯。

[2]江左：此處專指東晋。晋元帝司馬睿南遷，以建康爲都城，在長江以東建立基業，偏安一隅，故南朝人稱東晋爲江左。　陸玩：字士瑶，吴郡吴（今江蘇蘇州市）人。晋成帝時，爲尚書左僕射。《晋書》卷七七有附傳。　顧和：字君孝，吴郡吴（今江蘇蘇州市）人。晋康帝時，遷尚書僕射。《晋書》卷八三有傳。

[3]輕俠：輕生重義，勇於急人之難。

[4]不護細行：不拘小節。

及立國學，[1]以緒爲太常卿，[2]領國子祭酒，[3]以王延之代緒爲中書令。[4]何點歎曰：[5]“晋以子敬、季琰爲此職，[6]今以王延之、張緒爲之，可謂清官。後接之者，實爲未易。”緒長於《周易》，言精理奥，見宗一時。常云“何平叔不解《易》中七事”。[7]

[1]國學：國子學省稱。專收貴族子弟，與太學並立。南北朝時，或設國子學，或設太學，或兩者同設。

[2]太常卿：官名。太常的尊稱。齊官品不詳。

[3]國子祭酒：官名。隸太常。主管國子學，掌教授生徒儒學，參議禮制。齊置一員，位比諸曹尚書。

[4]王延之：字希季，琅邪臨沂（今山東臨沂市）人。齊高帝建元四年（482）任中書令。本書卷二四有附傳，《南齊書》卷三二有傳。

[5]何點：字子晳，廬江灊（今安徽霍山縣）人。本書卷

三〇、《南齊書》卷五四有附傳，《梁書》卷五一有傳。

[6]晉以子敬、季琰爲此職：自“何點歎曰”云云，《南齊書》卷三三《張緒傳》作“時人以此選爲得人，比晉朝之用王子敬、王季琰也”。子敬，王獻之。字子敬，琅邪臨沂（今山東臨沂市）人，王羲之之子。少有盛名，晉孝武帝太元時，爲中書令。《晉書》卷八〇有附傳。季琰，王珉。字季琰，小字僧彌，琅邪臨沂（今山東臨沂市）人。代王獻之爲長兼中書令。二人齊名，世謂王獻之爲“大令”，王珉爲“小令”。《晉書》卷六五有附傳。

[7]何平叔不解《易》中七事：《南齊書·張緒傳》作“何平叔所不解《易》中七事，諸卦中所有時義，是其一也”。錢大昕《廿二史考異》卷三六認爲此文似未完，“緒舉斯語，必有所爲，二史文皆簡略，無以知之”。又“七事”，“《三國志》注引《管輅別傳》云何尚書自言不解《易》九事，《南史·伏曼容傳》亦云何晏疑《易》中九事，此云七事，未許孰是”。何平叔，何晏。字平叔，南陽宛（今河南南陽市）人。著有《論語集解》等。《三國志》卷九有傳。

武帝即位，轉吏部尚書，祭酒如故。永明二年，[1]領南郡王師，[2]加給事中。三年，轉太子詹事，[3]師、給事如故。緒每朝見，武帝目送之，謂王儉曰：“緒以位尊我，我以德貴緒。”遷散騎常侍、金紫光禄大夫，[4]師如故，給親信二十人。[5]

[1]永明：南朝齊武帝蕭賾年號（483—493）。

[2]南郡王：蕭昭業。字元尚，小名法身。齊文惠太子蕭長懋長子，武帝之孫。武帝即位，封南郡王。文惠太子薨，立爲皇太孫，居東宮。武帝崩，即位。後被蕭鸞使人殺害，太后令廢爲鬱林王。本書卷五、《南齊書》卷四有紀。南郡，郡名。治江陵縣，在

今湖北荆州市荆州區。　師：官名。王國屬官。掌輔導諸王。

[3]太子詹事：官名。東宫屬官。掌東宫内外庶務。齊官品不詳。

[4]金紫光禄大夫：官名。光禄大夫銀章青綬，晋時其重者加金章紫綬，則稱爲金紫光禄大夫。禄賜、班位等諸所賜給與特進同。以爲加官者，唯假章綬、禄賜、班位，不别給車服、吏卒。本掌論議，後漸爲加官、贈官及致仕大臣之榮銜。齊官品不詳。

[5]親信：南朝置，屬吏職。由朝廷賜給朝廷高級官員的侍從。

復領中正。長沙王晃屬選用吴郡聞人邕爲州議曹，[1]緒以資籍不當，[2]執不許。晃遣書於緒固請之，緒正色謂晃信曰：[3]"此是身家州鄉，殿下何得見逼。"乃止。

[1]長沙王晃：蕭晃。字宣明，齊高帝第四子。高帝建元元年(479)，封爲長沙王。本書卷四三、《南齊書》卷三五有傳。長沙，郡名。治臨湘縣，在今湖南長沙市。　吴郡：《南齊書》卷三三《張緒傳》、《資治通鑑》卷一三六《齊紀二》武帝永明七年作"吴興"。　州議曹：官署名。亦稱謀曹。主參議謀劃。南朝州皆置，以從事史主之。《資治通鑑·齊紀二》武帝永明七年胡三省注云："自漢以來，率儒士爲之。"

[2]資籍：任官的資格履歷。

[3]晃遣書於緒固請之，緒正色謂晃信曰：《南齊書·張緒傳》作"晃遣書佐固請之，緒正色謂晃信曰"。"遣書於緒"作"遣書佐"，《資治通鑑·齊紀二》武帝永明七年作"晃使書佐固請，緒正色曰"。

緒吐納風流，聽者皆忘飢疲，見者肅然如在宗廟。

雖終日與居，莫能測焉。劉悛之爲益州，[1]獻蜀柳數株，枝條甚長，狀若絲縷。時舊宫芳林苑始成，[2]武帝以植於太昌靈和殿前，常賞玩咨嗟，曰："此楊柳風流可愛，似張緒當年時。"其見賞愛如此。王儉爲尚書令、丹楊尹，[3]時諸令史來問訊，[4]有一令史善俯仰，進止可觀。[5]儉賞異之，問曰："經與誰共事？"答云："十餘歲在張令門下。"儉目送之。時尹丞殷琦至在坐，[6]曰："是康成門人也。"[7]

[1]劉悛：字士操，彭城（今江蘇徐州市）安上里人。齊武帝永明九年（491）爲益州刺史。本書卷三九有附傳，《南齊書》卷三七有傳。

[2]芳林苑：苑囿名。又作芳林園，在今江蘇南京市江寧區東北。原爲蕭道成青溪舊宅，稱青溪宫，後改稱芳林苑。

[3]尚書令：官名。尚書省長官，綜理全國政務，爲高級政務長官，參議大政，實權如宰相。如録尚書缺，則兼有宰相之名義。齊官品不詳。　丹楊尹：官名。即丹陽尹。京師所在丹陽郡行政長官，掌京師行政、詔獄。東晋、南朝皆以建康爲都城，建康在丹陽郡境内，故其長官稱尹，以區别於列郡太守。丹楊，郡名。治建康縣，在今江蘇南京市。

[4]令史：官名。南朝時各官署皆設置的一種低級辦事吏員，但尚書諸曹的令史頗有實權。

[5]進止：舉止，行動。

[6]尹丞：官名。即丹陽尹丞。東晋、南朝置。丹陽尹屬官，佐尹掌衆事。　殷琦至：大德本、汲古閣本、殿本、百衲本、中華本作"殷存至"。《通志》卷一三八、《册府元龜》卷八二三作"殷琦"。

[7]康成：鄭玄。字康成，北海高密（今山東高密市）人。《後漢書》卷三五有傳。

七年，竟陵王子良領國子祭酒，[1]武帝敕王晏曰：[2]“吾欲令司徒辭祭酒以授張緒，[3]物議以爲如何？”[4]子良竟不拜，以緒領國子祭酒。

[1]竟陵王子良：蕭子良。字雲英，齊武帝第二子。高帝建元元年（479），封聞喜縣公。武帝即位，封竟陵王。本書卷四四、《南齊書》卷四〇有傳。竟陵，郡名。治萇壽縣，在今湖北鍾祥市。

[2]王晏：字休默，一字士彦，琅邪臨沂（今山東臨沂市）人。本書卷二四有附傳、《南齊書》卷四二有傳。

[3]司徒：官名。與太尉、司空並稱三公。無實際職掌，多爲大臣加官，爲名譽宰相。齊官品不詳。

[4]物議：衆人的議論。

緒口不言利，有財輒散之。清談端坐，或竟日無食。門生見緒飢，爲之辦殞，然未嘗求也。

死之日，[1]無宅以殯，遺命“凶事不設柳翣，[2]上以蘆葭。[3]輀車引柩，[4]靈上置盃水香火，不設祭”。從弟融敬緒，[5]事之如親兄。齎酒於緒靈前酌飲慟哭曰：“阿兄風流頓盡。”追贈散騎常侍、特進、光禄大夫，[6]謚簡子。

[1]死之日：按，據《南齊書》卷三三《張緒傳》，卒年六十八。

[2]柳翣：出殯時柩車上的棺飾。《周禮·天官·縫人》“喪縫

棺飾焉，衣翣柳之材”句鄭玄注云:“《書》曰‘分命和仲，度西曰柳穀’。故書‘翣柳’作‘接檟’。鄭司農云:‘接讀爲蹬，檟讀爲柳，皆棺飾。’”賈公彦疏云:“釋曰：翣即上注方扇是也。柳即上注引《喪大記》帷荒是也。”

[3]上以蘆葮：大德本、汲古閣本、殿本、百衲本同。中華本據《通志》卷一三八改“上”爲“止”。蘆葮，蘆葦。

[4]輀（ér）車：喪車。用以載運靈柩。

[5]融：張融。字思光，張暢之子。本書卷三二有附傳，《南齊書》卷四一有傳。

[6]特進：官名。漢代時爲對勳臣的一種優待。加此者朝會時班次可在三公下。魏晋南北朝時成爲正式加官名號，用以安置閑退大臣或作卒後贈官。齊官品不詳。

子完，[1]宋後廢帝時爲正員郎，[2]險行見寵，[3]坐廢錮。[4]完弟允，永明中安西功曹，[5]淫通殺人，伏法。允兄充知名。

[1]完：《南齊書》卷三三《張緒傳》作“克”。

[2]正員郎：官名。編制以内的散騎侍郎，係與員外散騎侍郎相對而言。屬集書省，掌文學侍從，收納章奏，勸諫糾劾。宋五品。

[3]險行：傾危之行。

[4]廢錮：革職，永不敘用。

[5]安西功曹：官名。即安西將軍府功曹決。掌府吏選用事。

充字延符，少好逸遊。緒嘗告歸至吴，[1]始入西郭，逢充獵，右臂鷹，左牽狗。遇緒船至，便放紲脱韝拜於水次。[2]緒曰："一身兩役，無乃勞乎。"充跪曰："充聞三十而立，今充二十九矣，請至來歲。"[3]緒曰："過而能改，顏氏子有焉。"及明年便脩改，[4]多所該通，[5]尤明《老》《易》，能清言。[6]與從叔稷俱有令譽。

[1]告歸：請假歸家。《史記》卷八《高祖本紀》"常告歸之田"句裴駰集解引孟康曰："古者名吏休假曰告。告又音嚳。漢律，吏二千石有予告、賜告。予告者，在官有功最，法所當得者也。賜告者，病滿三月當免，天子優賜，復其告，使得帶印紱，將官屬，歸家治疾也。"司馬貞索隱引韋昭曰："告，請歸乞假也。音'告語'之'告'。故《戰國策》曰'商君告歸'，延篤以爲告歸，今之歸寧也。"《梁書》卷二一《張充傳》作"請假"。

[2]紲（xiè）：繩子，繫牲口的韁繩。 韝（gōu）：皮革製作的臂套。射箭或架鷹套在左臂，或套在雙臂。

[3]請至來歲：《梁書·張充傳》作"請至來歲而敬易之"。據下文"過而能改"，《梁書》語意更爲完整，本書删節，似語意未完。

[4]脩改：《梁書·張充傳》作"脩身改節"。於意更長。

[5]該通：博通。

[6]清言：魏晋南北朝時士人以《周易》《老子》《莊子》爲三玄，善談玄理，稱爲清言或清談。

歷尚書殿中郎、武陵王友。[1]時尚書令王儉當朝用事，齊武帝皆取决焉。儉方聚親賓，充縠巾葛帔，[2]至便求酒，言論放逸，一坐盡傾。及聞武帝欲以緒爲尚書僕射，儉執不可。充以爲愠，與儉書曰：

［1］尚書殿中郎：官名。尚書省諸曹郎之一，屬尚書左僕射。掌擬詔書，多用文學之士。齊官品不詳。　武陵王：蕭曄。字宣昭（《南齊書》作“宣照”），小字三昧。齊高帝建元元年（479），封爲武陵王。本書卷四三、《南齊書》卷三五有傳。武陵，郡名。治臨沅縣，在今湖南常德市。　友：官名。王國屬官。掌侍從勸諫。

［2］穀巾：百衲本同，大德本、汲古閣本、殿本作“縠巾”。穀，樹名。其皮可製布。　葛帔：葛布的披肩。葛，一種多年生藤本植物，纖維可以織布。

頃者路長，[1]霖霞韜晦，[2]凉暑未平，想無虧攝。充幸以漁釣之閑，鎌採之暇，時復引軸以自娱，[3]逍遥乎前史。從横萬古，動默之路多端，[4]紛綸百年，升降之塗不一。故金剛水柔，性之别也；圓行方止，器之異也。善御性者，不違金水之質；善爲器者，不易方圓之用。充生平少長偶，不以利欲干懷，[5]三十六年，差得以棲貧自澹。介然之志，[6]峭聳霜崖，確乎之情，[7]峰横海岸。至如彯纓天閣，[8]既謝廊廟之華，[9]綴組雲臺，[10]終愧衣冠之秀。[11]寔由氣岸疏凝，[12]情塗狷隔。[13]獨師懷抱，不見許於俗人，孤秀神崖，每邅回於在世。[14]長群魚鳥，畢景松阿。[15]雖復玉没於訪珪之辰，桂掩於搜芳之日，汎濫於漁父之遊，偃息於卜居之會，[16]如此而已，充何識哉。

［1］頃者：大德本、汲古閣本、殿本、百衲本、《梁書》卷二一《張充傳》作“頃日”。《通志》卷一四一作“頃者”。

［2］霖霞：《梁書·張充傳》作“愁霖”。

［3］時復引軸以自娱：《梁書·張充傳》作“時復以卷軸自娱”。馬宗霍《南史校證》云：“余謂‘引軸’不可通，疑‘引’當作‘弓’，‘弓’即‘卷’字，見陶宏景《真誥》，傳寫者不識‘弓’字，妄改爲‘引’，因又移‘以’字於‘引軸’之下，此當從《梁書》。”（第531頁）

［4］動默：指出仕與退隱。

［5］充生平少長偶，不以利欲干懷：大德本、汲古閣本、百衲本同，殿本、中華本“長偶”作“偶”。《梁書·張充傳》亦作“偶”。疑“偶”是。馬宗霍《南史校證》以爲若爲“長偶”，則與下句讀爲“充生平少長，偶不以利欲干懷”，如此有生凑之嫌疑（第532頁）。

［6］介然：堅定不移的樣子。

［7］確乎：堅定，堅固。《易·乾卦》云：“不成乎名，遯世无悶，不見是而无悶。樂則行之，憂則違之，確乎其不可拔，潛龍也。”

［8］影纓：冠纓飄動。指在朝做官。　天閣：指尚書臺。

［9］廊廟：朝廷。

［10］綴組：繫結印綬。指做官。　雲臺：漢代宫中高臺名。漢光武帝時，用作召集群臣議事之所，後用以借指朝廷。

［11］衣冠：指士大夫。

［12］氣岸：氣概，意氣。　疏凝：迂闊固執。

［13］情塗：性情。　狷隔：褊急不合群。

［14］邅（zhān）回：徘徊。

［15］景：同“影”。《梁書·張充傳》作“影”。　松阿：長滿松樹的山陵。泛指山林。

［16］偃息於卜居之會：《梁書·張充傳》“會”作“下”。

若夫驚巖罩日，吐海逢天，[1]竦石崩尋，分危落仞。桂蘭綺靡，叢雜於山幽，松柏陰森，相繚於澗側。元卿於是乎不歸，[2]伯休亦以兹長往。[3]至於飛竿釣渚，濯足滄洲，獨浪煙霞，高卧風月，悠悠琴酒，岫遠誰來，灼灼文言，[4]空擬方寸。[5]不覺鬱然千里，路隔江川，[6]每至西風，何嘗不歎。[7]丈人歲路未强，學優而仕，道佐蒼生，功横海望，可謂德盛當時，[8]孤松獨秀者也。而茂陵之彦，[9]望冠蓋而長懷，渭川之甿，[10]佇簪裾而竦歎，[11]得無惜乎。充崌西百姓，[12]岱表一人，[13]蠶而衣，耕而食。[14]不能事王侯，覔知己，造時人，騁游説。容與於屠博之間，[15]其儱甚矣。然舉世皆謂充爲狂，充亦何能與諸君道之哉。是以披聞見，掃心胸，述平生，論語默。[16]所可通夢交魂、推襟送抱者，唯丈人而已。闕廷夐阻，[17]書罷莫因，儻遇樵夫，[18]妄塵執事。[19]

[1]吐海逢天：《梁書》卷二一《張充傳》“吐”作“壯”。

[2]元卿：蔣詡。字元卿，杜陵（今陝西西安市）人。爲兖州刺史，以廉直爲名。王莽居攝，以病免官，歸鄉里，卧不出户，卒於家。事見《漢書》卷七二《鮑宣傳》。

[3]伯休：韓康。字伯休，一名恬休，京兆霸陵（今陝西西安市長安區）人。常采藥名山。漢桓帝安車禮聘，不得已辭安車，自乘柴車而往，中道而逃，以壽終。《後漢書》卷八三有傳。

[4]灼灼文言：《梁書·張充傳》“文言”作“文談”。

[5]空擬方寸：《梁書·張充傳》“擬”作“罷”。

[6]路隔江川：《梁書·張充傳》“隔”作“阻”。

[7]何嘗不歎：《梁書·張充傳》“歎”作“眷”。

[8]德盛當時：《梁書·張充傳》作“盛德維時”。

[9]茂陵：漢縣名。治所在今陝西興平市東北。

[10]渭川：渭水。《梁書·張充傳》作“霸山”。

[11]佇簪裾而竦歎：《梁書·張充傳》“簪裾”作“衣車”，“竦”作“聳”。

[12]崐西：昆山之西。

[13]岱表：泰山之外。

[14]耕而食：《梁書·張充傳》“而”作“且”。

[15]容與：安閑自得。《梁書·張充傳》作“蓬轉”。

[16]語默：指出仕或隱居。《易·繫辭上》云：“君子之道，或出或處，或默或語。”

[17]闕廷敻阻：《梁書·張充傳》“闕廷”作“關山”。

[18]儻遇樵夫：《梁書·張充傳》“夫”作“者”。

[19]執事：對對方的敬稱。

儉以爲脱略，[1]弗之重，仍以書示緒，緒杖之一百。又爲御史中丞到撝所奏，[2]免官禁錮。[3]沈約見其書，[4]歎曰：“充始爲之敗，終爲之成。”久之，爲司徒諮議參軍，與琅琊王思遠、同郡陸惠曉等並爲司徒竟陵王賓客。[5]累遷義興太守，[6]爲政清净，吏人便之。後爲侍中。[7]

[1]脱略：輕慢。

[2]御史中丞：官名。南朝時亦稱“南司”。御史臺長官，掌監察執法，糾彈百官。齊官品不詳。　到撝：字茂謙，彭城武原（今江蘇邳州市）人。本書卷二五有附傳，《南齊書》卷三七有傳。

[3]禁錮：禁止做官。

[4]沈約：字休文，吴興武康（今浙江德清縣）人。本書卷五

七、《梁書》卷一三有傳。

[5]琅琊：郡名。即琅邪。治開陽縣，在今山東臨沂市北。　王思遠：琅邪臨沂（今山東臨沂市）人。本書卷二四有附傳，《南齊書》卷四三有傳。　陸惠曉：字叔明，吴郡吴（今江蘇蘇州市）人。本書卷四八、《南齊書》卷四六有傳。按，大德本、汲古閣本、殿本、百衲本同，中華本作“陸慧曉”。

[6]義興：郡名。治陽羨縣，在今江蘇宜興市。

[7]侍中：官名。南朝齊、梁、陳時爲門下省長官。愈加顯貴。於侍奉生活起居、侍從左右、顧問應對、諫諍糾察等侍從本職外，兼掌出納、璽封詔奏，有封駁權，參預機密政務，上親皇帝，下接百官，官顯職重，時號“門下”，或以宰相目之。多選美姿容、有文才、與皇帝親近者任之。齊官品不詳。

梁武帝兵至建鄴，[1]東昏逢殺，[2]百官集西鍾下，召充，充不至。武帝霸府建，[3]以充爲大司馬諮議參軍。天監初，[4]歷太常卿、吏部尚書，[5]居選以平允稱。再遷散騎常侍、國子祭酒。[6]登堂講説，皇太子以下皆至。[7]時王侯多在學，執經以拜，充朝服而立，不敢當。再遷尚書僕射。[8]頃之，出爲吴郡太守。下車恤貧老，[9]故舊莫不忻悦。卒於吴郡，[10]謚曰穆子。子最嗣。

[1]梁武帝：蕭衍。字叔達，小字練兒，南蘭陵（今江蘇常州市武進區）中都里人。本書卷六、卷七，《梁書》卷一至卷三有紀。　建鄴：東晋、南朝都城，又稱建業、建康，在今江蘇南京市。東漢獻帝建安十六年（211），孫權徙治丹陽郡秣陵縣，次年改名建業。吴大帝黄龍元年（229），正式定都於建業。西晋滅吴，恢復秣陵舊名。晋武帝太康三年（282），以秦淮水爲界兩分秣陵縣

境，以南爲秣陵，以北爲建業，並改名建鄴。建興元年（313）因避愍帝司馬鄴諱，改名建康。其後宋、齊、梁、陳沿用爲都城，故稱六朝古都。《太平寰宇記》卷九〇《江南東道二·昇州》引《金陵記》云："梁都之時，城中二十八萬餘户。西至石頭城，東至倪塘，南至石子岡，北過蔣山，東西南北各四十里。"城市西界至石頭城，位於今江蘇南京市水西門以北至清凉山；東界爲倪塘，在今南京市江寧區上坊街道泥塘社區附近；南界石子岡，是包含今雨花臺在内的城南東西走向的一系列岡阜；北界逾過蔣山，也就是鍾山，今稱紫金山（參見張學鋒《南朝建康的都城空間與葬地》，《中華文史論叢》2019年第3期）。

［2］東昏：齊東昏侯蕭寶卷。字智藏，齊明帝第二子。明帝建武元年（494），立爲皇太子。永泰元年（498）即位，東昏侯永元二年（500），蕭衍起兵，次年圍建康，被雍州刺史王珍國、侍中張稷入殿殺害。本書卷五、《南齊書》卷七有紀。

［3］霸府：同霸朝。權臣府署機構的代稱，控制皇帝和朝廷，實爲國家權力中心。南朝時霸府府主往往有三公、丞相、諸大將軍、都督中外諸軍事等頂級官爵頭銜，集軍政大權於一身，行廢立禪代之事（參見陶賢都《魏晋南北朝霸府與霸府政治研究》，湖南人民出版社2007年版）。《資治通鑑》卷一二八《宋紀十》孝武帝大明元年胡三省注云："晋、宋之間，郡曰郡朝，府曰府朝，藩王曰藩朝。宋武帝爲宋王，齊高帝爲齊王，時曰霸朝。"

［4］天監：南朝梁武帝蕭衍年號（502—519）。

［5］太常卿：官名。南朝宋、齊爲太常尊稱。梁武帝天監七年以太常爲太常卿。梁十四班。　吏部尚書：官名。梁十四班。

［6］散騎常侍：官名。梁十二班。　國子祭酒：官名。梁十三班。

［7］皇太子：指梁昭明太子蕭統。字德施，小字維摩，梁武帝長子。謚昭明，故稱。本書卷五三、《梁書》卷八有傳。

［8］尚書僕射：官名。南朝梁、陳時尚書令常缺，僕射實爲尚

書省主官。梁十五班。

[9]下車：官員到任。

[10]卒於吴郡：按，據《梁書》卷二一《張充傳》，張充卒於梁武帝天監十三年，年六十六。

瓌字祖逸，宋征北將軍、南兖州刺史永之子也。[1]仕宋，累遷桂陽内史。不欲前兄瑋處禄，自免不拜。後爲司徒右長史，[2]通直散騎常侍，[3]驍騎將軍。[4]

[1]宋征北將軍、南兖州刺史永之子也：錢大昕《廿二史考異》卷三六云："'宋征北'以下十字可省。"馬宗霍《南史校證》云："永與瓌兩傳同卷，永官已具見前，故錢云可省，《南史》類此者甚多，蓋延壽《南史》各傳皆采自《宋》《齊》《梁》《陳》各書，彼以代斷，故每傳必叙其家世仕履，延壽自出新裁，以家爲斷，祖孫父子兄弟既同在一卷，則仕履已見前者後當從省，以免重複，而延壽或省或不省，是可議耳。"（第533頁）

[2]司徒右長史：官名。司徒府僚屬。位次左長史，與左長史並爲司徒府幕僚長。總管府内諸曹，管理州郡農桑、户籍及官吏考課。宋六品。

[3]通直散騎常侍：官名。西晋武帝時使員外散騎常侍二人與散騎常侍通員當值，故名。職同散騎常侍，參平尚書奏事，並掌諷諫、侍從，位頗重。南朝屬集書省，多以衰老之士擔任，地位漸低。

[4]驍騎將軍：官名。與領軍、護軍、左右衛、游擊將軍合稱六軍，掌宿衛宫廷。宋四品。

初，瓌父永拒桂陽王休範於白下，敗績，阮佃夫等欲加罪，[1]齊高帝固申明之，瓌由此感恩自結。後遭父母喪，[2]還吴持服。昇明元年，劉彦節有異圖，[3]弟遐爲吴郡，潛相影響。高帝密遣殿中將軍卞白龍令瓌取遐。[4]諸張世有豪氣，瓌宅中常有父時舊部曲數百。[5]遐召瓌委以軍事，瓌僞受命，與叔恕領兵十八人入郡斬之，郡内莫敢動。事捷，高帝以告左軍張沖。[6]沖曰："瓌以百口一擲，出手得盧矣。"[7]即授吴郡太守，錫以嘉名，封義城縣侯。[8]從弟融聞之，與瓌書曰："吴郡何晚，何須王反，聞之嗟驚，乃是阿兄。"郡人顧暠、陸閑並少年未知名，[9]瓌並引爲綱紀，[10]後並立名，世以爲知人。

[1]阮佃夫：會稽諸暨（今浙江諸暨市）人。宋明帝、後廢帝時權任頗重。後謀廢後廢帝，被殺。本書卷七七、《宋書》卷九四有傳。

[2]遭父母喪：《南齊書》卷二四《張瓌傳》作"遭父喪"。下文《張稷傳》云"父永及嫡母丘相繼殂"，本書應是。

[3]劉彦節：劉秉。字彦節，宋宗室。與袁粲共謀殺蕭道成，事泄被殺。本書卷一三、《宋書》卷五一有附傳。

[4]殿中將軍：官名。侍衛武職，不典兵。宋六品。

[5]部曲：本爲軍隊編制之稱。東漢末，演變爲私人武裝之稱。魏晋南北朝時，世族、豪族普遍擁有部曲，平時耕田從役，戰時隨主人作戰。父死子繼，地位低下。南北朝後期，地位稍有上升，或可經主人放免爲平民。

[6]左軍：官名。左軍將軍省稱。掌宫禁宿衛，與前軍、後軍、右軍將軍合稱四軍將軍。權任很重，多由皇帝親信擔任。宋四品。《南齊書·張瓌傳》作"領軍"。據《南齊書》卷四九《張沖傳》，未見其任領軍將軍。　張沖：字思約，出繼伯父張敷。曾任左軍將

軍。本書卷三二有附傳,《南齊書》卷四九有傳。

[7]盧：樗蒲的勝彩。擲五子全黑爲盧。《資治通鑑》卷九三《晉紀十五》明帝太寧三年胡三省注云:"晋人多好樗蒱，以五木擲之，其采有黑犢，有雉，有盧；得盧者勝。"

[8]封義城縣侯：中華本校勘記云:"'義城'《南齊書》作'義成'。按《南齊書·州郡志》，司州齊安郡有義城縣；雍州義成郡有義成縣。就'錫以嘉名'言之，似'義成'爲是。"丁福林《南齊書校議》亦以爲"義城"誤，"張瓌以軍功而封侯乃在宋昇明時，而由司州齊安之名觀之，此郡之立要當在蕭道成禪宋之後，則《南史》作'義城'者，其誤必矣"(第146頁)。按，查《宋書·州郡志》無義城縣，有兩義成縣，分别爲：南兖州秦郡下有義成縣，寧州西平郡下有義成縣。《南齊書·州郡志》司州齊安郡下有義城縣，雍州義成郡下有義成縣。此授在宋順帝昇明時，應以"義成"爲是。縣侯，封爵名。爲開國縣侯省稱。食邑爲縣，爵前常冠以所封縣名。南朝梁開國縣侯，位視孤卿、重號將軍、光禄大夫，班次之。據《南齊書·張瓌傳》，張瓌封邑千户。

[9]顧暠：亦作顧暠之。《南齊書》卷四三《王思遠傳》載有吴郡顧暠之事。暠之字士明。齊武帝永明末，爲太子中舍人，兼尚書左丞。　陸閑：字遐業，吴郡吴（今江蘇蘇州市）人。據本書卷四八《陸閑傳》，稱其"少爲同郡張緒所知。仕至揚州别駕"。本書卷四八有附傳。

[10]綱紀：郡府僚屬。《資治通鑑》卷八四《晋紀六》惠帝永寧元年胡三省注云:"郡綱紀，功曹之屬；縣綱紀，主簿、録事史之屬。"

齊建元元年，改封平都侯,[1]遷侍中，與侍中沈文季俱在門下。[2]高帝常謂曰:"卿雖我臣，我親卿不異賾、嶷等。"[3]文季每還直，器物若遷；瓌止朝服而已。時集書每兼門下，[4]東省實多清貧，有不識瓌者，常呼爲散騎。

[1]改封平都侯：據《南齊書》卷二四《張瓌傳》，"增邑二百户。尋改封平都"。平都，縣名。治所在今江西安福縣東南。

[2]沈文季：字仲達，吴興武康（今浙江德清縣）人。本書卷三七有附傳，《南齊書》卷四四有傳。　門下：官署名。即門下省。魏晋南朝初爲門下諸省的泛稱。東晋時侍中省、散騎省、西省稱"門下三省"，宋改散騎省爲集書省。齊、梁、陳門下省成爲侍中省專稱。於領内侍諸署、侍從左右、顧問應對、諫諍糾察等侍從本職外，兼掌出納、璽封詔奏，有異議得封還、駁奏。凡臣僚奏事，由其審議上呈，承取皇帝旨意下達。中書省所擬詔草，由其審核上呈，經皇帝批准後發尚書省頒布執行。密奏、密詔可不經中書、尚書，直接封轉頒行。地位漸與中書、尚書省齊肩。設侍中、給事黄門侍郎各四員。其官上親皇帝，下接百官，官顯職重，多選親近及美姿容者爲之。時號侍中爲"門下"，侍郎爲"小門下"，或以宰相目之。

[3]嶷：蕭嶷。字宣儼，齊高帝第二子。高帝建元元年(479)，封豫章王。本書卷四二、《南齊書》卷二二有傳。

[4]集書：官署名。南朝宋改散騎省置，有時習稱"散騎省"。掌侍從、規諫、評議、駁正等事。齊又稱"東省"。《南齊書·百官志》云："自二衛、四軍、五校已下，謂之'西省'，而散騎爲'東省'。"

出爲吴興太守。[1]瓌以既有國秩，不取郡奉。高帝敕上庫别藏其奉，[2]以表其清。

[1]出爲吴興太守：《南齊書》卷二四《張瓌傳》載其於齊高

帝建元二年（480）出爲吴興太守。高敏《南北史掇瑣》以爲"《南史》删封平都侯以後歷官情況，直以建元二年出爲吴興太守之事承接上文，以致發生時間上的錯誤。此因删致誤也"（中州古籍出版社2003年版，第169—170頁）。

［2］上庫：儲存軍國之用的國庫。《資治通鑑》卷一三九《齊紀五》明帝建武元年胡三省注云："上庫所儲以備軍國之用。"

武帝即位，爲寧蠻校尉、雍州刺史，[1]加都督。[2]徵拜左户尚書，[3]加右軍將軍。[4]還後，安陸王緬臨雍州，[5]行部登蔓山，[6]有野老來乞。緬問："何不事産而行乞邪？"答曰："張使君臨州理物，百姓家得相保。後人政嚴，故至行乞。"緬由是深加嗟賞。

［1］寧蠻校尉：官名。掌雍州少數民族事務，領兵置府。齊官品不詳。　雍州：州名。治襄陽縣，在今湖北襄陽市。

［2］都督：據《南齊書》卷二四《張瓌傳》，"爲持節、督雍梁南北秦四州郢州之竟陵司州之隨郡軍事"，其爲督諸軍，非都督諸軍。

［3］左户尚書：官名。即左民尚書。《南齊書·張瓌傳》作"左民尚書"，本書避唐太宗李世民諱改。左民尚書領左民、駕部二曹。掌修繕功作、鹽池園苑等土木工程。齊官品不詳。

［4］右軍將軍：官名。掌宫禁宿衛，與前軍、後軍、左軍將軍合稱四軍將軍。權任很重，多由皇帝親信擔任。齊官品不詳。

［5］安陸王緬：蕭緬（《南齊書》作"蕭緬"）。字景業，齊高帝兄蕭道生之子。高帝建元元年（479），封安陸侯。武帝永明九年（491）卒。明帝建武元年（494），贈安陸王。本書卷四一、《南齊書》卷四五有傳。安陸，郡名。治安陸縣，在今湖北安陸市。

［6］行部：巡行所部，考察政績。

後拜太常，自謂閑職，輒歸家。武帝曰："卿輩未富貴，謂人不與；既富貴，那復欲委去。"[1]瓌曰："陛下御臣等若養馬，無事就閑厩，有事復牽來。"帝猶怒，遂以爲散騎常侍、光禄大夫。

[1]委去：放棄離去。

鬱林之廢，[1]朝臣列宫門參承明帝。[2]瓌託脚疾不至。海陵立，[3]明帝疑外藩起兵，以瓌鎮石頭，[4]督衆軍事。瓌見朝廷多難，遂恒卧疾。

[1]鬱林：指鬱林王蕭昭業。

[2]列：大德本、汲古閣本、殿本、百衲本、中華本作"到"。《南齊書》卷二四《張瓌傳》亦作"到"。《通志》卷一四一作"列"。

[3]海陵：指海陵王蕭昭文。字季尚，齊文惠太子第二子。鬱林王死後，蕭鸞奉立爲帝。後蕭鸞以太后令廢其爲海陵王，尋被殺。本書卷五、《南齊書》卷五有紀。

[4]石頭：城名。在今江蘇南京市西清涼山。

建武末，[1]屢啓求還吴，見許。居室豪富，伎妾盈房。或有譏其衰暮畜伎。[2]瓌曰："我少好音律，老而方解。平生嗜欲，無復一存，唯未能遣此耳。"[3]

[1]建武：南朝齊明帝蕭鸞年號（494—498）。

[2]或有：大德本、汲古閣本、殿本同，百衲本、中華本作"或者"。《南齊書》卷二四《張瓌傳》亦作"或有"。

[3]唯未能遣此耳:《南齊書·張瓌傳》作“唯未能遣此處耳”。

明帝疾甚,[1]防疑大司馬王敬則,[2]授瓌平東將軍、吴郡太守,[3]以爲之備。及敬則反，瓌遣兵迎拒於松江。[4]聞敬則軍鼓聲，一時散走。瓌棄郡逃人間，事平乃還郡，爲有司奏，免官削爵。

[1]明帝：南朝齊明帝蕭鸞。字景栖，小諱玄度，始安王蕭道生子。少孤，被齊高帝撫養，恩過諸子。本書卷五、《南齊書》卷六有紀。

[2]王敬則：臨淮射陽（今江蘇寶應縣）人，僑居晋陵南沙(今江蘇常熟市)。初仕宋，後廢帝狂虐，其誠心奉事齊高帝。齊高帝建元元年（479）封尋陽郡公。齊明帝即位，進大司馬。明帝對其外禮而内疑，懼而謀反，被殺。本書卷四五、《南齊書》卷二六有傳。

[3]平東將軍：官名。與平西、平南、平北將軍並稱四平將軍。齊官品不詳。

[4]松江：江名。即今江蘇、上海境内之吴淞江。

永元初,[1]爲光禄大夫。三年，梁武帝起兵，東昏假瓌節，戍石頭，尋棄城還宫。梁天監元年，拜給事中、右光禄大夫,[2]以脚疾拜於家。四年卒。瓌有子十二人，常云“中應有好者”。子率知名。

[1]永元：南朝齊東昏侯蕭寶卷年號（499—501）。

[2]給事中：官名。梁四班。　右光禄大夫：官名。梁十六班。

率字士簡，性寬雅。十二能屬文，[1]常日限爲詩一篇，或數日不作，則追補之，稍進作賦頌，至年十六，向作二千餘首。有虞訥者見而詆之，率乃一旦焚毀，更爲詩示焉，託云沈約。訥便句句嗟稱，無字不善。率曰："此吾作也。"訥慙而退。

[1]屬文：撰寫文章。《漢書》卷三六《楚元王傳》"能屬文"句顔師古注云："屬文，謂會綴文辭也。"屬，綴也。

時陸少玄家有父澄書萬餘卷，[1]率與少玄善，遂通書籍，盡讀其書。

[1]澄：陸澄。字彦淵（本書避唐高祖李淵諱作"彦深"），吴郡吴（今江蘇蘇州市）人。家多書籍，人所罕見。本書卷四八、《南齊書》卷三九有傳。

建武三年，舉秀才，除太子舍人，與同郡陸倕、陸厥幼相友狎。[1]嘗同載詣左衛將軍沈約，[2]遇任昉在焉。[3]約謂昉曰："此二子後進才秀，[4]皆南金也，[5]卿可識之。"由此與昉友。

[1]與同郡陸倕、陸厥幼相友狎：《梁書》卷三三《張率傳》作"與同郡陸倕幼相友狎"。馬宗霍《南史校證》云："按'陸倕'下《梁書》本傳無'陸厥'，則同載者止'率'與'倕'兩人，與下文'約謂昉曰：此二子後進才秀，皆南金也'正相應，《南史》增入'陸厥'，則三子矣。"（第535頁）陸倕，字佐公，吴郡吴（今江蘇蘇州市）人。本書卷四八有附傳，《梁書》卷二七有傳。

陸厥，字韓卿，吴郡吴（今江蘇蘇州市）人。本書卷四八有附傳，《南齊書》卷五二有傳。

[2]左衛將軍：官名。西晋初分中衛將軍爲左、右衛將軍，負責宫禁宿衛，是禁衛軍主要統帥之一。權任很重，多由皇帝親信擔任。齊官品不詳。

[3]任昉：字彦升（《梁書》作“彦昇”），樂安博昌（今山東博興縣）人。本書卷五九、《梁書》卷一四有傳。

[4]後進：後輩、晚輩。指學識淺薄或晚入仕資歷較淺的人。《論語·先進》云：“子曰：先進於禮樂，野人也。後進於禮樂，君子也。”邢昺疏云：“後進，謂後輩仕進之人也。”

[5]南金：南方的優秀人才。

梁天監中，爲司徒謝朏掾，[1]直文德待詔省，[2]敕使抄乙部書，[3]又使撰古婦人事。使工書人琅邪王琛、吴郡范懷約等寫給後宫。[4]率取假東歸，論者謂爲傲世，率懼，乃爲《待詔賦》奏之，甚見稱賞。手敕答曰：“相如工而不敏，[5]枚皋速而不工，[6]卿可謂兼二子於金馬矣。”[7]又侍宴賦詩，武帝别賜率詩曰：“東南有才子，故能服官政，余雖慙古昔，得人今爲盛。”率奏詩往反六首。[8]後引見於玉衡殿，謂曰：“卿東南物望，[9]朕宿昔所聞。卿言宰相是何人，不從天下，不由地出。卿名家奇才，若復以禮律爲意，便是其人。秘書丞天下清官，[10]東南望胄未有爲之者，[11]今以相處，爲卿定名譽。”[12]尋以爲秘書丞，掌集書詔策。

[1]司徒：官名。梁十八班。　謝朏：字敬沖，陳郡陽夏（今河南太康縣）人。本書卷二〇有附傳，《梁書》卷一五有傳。

掾：官名。公府僚屬。諸公及位從公開府者皆置。梁七班至六班，品級隨府主地位而定。司徒府掾七班。

［2］文德：宫城内殿省名。

［3］乙部書：古代圖書分類中的乙部書籍。《隋書·經籍志一》云："魏秘書郎鄭默，始制《中經》，秘書監荀勗，又因《中經》，更著《新簿》，分爲四部，總括群書。一曰甲部，紀六藝及小學等書；二曰乙部，有古諸子家、近世子家、兵書、兵家、術數；三曰丙部，有史記、舊事、皇覽簿、雜事；四曰丁部，有詩賦、圖讚、《汲冢書》。"

［4］王琛：《梁書》卷三三《張率傳》作"王深"。

［5］相如：司馬相如。字長卿，蜀郡成都（今四川成都市）人。善辭賦，作《子虚賦》，爲漢武帝所賞識。《漢書》卷五七《司馬相如傳》云其"善爲文而遲，故所作少而善於皋"。《史記》卷一一七，《漢書》卷五七上、五七下有傳。

［6］枚皋：字少孺，淮陰（今江蘇淮安市淮陰區）人，枚乘之子。《漢書》卷五一《枚皋傳》云其"爲文疾，受詔輒成，故所賦者多"。《漢書》卷五一有傳。

［7］金馬：金馬門省稱。漢代宫門名，爲學士待詔之處。《漢書》卷五八《公孫弘傳》"待詔金馬門"句顔師古注引如淳云："武帝時，相馬者東門京作銅馬法獻之，立馬於魯班門外，更名魯班門爲金馬門。"

［8］六首：《梁書·張率傳》作"數首"。

［9］物望：人望，衆望。

［10］秘書丞：官名。梁八班。

［11］望胄：貴族子弟。《梁書·張率傳》作"胄望"。

［12］爲卿定名譽：《梁書·張率傳》作"足爲卿譽"。

四年，禊飲華光殿，[1]其日河南國獻赤龍駒，[2]能拜伏，善舞。詔率與到溉、周興嗣爲賦，[3]武帝以率及興嗣爲工。

[1]華光殿：建康宫城華林園内殿名。

[2]河南國：古國名。西北少數民族政權。其先爲鮮卑慕容氏，後以吐谷渾爲國號。本書卷七九、《梁書》卷五四有傳。

[3]詔率與到溉、周興嗣爲賦：《梁書》卷三三《張率傳》作"時與到洽、周興嗣同奉詔爲賦，高祖以率及興嗣爲工"。與本書所記作賦人物不同。到溉，字茂灌，彭城武原（今江蘇邳州市）人。本書卷二五有附傳，《梁書》卷四〇有傳。周興嗣，字思纂，陳郡項（今河南沈丘縣）人，世居姑孰（今安徽當塗縣）。本書卷七二、《梁書》卷四九有傳。

其年，父憂去職。[1]有父時妓數十人，[2]其善謳者有色貌，邑子儀曹郎顧玩之求娉，[3]謳者不願，遂出家爲尼。嘗因齋會率宅，玩之乃飛書言與率姦。[4]南司以事奏聞，[5]武帝惜其才，寢其奏，然猶致時論。[6]服闋，[7]久之不仕。

[1]父憂：父親喪事。

[2]時妓：《梁書》卷三三《張率傳》作"侍妓"。

[3]邑子：同邑之人。　儀曹郎：官名。尚書省儀曹長官通稱。掌車服、羽儀、朝覲、郊廟、饗宴等吉凶禮制。梁五班。　顧玩之：《梁書·張率傳》作"顧玩之"。下同。

[4]飛書：匿名信。《後漢書》卷三四《梁松傳》"乃縣飛書誹謗"句李賢注云："飛書者，無根而至，若飛來也，即今匿名書也。"

[5]南司：御史中丞的别稱。南北朝時稱御史臺爲南臺，御史

中丞爲御史臺長官，故稱。梁十一班。

［6］時論：《梁書·張率傳》作“世論”。

［7］服闋：服喪期滿。

七年，除中權建安王中記室參軍，[1]俄直壽光省，[2]脩景丁部書抄。[3]累遷晋安王宣惠諮議參軍。[4]率在府十年，恩禮甚篤。後爲揚州别駕。[5]率雖歷居職務，未嘗留心簿領。[6]及爲别駕奏事，武帝覽牒問之，並無對，但答云：“事在牒中。”帝不悦。後歷黄門侍郎。[7]出爲新安太守，丁所生母憂，卒。[8]

［1］中權：官名。中權將軍省稱。梁武帝天監六年（507）置。專授予在京師任職的官員，地位顯要。梁二十三班。　建安王：蕭偉。字文達，梁文帝第八子，梁武帝弟。武帝天監元年，封建安郡王。六年，進號中權將軍。十七年，改封南平郡王。本書卷五二、《梁書》卷二二有傳。建安，郡名。治建安縣，在今福建建甌市。　中記室參軍：官名。南朝梁、陳諸皇弟皇子府、嗣王蕃王府、庶姓公府、庶姓持節府皆置。梁七班至三班，品級依府主地位高低而定。

［2］壽光省：梁建康宫壽光殿。梁武帝曾在此讀書講學、宴會群臣、編纂書籍。

［3］脩景丁部書抄：大德本、汲古閣本、殿本、百衲本“景”作“丙”。本書避唐高祖李淵父李昞諱改。

［4］晋安王：蕭綱。字世纘，小字六通，梁武帝第三子，昭明太子母弟。武帝天監五年，封晋安王。十二年，爲宣惠將軍。中大通三年（531）昭明太子死後，立爲太子。後即位爲簡文帝。本書卷八、《梁書》卷四有紀。　宣惠：官名。宣惠將軍省稱。南朝梁置。與鎮兵、翊師、宣惠、宣毅代舊四中郎。梁十七班。　諮議參

軍：官名。梁九班至六班，品級依府主地位高低而定。

[5]揚州别駕：官名。梁十班。

[6]簿領：官府記事的簿册或文書。

[7]黄門侍郎：官名。梁十班。

[8]出爲新安太守，丁所生母憂，卒：按,《梁書》卷三三《張率傳》云："出爲新安太守，秩滿還都，未至，丁所生母憂。大通元年，服未闋，卒，時年五十三。"據此，其丁母憂的時間在新安太守任期滿後，本書删節，致其丁憂時間似在新安太守任内。

率嗜酒不事，[1]於家務尤忘懷。在新安，遣家僮載米三千石還宅，[2]及至，遂耗太半。率問其故，答曰："雀鼠耗。"率笑而言曰："壯哉雀鼠。"竟不研問。自少屬文,《七略》及《藝文志》所載詩賦，[3]今亡其文者，[4]並補作之。所著《文衡》十五卷，文集四十卷行於世。[5]子長公。率弟盾。

[1]率嗜酒不事：《梁書》卷三三《張率傳》作"率嗜酒，事事寬恕"。

[2]還宅：《梁書·張率傳》作"還吴宅"。據下文，《梁書》意更爲清晰。

[3]《七略》：西漢劉歆匯録。爲中國第一部官修目録和第一部目録學著作。分爲輯略、六藝略、諸子略、詩賦略、兵書略、術數略、方技略七部。　《藝文志》：指班固的《漢書·藝文志》。删定劉歆《七略》而成。

[4]亡：佚失。大德本、汲古閣本、百衲本同，殿本作"無其文"。

[5]所著《文衡》十五卷，文集四十卷行於世：《梁書·張率傳》"四十"作"三十"。《隋書·經籍志四》有"梁黄門郎《張

率集》三十八卷”。《文衡》未見著録。

盾字士宣，以謹重稱。爲無錫令，[1]遇劫，問劫何須，劫以刀斫其頰眉目，咄咄不易，[2]餘無所言。於是生資皆盡，不以介懷。爲湘東王記室，[3]出監富陽令。[4]廓然獨處，無所用心。身死之日，家無遺財，唯有文集并書千餘卷，酒米數甕而已。

[1]無錫：縣名。治所在今江蘇無錫市。

[2]劫以刀斫其頰眉目，咄咄不易：大德本、汲古閣本、殿本、百衲本同。中華本據《通志》卷一四一改作“劫以刀斫其頰，盾曰:‘咄，咄，不易。’”《册府元龜》卷八五五作“劫以刀斫其頰眉，咄咄不易”。

[3]湘東王：蕭繹。字世誠，小字七符，梁武帝第七子。武帝天監十三年（514），封湘東郡王。後即位爲梁元帝。本書卷八、《梁書》卷五有紀。湘東，郡名。治臨烝縣，在今湖南衡陽市。記室：官名。梁七班至二班，品級依府主地位高低而定。

[4]監：官制術語。非正式任職而督理其事。　富陽：縣名。治所在今浙江杭州市富陽區。

稷字公喬，瓌弟也。幼有孝性，所生母劉無寵，遘疾。時稷年十一，侍養衣不解帶，每劇則累夜不寢。及終，毁瘠過人，[1]杖而後起。見年輩幼童，輒哽咽泣淚，州里謂之淳孝。

[1]毁瘠：因居喪過哀而極度瘦弱。《禮記·曲禮上》“居喪之禮，毁瘠不形”句孔穎達正義云:“毁瘠，羸瘦也。”

長兄瑋善彈箏，稷以劉氏先執此伎，聞瑋爲清調，便悲感頓絶，遂終身不聽之。

性疏率，朗悟有才略，起家著作佐郎，[1]不拜。父永及嫡母丘相繼殂，六年廬于墓側。齊永明中，爲豫章王嶷主簿，[2]與彭城劉繪俱見禮接，[3]未嘗被呼名，每呼爲劉四、張五。以貧求爲劉令，[4]略不視事，多爲小山遊。[5]會山賊唐寓之作亂，[6]稷率厲部人保全縣境。

[1]起家：官制術語。自家中徵召入仕後第一次擔任的官職。著作佐郎：官名。秘書省屬官，協助著作郎修撰國史及起居注。齊官品不詳。

[2]豫章王嶷：蕭嶷。豫章，郡名。治南昌縣，在今江西南昌市。

[3]劉繪：字士章，彭城（今江蘇徐州市）安上里人。本書卷三九有附傳，《南齊書》卷四八有傳。

[4]劉：大德本、汲古閣本、殿本、百衲本作“剡”。《梁書》卷一六《張稷傳》云：“齊永明中，爲剡縣令。”南朝時未見有劉縣，下文亦云其曾爲“剡令”，“剡”字是。底本誤，應據諸本改。剡，縣名。治所在今浙江嵊州市西南。

[5]多爲小山遊：《梁書·張稷傳》作“多爲山水遊”。

[6]唐寓之：富陽（今浙江杭州市富陽區）人。齊武帝永明四年（486）反，被誅。事見《南齊書》卷四四《沈文季傳》。

所生母劉先假葬琅邪黄山山，[1]建武中改申葬禮，賻助委積。[2]於時雖不拒絶，事畢隨以還之。自幼及長，數十年中，常設劉氏神坐。[3]出告反面，如事生焉。

[1]琅邪黄山山：大德本、汲古閣本、殿本、百衲本皆不重“山”字。“山”字衍。底本誤，應據諸本改。

[2]賻助：贈送喪家以助喪禮的財物。　委積：堆積，積聚。

[3]神坐：大德本、汲古閣本、殿本、百衲本同，中華本作“座”。

歷給事中黄門侍郎，新興、永寧二郡太守。郡犯私諱，改永寧爲長寧。[1]永元末，爲侍中，宿衛宫城。梁武師至，兼衛尉江淹出奔，[2]稷兼衛尉卿，副王瑩都督城内諸軍事。[3]時東昏淫虐，北徐州刺史王珍國就稷謀，[4]乃使直閣張齊行弑于含德殿。[5]稷乃召右僕射王亮等列坐殿前西鍾下，[6]議遣國子博士范雲、中書舍人裴長穆等使石頭城詣武帝，[7]以稷爲侍中、左衛將軍，遷大司馬左司馬。[8]

[1]郡犯私諱，改永寧爲長寧：馬宗霍《南史校證》云：“按《梁書》本傳同。殿本《梁書考證》曰：‘按諱謂稷父名永也，以私諱而改郡名，僅見於此。’洪頤煊《梁書考異》曰：‘此暫時所改，去任則否。《張齊傳》：普通四年，遷鄱陽王司馬新興、永寧二郡太守。’是其證也。”（第537頁）

[2]兼：官制術語。南朝假職未真授之官有兼、長兼之稱。　衛尉：官名。戰國秦始置，西漢列位九卿。西晋兼掌冶鑄，東晋不置。南朝宋孝武帝孝建元年（454）復置。掌宫禁宿衛。梁、陳稱衛尉卿。梁十二班。　江淹：字文通，濟陽考城（今河南民權縣）人。齊東昏侯時，以秘書監兼衛尉，梁武帝師至新林，其微服奔赴。後仕梁，官至金紫光禄大夫。本書卷五九、《梁書》卷一四有傳。

[3]王瑩：字奉光，琅邪臨沂（今山東臨沂市）人。本書卷二三有附傳，《梁書》卷一六有傳。

[4]北徐州：州名。治燕縣，在今安徽鳳陽縣臨淮關鎮。　王珍國：字德重，沛郡相（今安徽濉溪縣）人。本書卷四六有附傳，《梁書》卷一七有傳。

[5]直閤：官名。直閤將軍省稱。掌領兵宿衛宮殿。　張齊：字子嚮（《梁書》作“子響”），馮翊郡（今陝西大荔縣）人。張稷心腹。本書卷四六有附傳，《梁書》卷一七有傳。

[6]王亮：字奉叔，琅邪臨沂（今山東臨沂市）人。本書卷二三有附傳，《梁書》卷一六有傳。

[7]國子博士：官名。南朝齊高帝建元四年（482）置國學，設二員，位比中書郎。隸國子祭酒，掌教授生徒。　范雲：字彦龍，南鄉舞陰（今河南泌陽縣）人。本書卷五七、《梁書》卷一三有傳。　中書舍人：官名。南朝宋、齊時稱中書通事舍人，梁、陳省“通事”，稱中書舍人。南朝時多以寒士、皇帝親信爲之，遂由收納、轉呈文書奏章之本職，漸奪中書侍郎草擬詔書之任。齊以後，自成舍人省，名義上隸屬中書省，實際上直接聽命於皇帝。齊官品不詳。

[8]大司馬左司馬：官名。大司馬府僚屬。參贊軍政要務，位在右司馬上，與長史共掌府務。

梁朝建，[1]爲散騎常侍，中書令。[2]及上即位，封江安縣子，[3]位領軍將軍。[4]武帝嘗於樂壽殿内宴，稷醉後言多怨辭形於色。帝時亦酣，謂曰：“卿兄殺郡守，弟殺其君，[5]袖提帝首，衣染天血，如卿兄弟，有何名稱？”稷曰：“臣乃無名稱，至於陛下，不得言無勳。東昏暴虐，義師亦來代之，[6]豈在臣而已。”帝捋其鬚曰：[7]“張公可畏人。”中丞陸杲彈稷云：[8]“領軍張稷，門無忠貞，官必險達，殺君害主，業以爲常。”武帝留中竟不問。[9]

[1]梁朝建：《梁書》卷一六《張稷傳》作“梁臺建”。

[2]中書令：官名。中書省長官之一。南朝梁時位在中書監下，僅掌文章之事。梁十三班。

[3]封江安縣子：《梁書·張稷傳》作“封江安縣侯，邑一千户”。江安，縣名。治所在今湖北公安縣西北。縣子，封爵名。開國縣子的省稱。食邑爲縣，在梁位視二千石，班次之。在陳爲九等爵第五等，五品，秩視二千石。

[4]領軍將軍：官名。與護軍、驍騎、左右衛、游騎將軍合稱六軍，掌宿衛宫廷。諸爲將軍官，皆敬領、護。梁十五班。

[5]卿兄殺郡守，弟殺其君：馬宗霍《南史校證》云：“洪頤煊《南史考異》曰：‘兄謂張瓌，弟謂張齊。《梁書·張齊傳》，馮翊郡人，或云横桑人也，初事垣歷生，歷生罷官歸吴郡張稷，稷甚相知重，以爲心腹，雖家細事亦以任焉，齊非稷弟，或當時冒稱弟耳。’余謂張齊非稷之弟，梁武不容不知。此所云‘兄殺郡守’，指稷兄瓌殺吴郡太守劉遐。‘弟殺其君’，即指稷本人。蓋手加刃於東昏者雖爲張齊，而主謀遣齊者稷也。故下文云：‘如卿兄弟，有何名稱，稷曰，臣乃無名稱。’《南史·齊廢帝東昏侯紀》亦直書‘侍中張稷率兵入殿殺帝’，洪説似未允。”（第537頁）馬説是。

[6]代：大德本、汲古閣本、殿本、百衲本作“伐”。按，作“伐”是。底本誤，應據諸本改。

[7]捋：汲古閣本、殿本同，大德本、百衲本、中華本作“埒”。《資治通鑑》卷一四七《梁紀三》武帝天監十年作“捋”。作“捋”是。

[8]中丞：官名。即御史中丞。　陸杲：字明霞，吴郡吴（今江蘇蘇州市）人。梁武帝天監五年（506），遷御史中丞。本書卷四

八、《梁書》卷二六有傳。

[9]留中：皇帝將臣子奏章留在宮中不交辦。

累遷尚書左僕射。[1]帝將幸稷宅，以盛暑留幸僕射省。舊臨幸供具，皆酬太官饌直。[2]帝以稷清貧，手詔不受。宋時武帝經造張永，至稷三世，並降萬乘，論者榮之。[3]

[1]尚書左僕射：官名。梁十五班。

[2]太官：官署名。亦爲官名。掌皇帝飲食、宴會。

[3]"宋時武帝經造張永"至"論者榮之"：大德本、汲古閣本、殿本、百衲本同，中華本"武帝"作"孝武帝"，其校勘記云："'孝武帝'各本作'武帝'。按永仕宋在文帝以迄廢帝之世，明此'武帝'應爲'孝武帝'，今訂正。"應據改。馬宗霍《南史校證》云："按《梁書》本傳無此文。就文而言，疑亦有誤，以其時考之，宋武似不得造張永，稷爲永子，亦不得云三世，'宋時武帝'疑當作'宋孝武帝'，'三世'疑當作'二世'，若以由宋至梁爲三世，齊世又無萬乘臨幸之事。"（第537—538頁）

稷雖居朝右，[1]每慙口實，[2]乃名其子伊字懷尹，霍字希光，畯字農人。同字不見，見字不同，以旌其志。既懼且恨，乃求出，許之。出爲青、冀二州刺史，[3]不得志，常閉閤讀佛經。禁防寬弛，僚吏頗致侵擾。州人徐道角等夜襲州城，[4]乃害之。[5]有司奏削爵土。

[1]朝右：位在朝班之右。

[2]口實：經常被人談論的事情、話柄。此處應指前文梁武帝

所云其兄張瓌殺吴郡太守與其殺齊東昏侯事。

[3]青、冀：二州名。宋明帝泰始中合僑寄鬱洲，在今江蘇連雲港市東雲臺山一帶。

[4]徐道角：《魏書》作“徐玄明”。《魏書》卷八《世宗紀》云：“蕭衍郁州民徐玄明等斬送衍鎮北將軍、青冀二州刺史張稷首，以州内附。”卷五五《游肇傳》亦作“徐玄明”。

[5]乃害之：按，據《梁書》卷一六《張稷傳》，卒時年六十三。

稷性明烈，善與人交，歷官無畜聚，奉禄皆頒之親故，家無餘財。爲吴興太守，下車存問遺老，引其子孫置之右職，[1]政稱寬恕。

[1]右職：高職。《漢書》卷七二《貢禹傳》顔師古注云：“右職，高職也。”

初去郡就僕射徵，道由吴，鄉人候稷者滿水陸。稷單裝徑還都下，[1]人莫之識，其率素如此。

[1]都下：京城。

稷長女楚媛適會稽孔氏，無子歸宗，[1]至逢稷見害，女以身蔽刃，先父卒。

[1]歸宗：古代婦女夫死子亡，乃歸娘家，稱爲大歸、歸宗。《詩·邶風·燕燕》毛詩序云：“燕燕，衛莊姜送歸妾也。”鄭玄箋：“莊姜無子，陳女戴嬀生子名完，莊姜以爲己子。莊公薨，完立，

而州吁殺之。戴嬀於是大歸。”孔穎達疏云:“言大歸者，不反之辭，故文十八年夫人姜氏歸於齊。《左傳》曰‘大歸也’，以歸寧者有時而反，此即歸不復來，故謂之大歸也。”

稷與族兄充、融、卷俱知名，時見云充、融、卷、稷爲四張。[1]卷字令遠，少以和理著稱，[2]能清言，位都官尚書，[3]天監初卒。

[1]時見：大德本、百衲本同，汲古閣本、殿本、中華本“見”作“目”。疑“目”是。

[2]和理:《梁書》卷一六《張稷傳》作“知理”。

[3]都官尚書：官名。梁十三班。

稷子嵊。

嵊字四山。稷初爲剡令，至嵊亭生之，因名嵊，字四山。少敦孝行，年三十餘，猶斑衣受稷杖，[1]動至數百，收淚懽然。方雅有志操，能清言。感家禍，[2]終身蔬食布衣，手不執刀刃，不聽音樂。弟淮言氣不倫，嵊垂泣訓誘。

[1]斑衣：彩衣。大德本、汲古閣本、殿本、百衲本作“班衣”。

[2]感家禍：《梁書》卷四三《張嵊傳》此句前有“父臨青州，爲土民所害”句，説明“家禍”，本書删節不當。

起家秘書郎，[1]累遷鎮南湘東王長史、尋陽太守。[2]王暇日玄言，[3]因爲之筮，得《節卦》，[4]謂嵊曰:“卿後當東入爲郡，恐不得終其天年。”嵊曰:“貴得其所耳。”時伏挺在坐,[5]曰:“君王可畏人也。”

[1]秘書郎：官名。秘書省屬官。掌典籍圖書。南朝宋、齊以來，爲甲族起家之官。梁二班。

[2]鎮南：官名。鎮南將軍省稱。南朝梁、陳時與鎮前、鎮後、鎮左、鎮右將軍及鎮東、鎮西、鎮北將軍合稱八鎮將軍，爲重號將軍。梁二十二班。梁武帝大同六年（540），湘東王蕭繹爲鎮南將軍。　長史：官名。梁十班至六班，依府主地位高低而定。　尋陽：郡名。治柴桑縣，在今江西九江市西南。

[3]玄言：談論玄理。魏晋南北朝時士人以《周易》《老子》《莊子》爲三玄，善談玄理。

[4]《節卦》:《周易》六十四卦之一。兑下坎上。

[5]伏挺：字士標，平昌安丘（今山東安丘市）人。本書卷七一有附傳,《梁書》卷五〇有傳。

還爲太府卿,[1]吴興太守。侯景圍建鄴,[2]遣弟伊率郡兵赴援。城陷，御史中丞沈浚違難東歸,[3]嵊往見之，謂曰:“賊臣憑陵，人臣效命之日，今欲收集兵刃,[4]保據貴鄉，雖復萬死，誠亦無恨。”[5]浚固勸嵊舉義。時邵陵王倫東奔至錢塘,[6]聞之，遣前舍人陸丘公板授嵊征東將軍。[7]嵊曰:“天子蒙塵,[8]今日何情復受榮號。”留板而已。

[1]太府卿：官名。南朝梁武帝天監七年（508）置，爲十二卿之一。掌金帛庫藏出納、關市税收，以供國家、宫廷用度。轄左右藏、上庫、太倉、南北市諸令丞及各地關津。梁十三班。

[2]侯景：字萬景，懷朔鎮（今内蒙古固陽縣）人。初仕北魏，梁武帝太清元年（547）降梁，封河南王。二年，舉兵反，圍建康，梁武帝餓死。先後立簡文帝、豫章王蕭棟，後又殺簡文帝、廢蕭棟，自立爲帝。史稱“侯景之亂”。本書卷八〇、《梁書》卷五六有傳。

[3]沈浚：字叔源，吴興武康（今浙江德清縣）人。梁武帝太清二年，任御史中丞。曾受梁簡文帝命往侯景所，責其背盟，侯景由此銜之。及張嵊兵敗後，其亦爲侯景所殺。本書卷三六有附傳，《梁書》卷四三有傳。　違難：避難。

[4]兵刃：《梁書》卷四三《張嵊傳》作“兵力”。

[5]雖復萬死，誠亦無恨：《梁書·張嵊傳》作“若天道無靈，忠節不展，雖復及死，誠亦無恨”。

[6]邵陵王倫東奔至錢塘：殿本、中華本作“邵陵王綸東奔至錢唐”，大德本、汲古閣本、百衲本作“邵陵王倫東奔至錢唐”。梁武帝八男，名字均爲“糸”旁，邵陵王名爲“綸”。“錢塘”“錢唐”常混用。邵陵王，蕭綸。字世調，小字六真，梁武帝第六子。武帝天監十三年，封邵陵郡王。侯景反後，率衆討伐。本書卷五三、《梁書》卷二九有傳。邵陵，郡名。治邵陵縣，在今湖南邵陽市。錢塘，縣名。治所在今浙江杭州市。

[7]舍人：官名。南北朝時王國、公府、軍府皆設，掌文檄之事。　板授：官制術語。諸王公府署任官員稱“板”。　征東將軍：官名。與征西、征南、征北將軍合稱四征將軍。多授持節都督，出鎮方面，地位顯要。梁二十三班。

[8]蒙塵：蒙受風塵。多以此指皇帝失位流亡在外。

賊行臺劉神茂攻破義興，[1]遣使説嵊，嵊斬其使，仍遣軍破神茂。侯景乃遣其中軍侯子鑒助神茂擊嵊。[2]嵊軍敗，乃釋戎服坐於聽事。[3]賊臨以刃終不屈，執以送景。景將舍之，嵊曰：“速死爲幸。”[4]乃殺之。[5]子弟遇害者十餘人。景欲存其一子，嵊曰："吾一門已在鬼録，不就爾處求恩。"於是皆死。賊平，元帝追贈侍中、中衛將軍、開府儀同三司，[6]謚忠貞子。嵊弟罤知名。

[1]行臺：官名。本爲扈從皇帝出征時執行尚書臺職權的臨時性機構，三國魏始置。北朝時演變爲常設機構，兼理軍政庶務，爲地方最高行政機構。此處爲侯景所授官。　劉神茂：梁簡文帝大寶二年(551)歸梁。後被侯景將領謝答仁擊敗，又降侯景，被殺。

[2]中軍：官名。中軍將軍省稱。專授予在京師任職的官員，地位顯要。梁二十三班。此處爲侯景所授官。　侯子鑒：爲侯景中軍。梁武帝太清末，助侯景攻破吴興。簡文帝大寶元年，侯景任爲南兖州刺史。侯景敗後，逃奔廣陵。事見《梁書》卷五六《侯景傳》。

[3]聽事：官員辦公之所。

[4]速死：汲古閣本、百衲本同，大德本、殿本無"速"字。

[5]乃殺之：按，據《梁書》卷四三《張嵊傳》，時年六十二。

[6]侍中：官名。梁十二班。　中衛將軍：官名。三國魏元帝時於晋王司馬昭相國府置，始有中衛將軍之名。南朝梁武帝天監六年(507)復置。梁、陳時作爲優禮大臣的虚號。梁二十三班。　開府儀同三司：官名。大臣加號。意謂與三司即太尉、司徒、司空禮制、待遇相同，許開設府署，自辟僚屬。梁諸將軍開府儀同三司十六班。

種字士苗，永從孫也。祖辯，宋大司農，[1]廣州刺史。父略，太子中庶子，[2]臨海太守。

[1]大司農：官名。東晋、南北朝或置或省，掌倉儲園苑及供膳。宋文帝元嘉二十九年（452）省，孝武帝大明四年（460）復置。宋三品。

[2]太子中庶子：官名。梁十一班。《陳書》卷二一《張種傳》

作“梁太子中庶子”。“梁”爲其父任官時間的重要信息，本書不應刪節。

種少恬静，居處雅正，傍無造請。時人語曰：“宋稱敷、演，梁則卷、充，清虚學尚，種有其風。”仕梁爲中軍宣城王府主簿，[1]時已四十餘。家貧，求爲始豐令。[2]及武陵王紀爲益州刺史，[3]重選府僚，以種爲左西曹掾。[4]種辭以母老，爲有司奏，坐黜免。

[1]宣城王：蕭大器。字仁宗，梁簡文帝嫡長子。武帝中大通四年（532），封宣城郡王。五年，爲中軍將軍。簡文帝即位後，立爲皇太子。大寶二年（551），爲侯景所殺。本書卷五四、《梁書》卷八有傳。宣城，郡名。治宛陵縣，在今安徽宣城市宣州區。

[2]始豐：縣名。治所在今浙江天台縣。

[3]武陵王紀：蕭紀。字世詢，梁武帝第八子。武帝天監十三年（514），封爲武陵郡王。本書卷五三、《梁書》卷五五有傳。

[4]左西曹掾：官名。左西曹長官。此處張種任官疑有誤。左西曹爲司徒府特設屬曹。武陵王紀並未任司徒。《陳書》卷二一《張種傳》作“征西東曹掾”。據《梁書·武陵王紀傳》，武陵王於梁武帝大同十一年（545）爲征西大將軍，疑《陳書》是。

侯景之亂，奉母東奔鄉里。母卒，種時年五十，而毁瘠過甚。又迫以凶荒未葬，服雖畢，居家飲食，恒若在喪。景平，初司徒王僧辯以狀奏，[1]起爲中從事，[2]并爲具葬禮，葬訖，種方即吉。僧辯又以種年老無子，賜以妾及居處之具。陳武帝受禪，[3]爲太常卿。[4]歷位左司尚書，[5]侍中，[6]中書令，[7]金紫光禄大夫。[8]

[1]景平，初司徒王僧辯以狀奏：《陳書》卷二一《張種傳》作“及景平，司徒王僧辯以狀奏聞”。馬宗霍《南史校證》云:“按‘初’字誤衍，當删。‘景平’承上文，謂侯景之亂已平也。《陳書》本傳作‘及景平’，亦無‘初’字。”（第539頁）馬説是。王僧辯，字君才，太原祁（今山西祁縣）人。本書卷六三有附傳，《梁書》卷四五有傳。

[2]中從事：官名。梁九班至一班，依州等級不等而不同。

[3]陳武帝：陳霸先。字興國，小字法生，吴興長城（今浙江長興縣）下若里人。本書卷九，《陳書》卷一、卷二有紀。

[4]太常卿：官名。陳三品，秩中二千石。《陳書·張種傳》作“太府卿”。

[5]左司尚書：大德本、汲古閣本、殿本、百衲本作“左户尚書”。即左民尚書，本書避唐太宗李世民諱改作“左户尚書”。《陳書·張種傳》作“左民尚書”。底本誤，應據諸本改。左民尚書，陳三品，秩中二千石。

[6]侍中：官名。陳三品，秩中二千石。

[7]中書令：官名。陳三品，秩中二千石。

[8]金紫光禄大夫：官名。陳三品，秩中二千石。

種沈深虚静，識量宏博，時以爲宰相之器。僕射徐陵嘗抗表讓位於種，[1]以爲宜居左執，[2]其爲所推如此。[3]卒，[4]贈特進，[5]謚元子。

[1]僕射：官名。即尚書僕射。陳二品，秩中二千石。　徐陵：字孝穆，東海郯（今山東郯城縣）人。本書卷六二有附傳，《陳書》卷二六有傳。　嘗：大德本、殿本、百衲本同，汲古閣本作“常”。

[2]左執：尚書僕射的别稱。

[3]其爲所推如此：《陳書》卷二一《張種傳》作“其爲時所推

重如此”。

[4]卒：按，據《陳書·張種傳》，卒於陳宣帝太建五年（573），時年七十。

[5]特進：官名。陳二品，秩中二千石。

種仁恕寡欲，雖歷顯位，家産屢空，終日晏然，不以爲病。太建初，[1]女爲始興王妃，[2]以居處僻陋，特賜宅一區。又累賜無錫、嘉興縣秩。[3]嘗於無錫見重囚在獄，[4]天寒，呼囚暴日，遂失之，帝大笑而不深責。有集十四卷。

[1]太建：南朝陳宣帝陳頊年號（569—582）。

[2]始興王：陳叔陵。字子嵩，陳宣帝第二子。宣帝太建元年，封始興郡王。宣帝死後，謀殺後主不遂，逃歸東府，入内沉其妃張氏及寵妾於井。後逃往新林途中被殺。本書卷六五、《陳書》卷三六有傳。始興，郡名。治曲江縣，在今廣東韶關市南武水西岸。

[3]又累賜無錫、嘉興縣秩：《陳書》卷二一《張種傳》作“又累賜無錫、嘉興縣侯秩”。馬宗霍《南史校證》認爲不可省“侯”字（第539頁）。《陳書》中華本校勘記云：“《御覽》六四二引及《元龜》二〇九、三〇三皆無‘侯’字，《南史》亦無‘侯’字，‘侯’字疑衍。”按，似不應有“侯”字。無錫，縣名。治所在今江蘇無錫市。嘉興，縣名。治所在今浙江嘉興市。

[4]嘗：大德本、殿本、百衲本同，汲古閣本作“常”。

種弟稜，[1]亦清静有識度，位司徒左長史，[2]贈光禄大夫。[3]

[1]種弟稜：殿本、中華本同，大德本、汲古閣本、百衲本作“稜”。

[2]司徒左長史：官名。陳四品，秩千石。

[3]光禄大夫：官名。陳三品，秩中二千石。

論曰：張裕有宋之初，早參霸政，出内所歷，莫非清顯，諸子並荷崇搆，克舉家聲，其美譽所歸，豈徒然也。思曼立身簡素，殆人望乎。夫濯纓從事，[1]理存無二，取信一主，義絶百心。以永元之末，人憂塗炭，公喬重圍之内，首創大謀，而旋見猜嫌，又况異於斯也。然則士之行己，可無深議。四山赴蹈之方，可謂矯其違矣。

[1]濯纓：洗濯冠纓。語出《孟子·離婁上》：“滄浪之水清兮，可以濯我纓。”後以“濯纓”比喻超脱世俗，操守高潔。